In Südamerika werden die für die Erhaltung der Artenvielfalt unabdingbar notwendigen Tropenwälder, die »grünen Lungen der Erde«, zum weitaus größten Teil gerodet, um neues Weideland für Rinder zu gewinnen oder Futtermittel für den Export nach Europa anzubauen.

In Deutschland übertrifft das Lebendgewicht der 15 Millionen Rinder und der fast 25 Millionen Schweine das Gewicht der Bevölkerung um etwa das Fünffache. Während das Abwasser der Menschen sorgfältig geklärt wird, läuft die Gülle aus der Landwirtschaft direkt in den Boden; aber auch die Fluren werden so bereinigt, daß sie Tieren keinen Unterschlupf mehr bieten, und es kommt so zu der paradoxen Situation, daß die Städte artenreicher sind als das Land.

Der für sein unorthodoxes Denken bekannte Ökologe Josef H. Reichholf hat in langjähriger Arbeit Material und Fakten zusammengetragen und ein hochpolemisches und politisch brisantes Buch geschrieben, das die gängigen Vorstellungen von Umweltverschmutzung und Naturschutz auf den Kopf stellt und Vorschläge für eine neue Landwirtschafts- und Umweltpolitik macht.

Josef H. Reichholf

Der Tanz um das goldene Kalb

Der Ökokolonialismus Europas

Verlag Klaus Wagenbach Berlin

Inhalt

Erstes Vorwort: Planet der Rinder

Es gibt einen Planeten, auf dem leben 1.500 Millionen Rinder. Jedoch nicht auf dem ganzen Planeten, denn er ist zu 70 Prozent mit Wasser bedeckt, und Seekühe gibt es darin nur an wenigen Stellen in der Nähe von Küsten. Seekühe sind so selten, daß sie auszusterben drohen. Ganz im Gegensatz zu den Landkühen, die sich auf mehr als drei Viertel der restlichen 30 Prozent der Oberfläche des Planeten ausbreiten. Lediglich auf dem Dauereis der Pole fehlen sie. Diese Rinder müssen also recht flexibel sein und mit den unterschiedlichsten Bedingungen zurechtkommen können. Eine sonst eher bei Kleinlebewesen anzutreffende Eigenheit befähigt sie dazu: Sie leben mit einer anderen, sehr häufigen und auf diesem Planeten sogar noch etwas weiter verbreiteten Lebensform zusammen, die sie nach Art einer Symbiose in ihre Dienste genommen haben. Dieser Partner versorgt sie mit allem, was sie brauchen, hält Gefahren von ihnen fern, kuriert sie, wenn sie erkranken, und opfert einen Gutteil seiner eigenen Lebensmöglichkeiten, um sie zu erhalten und zu vermehren. Daß dieser Partner fast alles verwertet, was die Rinder während ihres Lebens hervorbringen, beeinträchtigt das Zusammenleben anscheinend ganz und gar nicht. Denn erst über diese Symbiose konnten sie zu dem werden, was sie sind: Die dominante Lebensform an Land. Ihnen gehört das meiste Land. Mancherorts wird ihnen sogar ein Teil der Fortpflanzung abgenommen und zu ihrer Zufriedenheit besorgt, ihr milliardengroßer Weltbestand ist jung, kraftvoll und vielfältig. Ein Teil des Nachwuchses erreicht zwar nicht das Erwachsenenalter und kann sich selbst nicht mehr fortpflanzen. Es ist ohnehin in der Natur in aller Regel so, daß viele klein anfangen, aber nur wenige groß werden. Auch fällt die Sterblichkeit ihrer Jungen nicht wesentlich anders aus als jene des Partners, bei dem auch Generation um Generation viele Millionen sterben, bevor sie erwachsen werden. Einen sinnlosen Tod meist, weil sie zu schlecht mit Nahrung versorgt waren und verhungerten oder Krankheiten zum Opfer fielen, die man eigentlich längst im Griff haben könnte. Der Nachwuchs der Rinder dagegen wird vollgestopft mit Nahrung und Medikamenten, sein Fleisch kann gar nicht mehr rot werden, weil es zu wenig in Bewegung gesetzt wird. Sie schaffen es, obgleich viel größer als der Partner, in einem einzigen Jahr groß zu werden, während dessen Nachwuchs in derselben Zeit gerade damit beginnt, sich vom tollpatschigen Herumkrabbeln aufzurichten, um schwankende Schritte zu tun. Dazu sind die Kälbchen schon wenige Stunden nach der Geburt in der Lage, und nach einigen Tagen hüpfen sie munter umher in einer Art und Weise, die zu erreichen der Partner mehrere Jahre braucht. Daran gemessen währt ihr Leben also gar nicht so kurz. Die meisten überleben die kritische erste Zeit nach der Geburt und werden versorgt, bis sie ziemlich ausgewachsen sind. Einmal erwachsen, stehen ihnen – je nach Großregion, in der sie leben – verschiedene Möglichkeiten offen. Ein Achtel etwa, und das ist bei eineinhalb Milliarden nicht wenig, übernimmt religiöse Aufgaben, entsagt weitgehend der Welt und zieht ohne Streß und unangetastet in völliger Freiheit umher. Der Partner hält sie für »heilig«. Was dieses Achtel geben kann, das gibt es in Form von Mist oder spärlich fließender Milch, wenn diese gerade vorhanden ist. Die allermeisten Mitglieder dieser Kaste sind sehr asketisch, was aber bekanntlich zu ihrer religiösen Funktion gehört. Jedenfalls werden sie nicht getötet, haben überall Vorrang (trotz ihrer Langsamkeit sogar vor selbsttätig sich bewegenden, mitunter recht schnellen Maschinen, den Automobilen) und nichts wird ihnen streitig gemacht. Mit über 12 Prozent im Weltbestand ihrer Art ist das eine erstaunliche Leistung, sich ein so umfassendes Privileg erworben zu haben. Ein stabiles sogar, das den Wirren der Zeit widersteht. Sie übertreffen damit die entsprechende religiöse Kaste beim Partner an Zahl und Anteil.

Andere leisten schwere Arbeit wie viele der Angehörigen des Partners auch. Wieder andere spielen ihre Fähigkeiten aus und verwandeln Grünzeug in lebensspendende Milch. Was sie dabei leisten, grenzt an Wunder, schaffen die Besten doch über 10.000 Liter in einem einzigen Jahr. Diese lassen sich dafür natürlich ausgiebig füttern, denn es wäre ihnen nicht zuzumuten, hinter dem Gras herzugehen, wenn sie so prall voll sind mit sich bildender Milch. Nicht wenige springen leichtfüßig wie in alten Zeiten über das heiße oder kalte Grasland, stets in Sorge, sich zu verletzen, immer im Abwehrkampf gegen Fliegen, Bremsen und Dasseln, die sich kaum mit den peitschenden Schlägen des Schwanzes vertreiben lassen, geplagt von Durst und schier überanstrengt vom Wiederkäuen des zu harten und dürren Zeugs, mit dem sie zurechtkommen müssen. Schließlich gibt es noch die seltenen Exemplare preisgekrönter Häupter, medaillengeschmückt und mit Kränzen behängt, weil sie sich als so hervorragend zeugungskräftig erwiesen haben.

Alles in allem übertreffen sie den Partner an Lebendgewicht um wenigstens das Dreifache, obwohl dieser, der zwar vorausplanend ihre Vermehrung fördert, aber auch kontrolliert, sich selbst offenbar recht unkontrolliert vermehrt. Dabei macht sich mitunter der Partner weit mehr Schwierigkeiten als ihnen, wenn Millionen selbst aufeinander losgehen, sich bekämpfen und sich umbringen. Das bringen selbst die Aggressivsten aus der Welt der Rinder nicht fertig. Kein Stier führte jemals seine Herde in einen Vernichtungskampf gegen eine andere. Die große Masse von ihnen blieb so, wie sie aussehen: kuhäugig-friedlich. Das brachte sie viel weiter. Sie schafften es, sich dem so andersartigen Partner anzudienen, und haben sich auf diese Weise regelrecht dienlich gemacht. Seit Jahrtausenden ist das so. Seit jenen Zeiten nämlich, als der Partner anfing, sich für ihre Jungen zu interessieren, und sie gut behandelte. Es dauerte nicht lang, dann hatten sie den Partner schon so weit gebracht, in ihnen die Verkörperung der obersten Gottheit zu erblicken. Weil sie ihm das gaben, was er am meisten brauchte: Milch und Fleisch, Häute, in die er sich hüllen konnte, und vor allem ihre Kraft. Seither ging alles ganz gut. Besser als erwartet. Konkurrenten wie Schafe und Ziegen fielen zurück, oder es mangelte ihnen, wie den »unreinen« Schweinen, an Eigenschaften, die zur Vergötterung geeignet gewesen wären. So schafften sie es in nur wenigen Jahrtausenden, den Planeten zu ihrem Planeten zu machen – zum Planeten der Rinder.

Zweites Vorwort: Planet der Menschen

Mehr als sechs Milliarden Menschen leben gegenwärtig auf der Erde. Jahr um Jahr nimmt die Weltbevölkerung um weitere Millionen zu. Das Anwachsen der Menschheit verläuft zwar nicht mehr ganz so rapide wie noch vor 30 Jahren, als das Schlagwort von der Bevölkerungsexplosion geprägt wurde, aber rasch genug, um die Gesamtzahl der Menschen in wenigen Jahrzehnten auf zwölf bis 15 Milliarden zu verdoppeln. In Regionen mit dichter Bevölkerung wird es zwangsläufig noch enger werden, auch wenn in manchen Staaten, wie in Deutschland, ein Bevölkerungsrückgang beklagt wird; beklagt, weil die nachrückenden Generationen nicht groß genug sind, den Älteren die Zukunft zu sichern. Der »Generationenvertrag«, vor nur einer einzigen Generation erst geschlossen, hatte stabil bleibende Verhältnisse vorausgesetzt. Aber sie blieben nicht stabil.

Die Folgen führten Deutschland und andere europäische Staaten in eine ökonomische Übergangs- oder Umbruchphase hinein, so die dezente Charakterisierung der mißlichen Lage. Überschüsse aus Wachstum gibt es nicht mehr. Maßnahmen des Umweltschutzes werden nun in Frage gestellt, weil sie zu viel gekostet hatten; nicht nur unmittelbar Geld, sondern auch Arbeitsplätze. Sind doch ehemals einträgliche Industrien aus Kostengründen in andere Länder ausgelagert worden. Im letzten Drittel des 20. Jahrhunderts fiel die Auslagerung noch nicht ganz so leicht wie jetzt, da die Globalisierung inzwischen fast alle Schleusen und Möglichkeiten geöffnet hatte, »outsourcing« zu betreiben.

Gleichzeitig drohe, wie unablässig von Experten, politischen Gruppierungen und privaten Organisationen versichert wird, ein globaler Wandel in den Lebensbedingungen auf der Erde. Die Industriestaaten hätten eine Erwärmung des Klimas in Gang gesetzt! Dagegen müßten wir Maßnahmen ergreifen. Die »Anzahlungen« zu den Kosten des Wandels laufen über die »Ökosteuer«. Sie soll über die allgemeine Verteuerung der Energie zur Umkehr veranlassen. Zu leben, das wird immer klarer, kommt hierzulande teuer. Anderswo lebt es sich billiger, wenn auch nicht so sicher und wohlversorgt. Aber was heißt schon »sicher« angesichts der »notwendigen Reformen«, die da kommen werden. Außerdem sollten wir Menschen in Deutschland wissen, daß wir seit langem über unsere Verhältnisse leben. Das kann nicht gutgehen. Die Zukunft sieht unterm »Grünfilter« nicht rosig aus.

Um so zäher klammern wir uns am Althergebrachten fest, auch wenn dieses nichts anderes ist als das Neue von vorgestern; aus einer Zeit stammend, die erst ein paar Jahrzehnte zurückliegt. Besitzstände gilt es zu wahren, obgleich der Wert des »Besitzes« am Zerrinnen ist. Wir Deutschen sahen zu, wie wir in die Krise gerieten, und zeigten auf den Rest der Welt als den Schuldigen, weil dieser entweder nicht mitmachen wollte bei unserem Streben, die Welt zu verbessern, wie etwa die US-Amerikaner. Oder weil sich die anderen selbst so rasch wie möglich entwickeln wollten so wie wir selbst, die wir diese Staaten und Regionen »Entwicklungsländer« nannten. Natürlich sollen, ja müssen sie sich entwickeln, das ist klar. Aber nachhaltig soll es sein und nicht im Wildwuchs von Wildwest und Wildost oder in hoffnungslosem Chaos wie in Wildsüd.

Deshalb wurde ein Ausgleich angeboten: Lizenzen zur Umweltverschmutzung vor allem der Luft, denn diese hält sich noch weniger an staatliche Grenzen als Wasser und Böden. Eine Entwicklungshilfe der neuen Art soll der Handel mit Lizenzen zur Verschmutzung werden, nachdem die bisherige »Hilfe« doch allzusehr ins Gerede gekommen war. Auch im Land gibt es nun den Emissionshandel. Wer spart, kann Lizenzen zur Verschmutzung verkaufen, wer zuviel freisetzt, muß sich die betreffenden Mengen einkaufen. Ein Kuhhandel ist das, national wie international.

Womit wir wieder bei den Rindern und mitten im Thema sind. Denn die gute alte Erde muß längst beides sein: »Planet der Rinder« wie auch »Planet der Menschen«. Allerdings mit klarem Vorrang der Rinder. Übertreffen sie mit ihren eineinhalb Milliarden Köpfen doch das Lebendgewicht aller 6,4 Milliarden Menschen um sicherlich das Dreifache. Ähnlich verhält es sich mit dem Lebensraum, der ihnen zur Verfügung gestellt wird. Folgt ein solches Verhältnis einem Naturgesetz? Stellt es vielleicht sogar eine unausweichliche Notwendigkeit dar? Der Mensch schuf sich die Haustiere. Fressen sie ihm die Zukunft weg?

I. Drei Serengetis

1. Serengeti I

Im Zentrum des ostafrikanischen Hochlandes, fast direkt unter dem Äquator, liegt eine der ursprünglichsten und eindrucksvollsten Naturlandschaften der Erde, das Gras- und Buschland der Serengeti. Das heutige Großschutzgebiet des Serengeti-Nationalparks von Tansania und seine Fortsetzung Massai Mara im südwestlichen Kenia gehen auf eine beispiellose Initiative des Frankfurter Zoodirektors und »Fernsehprofessors« Bernhard Grzimek zurück. Zusammen mit seinem Sohn Michael drehte er in den 1950er Jahren den weltberühmt gewordenen Film *Serengeti darf nicht sterben*. Sohn Michael »gab alles, sogar sein Leben, um die Wildtiere Afrikas zu retten«, steht auf der Gedenktafel am Rand des Ngorongoro-Kraters nahe der Serengeti, wo er mit dem Kleinflugzeug abstürzte. Er war mit einem Geier kollidiert, der im Aufwind den Hang hochgesegelt war. Mit jenem Kleinflugzeug, schwarz-weiß gestreift wie ein Zebra, zählten die Grzimeks zum ersten Mal die Großtiere der Serengeti auf einer Fläche von gut 16.000 Quadratkilometern. Ihr Ergebnis erschien damals schon erstaunlich hoch: Eine Viertelmillion von Gnus, Zebras, großen Antilopen und Gazellen bevölkerte zusammen mit Tausenden von Elefanten und Hunderten von Löwen das Grasland. Ein Großteil davon begab sich, wie die Untersuchungen zeigten, auf ausgedehnte Wanderungen, die in weitem Bogen von Süd nach Nord und wieder zurück dem Verlauf der Regenzeiten folgten.

Mit Spendengeldern, die Bernhard Grzimek über seine Fernsehsendung *Ein Platz für Tiere* in der Zeit des deutschen Wirtschaftswunders für die »Zoologische Gesellschaft von 1848« in Frankfurt sammelte, wurde das Schutzgebiet auf- und ausgebaut – bis hin zur Versorgung der Wildhüter mit Geländewagen und Gewehren, um gegen Wilderer vorgehen zu können. Der Ngorongoro-Krater folgte mit seinem Wildreichtum bald nach und wurde an die Serengeti gekoppelt. Das Beispiel machte Schule. In Ostafrika konnte ein

Netzwerk großer Naturschutzgebiete geschaffen werden. Der Natur-Tourismus wurde zur Haupteinnahmequelle des armen Tansania, und auch in Kenia wurde er zu einem wesentlichen Wirtschaftsfaktor. Dabei wuchsen die Wildtierbestände sogar weiter an, während fast überall auf der Welt Rückgänge und Bedrohungen der Vielfalt zu verzeichnen waren. Die Eindämmung der Wilderei, vor allem aber eine bessere Betreuung der Haustierherden, die zum Teil in die Schutzgebiete hineingetrieben wurden und dabei Rinderpest und Milzbrand verbreiteten (die Hunde brachten Staupe, an der viele Raubtiere zugrunde gingen), ermöglichten das Anwachsen der Großtierherden. Bis an die Grenze der natürlichen Kapazität. Und diese liegt, wie man inzwischen weiß, bei über einer Million Weidetiere auf der zur Verfügung stehenden Fläche (siehe Tabelle 1, Seite 17). Die Grzimeks hatten »nur« ein Viertel davon angetroffen, weil die Zeit noch nicht ausgereicht hatte für das Anwachsen der Bestände von Gnus und Zebras, Büffel und Gazellen.

Beste Bedingungen für Großtiere hatte es in Ostafrika unter dem Äquator über viele Jahrhunderte gegeben, weil »der größte Naturschützer Afrikas« dort wirkte, wie Bernhard Grzimek sich ausdrückte: die Tsetsefliege *(Glossina)*. Ihrem Vorkommen war es zu verdanken, daß die Bevölkerung mit ihren Rinderherden nicht dauerhaft in die Wildtiergebiete eindringen konnte. In der Regenzeit kamen die Tsetsefliegen hervor, vermehrten sich und zapften unterschiedslos den Wildtieren wie auch den Rindern oder Hauspferden Blut ab. Dabei übertragen sie mit ihrem Speichel, der das Blut am Gerinnen hindert, die Erreger einer Krankheit, die in einer besonderen Form auch den Menschen trifft und schädigt. Schlafkrankheit wird sie recht treffend genannt, weil die Menschen träge und leistungsschwach werden und dahinsiechen, bis sie sterben. Die auf den Menschen (und andere Primaten) spezialisierten Erreger der Schlafkrankheit, die Trypanosomen, kommen in nah verwandten Formen auch bei anderen Säugetieren vor. Doch anders als bei der Schlafkrankheit, die Menschen afrikanischer Herkunft nicht verschont, sind die afrikanischen Wildtiere gegen die Trypanosomen immun, und sie bekommen die beim Vieh Nagana-Seuche genannte Krankheit nicht. Wird aus Europa oder Asien stammendes Vieh infiziert, ermüdet es, magert ab und geht allmählich ein, denn im Verlauf ähnelt die Nagana sehr der Schlafkrankheit.

In Jahrmillionen währender Auseinandersetzung zwischen Wildtieren und Blutparasiten war eine Art Gleichgewichtszustand zustande gekommen. Eine erkennbare Schwächung tritt bei den befallenen Wildtieren Afrikas nicht mehr auf, obwohl die meisten von ihnen die Trypanosomen in sich tragen. Sie bilden damit ein gefährliches Reservoir für die Ansteckung der Haustiere. Die sehr zähen Tsetsefliegen kann auch ein massiver Schlag des Schwanzes nicht töten, ja kaum ernsthaft abschrecken, wenn sie an Wild- oder Haustieren Blut saugen und so die Erreger der Krankheit übertragen.

Hirtennomaden wie die Massai und die Samburu taten daher gut daran, die Tsetsegebiete zu meiden, und lernten dies wohl auch in einem langen Erfahrungsprozeß. Sie führten ihre Herden nur dann ins weite Grasland zwischen den hohen Vulkanbergen und dem Victoria-See, wenn die Trockenzeit weit genug fortgeschritten war und es keine Tsetses mehr gab. Sie blieben mit ihrem Vieh Gäste und beschränkten sich weitgehend auf die Randgebiete, wie auch in anderen Regionen Ostafrikas, wo sich der Tsetsegürtel halbmondförmig um den Tieflandregenwald des Kongobeckens legt. Als geeignet erwiesen sich nur der Süden, etwa ab dem südlichen Wendekreis (des Steinbocks), und der Rand der Sahara. Dort war die Welt der Hirtennomaden, und nicht im ungleich fruchtbareren und viel üppigere Weidegründe tragenden innertropischen Teil Afrikas. Auf diese Weise bewirkte eine Fliege, die nicht viel größer als eine Stubenfliege ist, eine fast kontinentweite Distanzierung der Menschenwelt von einer fast ursprünglich erhalten gebliebenen Welt der Tiere. Vermutlich vertrieb die während der Feuchtzeiten des Eiszeitalters in die Savannen vordringende Tsetsefliege auch schon die frühen Menschen aus ihrem ostafrikanischen Ursprungsgebiet (Reichholf 1990). Bernhard Grzimek hatte recht: »Seine« Serengeti überlebte dank der Fliege und seines Engagements, das sie zum berühmtesten Schutzgebiet der Erde für große Wildtiere machte.

»Die Ebenen der Serengeti in Nordtansania beherbergen die größte Ansammlung großer Säugetiere weltweit mit allein mehr als einer Million Gnus.« So charakterisierte sie 20 Jahre später Anthony Smith (1988). Bernhard Grzimek hatte den Ngorongoro-Krater am Rand der Serengeti den »größten Zoo der Erde« genannt. Tatsächlich wird sich niemand, der dort die Massen der Großtiere erlebt, dem Zauber dieser großartigen, mit Tieren angefüllten Landschaften entziehen können. Die Serengeti bildet das Kernstück der großen Savannen, die von Ostafrika bis hinunter in den Süden und westwärts bis zum Atlantik reichen. So sah sie aus, unsere Heimat, als dort vor fünf Millionen Jahren der Mensch entstand. An ihrem Rande, in der Olduvai-Schlucht, fand man die meisten Fossilien, die versteinertes Zeugnis unserer Herkunft ablegen. Dort war die zweibeinige Fortbewegungsweise entstanden, die uns Menschen so einzigartig macht. Der Erfolg unserer eigenen Gattung war von Anfang an mit den Großtieren verbunden. Die Vormenschen entwickelten sich aus der Sicherheit des Waldes heraus zu Läufern in der Savanne, deren Ziel das Fleisch der Großtiere war und nicht etwa pflanzliche Kost. Davon gab es weit mehr und gewiß Bekömmlicheres in den Wäldern. Unsere nächsten Verwandten, die Schimpansen und Gorillas, blieben in den Wäldern und ernähren sich noch immer weitestgehend vegetarisch. Wir aber, wir Menschen, gieren nach Fleisch und können nicht genug davon bekommen.

Die Großtiere selbst sind ebenfalls ein Produkt der Serengeti und ihres Umfeldes. Die Vulkane mit ihren Asche-Auswürfen und die Lava, die aus dem großen Riß in der Erdkruste, dem »Rift Valley« (Grabenbruch), seit Jahrmillionen immer wieder hervorquoll, versorgten das tropische Hochland so reichlich mit Mineralstoffen für das Wachstum von Pflanzen, daß Ostafrika die produktivste Tropenlandschaft wurde. Viele Millionen Jahre lang entstanden und entwickelten sich dort Großtiere, die von Gras und anderen Pflanzen leben. Ihr Artenspektrum reicht von nur hasengroßen Zwergantilopen, den Dikdiks, bis hin zu schnellen Gazellen, mächtigen Büffeln, riesigen Giraffen und gewaltigen Elefanten. Ostafrika gilt als Evolutionszentrum für große Säugetiere, speziell für Huftiere.

Ein Abglanz jener ursprünglichen Fülle und Vielfalt lebt in der Serengeti mit eineinhalb Millionen Huftieren (Zählung 1996) weiter. Tabelle 1 führt die wichtigsten davon auf. Sie vertreten drei Gruppen, von denen uns jeweils mindestens eine Art als Haustier vertraut ist: Rinderartige mit Büffeln, Gnus, Antilopen und Gazellen, Pferde mit den Zebras und Schweine mit den Warzenschweinen. Rind, Ziege und Schaf stammen aus Vorderasien, Pferd und Hund aus Zentralasien. Die Nutzbarkeit von Weizen, Roggen, Gerste sowie Hafer entdeckten Menschen vor rund 10.000 Jahren im Vorderen Orient im Bereich des sogenannten »Fruchtbaren Halbmondes«. Keine der bedeutenden Nutzpflanzen und keines der wichtigen Haustiere lebte wild in den Savannen Ostafrikas. Der Mensch machte sich Haustiere jenseits von Afrika erst sehr lange nach seinem Exodus aus der Urheimat zunutze.

Weißbart-Gnu *(Connochaetus taurinus)*	920.000
Antilopen & Gazellen	350.000
Zebras *(Equus quagga boehmi)*	150.000
Kaffernbüffel *(Syncerus caffer)*	40.000
Warzenschweine *(Phacochoerus aethiopicus)*	30.000
Andere	20.000
Huftiere insgesamt	1.510.000 = circa 95/km^2
bei 313.000 Kilogramm Lebendgewicht	→ circa 20 Tonnen/km^2

Tabelle 1: Huftierbestand in der Serengeti (Tansania) im Jahre 1996 (Fläche 16.128 km^2). (Quelle: Life Counts)

Hunderttausend Jahre vor der Zähmung von Wildtieren und ihrer Domestikation waren Menschen unserer Art, *Homo sapiens*, aus Afrika nach Eurasien gewandert, lebten als Wildbeuter und Sammler in einer »Eiszeitwelt«, die nach Art und Menge an Großtieren ähnliche Verhältnisse wie die afrikanische Heimat aufwies. Auch davon vermittelt uns die heutige Serengeti eine ebenso gute wie eindrucksvolle Vorstellung. Wahrscheinlich vertrieb eben jene Fliege, die Tsetse, unsere urfernen Vorfahren aus der Heimat, als dort das Klima zu feucht geworden war. Vieles spricht dafür, daß ausgerechnet dort, wo unsere Gattung entstand, die Natur am wenigsten vom Menschen verändert worden ist. Überall sonst hinterließ der sich ausbreitende Mensch Spuren von Ausrottung und Zerstörung.

Wie es auch gewesen sein mag, die Natur Ostafrikas, und jene der Serengeti ganz besonders, repräsentiert bis in die Gegenwart weitgehend den Typ der »ursprünglichen Natur«. An ihr können wir Menschen unsere kulturellen, die Natur verändernden Leistungen und die davon verursachten Belastungen bemessen – und uns selbst in diesem fernen Spiegel unserer Herkunft wiedererkennen. Denn die eineinhalb Millionen Huftiere, die Ende des 20. Jahrhunderts für die 16.000 Quadratkilometer der Serengeti festgestellt worden waren, leben dort unmittelbar von der Natur und ihrer Leistungsfähigkeit. Sie tun das, wie ihre Bestandsentwicklung zeigt, nachhaltig, obwohl jeder Quadratkilometer durchschnittlich fast 100 von ihnen, was einem Lebendgewicht von insgesamt 20 Tonnen entspricht, ernähren muß (Sinclair & Norton-Griffiths 1979). Ein Vergleich mag verdeutlichen, welche Leistungsfähigkeit des Naturhaushaltes zugrunde liegt: Kurz vor der beginnenden Vernichtung durch die Europäer stampften »Life Counts« (Gleich et al. 2000) zufolge etwa 60 Millionen »Indianerbüffel«, die Bisons, über die Prärien Nordamerikas. Sie nutzten eine Gesamtfläche von rund neun Millionen Quadratkilometern. Pro Quadratkilometer nordamerikanische Prärie machte das sechs bis sieben Bisons oder etwa fünf Tonnen Büffel-Lebendgewicht aus, was kaum einem Viertel der Biomasse von Großtieren der Serengeti entspricht. Wären die Prärien ähnlich ertragreich wie die Serengeti gewesen und auch ähnlich vielfältig genutzt worden, hätten in Nordamerika nicht nur 60, sondern 855 Millionen Großtiere und unter Einbeziehung der Randgebiete in den Rocky Mountains wenigstens eine Milliarde davon leben können. Eine Gesamtfläche von der dreifachen Größe Deutschlands hätte schon gereicht, den ursprünglichen Bisonbestand zu ernähren.

Dabei sieht die Serengeti fast ein halbes Jahr lang ziemlich unwirtlich aus. Weithin ist die Pflanzendecke abgeweidet, nicht selten bis auf den Boden. Sie gleicht dann einer Halbwüste und nicht einer hochproduktiven Savanne. Die weidenden Tiere verbrauchen so gut wie alles. Sie scheinen Verwüstung zu hinterlassen, wenn sie weitergezogen sind. Doch die nächsten Regenfälle zaubern frisches Grün auch ohne düngende Steppenbrände hervor. Den heftigen Niederschlägen folgen die Herden langsam nach. Die Zeit zwischen Aufwachsen und Wiederkehr der Weidetiere gibt der Vegetation die Möglichkeit, sich kräftig zu entwickeln und Samen anzusetzen, bevor der neue Zyklus beginnt. Vielen Besuchern der Serengeti kommt es wie ein Wunder vor, daß ein so karges Land eine solche Fülle von Großtieren ernähren kann, weil sie die Zeit des Überflusses, wenn sich die Regenmassen stürmisch über die Savanne ergießen, nicht erleben. Denn dann sind die Pisten schwer oder gar nicht mehr mit den üblichen Fahrzeugen zu befahren. In der Trockenzeit hingegen wirbeln »Staubteufel« als Windhosen über die Ebenen. Die Löwen schleppen sich kraftlos in den Schatten der Akazien. Die meisten ihrer Jungen sterben, weil auf die Monate der Fülle nun die des Mangels gefolgt sind. Sie sind bei weitem nicht so gut zu Fuß wie die wandernden Herden, so sehr sie zeitweise für kranke und schwache, mitunter aber auch für ganz gesunde Tiere eine Gefahr darstellen mögen.

So regulieren nicht die natürlichen Feinde, die Löwen, Leoparden oder Hyänen, die Mengen der Büffel, Antilopen, Zebras und Gazellen, sondern die Niederschläge, die gute oder schlechte Jahre bescheren. Insgesamt hält jedoch gerade der Wechsel von Nahrungsproduktion und Verbrauch im zeitlichen Abstand von mehreren Monaten dieses natürliche Nutzungssystem so hoch produktiv wie kein anderes Grasland der Erde. Möglich ist das, weil die Böden Höchstleistung zulassen. Das Tropenklima gibt im Wechsel von Regen- und Trockenzeiten die regelmäßigen Wachstumsimpulse, während die Verluste durch Auswaschung von Nährstoffen in die Flüsse immer wieder durch die Vulkanausbrüche ersetzt worden sind. Schließlich erlaubten diese ökologischen Bedingungen nach den Ausbrüchen von Krankheiten eine vergleichsweise schnelle Erholung der Großtierbestände, insbesondere dann, wenn auch die Bejagung weitestgehend eingestellt ist. So empfinden wir die Serengeti und einige andere ostafrikanische Nationalparks zu Recht wie Spiegelbilder eines paradiesischen Urzustands der Natur. Mehr Großtiere als dort sollte es auf anderen Flächen vergleichbarer Größe gar nicht geben können, denn in der Serengeti hat die Natur ihre maximale Leistungsgrenze erreicht. Möchte man meinen!

2. Serengeti II

Wir brauchen nicht nach Ostafrika zu reisen, um eine Million großer Huftiere bestaunen zu können. Eine ähnliche Anzahl gibt es zum Beispiel im niedersächsischen Landkreis Vechta. Dort leben auf nur 570 Quadratkilometer landwirtschaftlicher Nutzfläche mehr als eine Million Rinder, Schafe und Schweine sowie Pferde, das heißt zwanzigmal so viele Großtiere wie in der Serengeti. Tabelle 2 enthält die für das Jahr 2001 von diesem Landkreis veröffentlichten Zahlen.

Rinder/Schweine/Schafe	1.000.000	
Pferde	2.200	
Huftiere insgesamt:		= 1.760 / km^2
Hühner	12.700.000	= 22.280 / km^2
Dazu auf den nicht landwirtschaftlichen Flächen des Landkreises	123.812 Menschen =	152 / km^2

Tabelle 2: Landwirtschaftlicher Tierbestand und Menschen im niedersächsischen Landkreis Vechta (2001). (Quelle: Internetseite des Landkreises Vechta)

Für die Menschen liegt die Siedlungsdichte in Vechta bezogen auf Deutschland deutlich unter dem Durchschnitt. Sie liegt um rund ein Drittel niedriger als landesweit üblich. Nimmt man ein Durchschnittsgewicht von 65 Kilogramm pro Mensch an, so hat Vechta fast zehn Tonnen davon pro Quadratkilometer zu »tragen«. Das allein entspricht schon der Hälfte der Großtier-Biomasse (= Lebendgewicht) der Serengeti, und genausoviel wiegen die über 20.000 Hühner pro Quadratkilometer. Die Menschen und Hühner von Vechta würden also zusammen bereits die Kapazität der Serengeti als der produktivsten Naturlandschaft ausschöpfen. Das 20fache Lebendgewicht der Huftiere kommt aber noch hinzu. Das macht Vechta zusammen mit einer Reihe weiterer Gebiete in Nordwestdeutschland wahrlich zu einer »Super-Serengeti«. In der Millionenstadt München liegt das Lebendgewicht der Menschen bei etwa 250 Tonnen pro Quadratkilometer; Vechta bringt es auch in diesem Vergleich auf das Doppelte davon – mindestens, denn das Vieh steht bestens in Futter und Fleisch und sollte wohl höher als mit durchschnittlich 200 Kilogramm pro Huftier angesetzt werden. Bei 300 kg pro Tier wären es 528.000 kg für die Huftiere und knapp 10.000 kg für die Menschen Vechtas, also das mehr als 50fache im Verhältnis von Tier und Mensch. Damit erzeugt Vechta auch das 50fache an Abwasser aus der Huftierhaltung sowie Unmengen Mist aus den Hühnerställen. Da dieser als Festmist anfällt, wird er hier nicht weiter in den Vergleich mit München einbezogen, wo etwa dieselbe Zahl von Menschen wie Großtiere in Vechta lebt. Das ergibt die vier- bis fünffache Menge, verglichen mit den menschlichen Abwässern Münchens. Nach »Einwohnergleichwerten« an Abwasser ist Vechta eine Weltstadt von der Größe Berlins. München hat zur Entsorgung der menschlichen Abwässer mit hohem ökonomischem Aufwand eine der modernsten Großkläranlagen gebaut. Und Vechta? Was der dortige Riesenviehbestand von sich gibt, gelangt als Gülle ungeklärt auf die Fluren, wie beinahe überall bei Massentierhaltungen in Europa. Vechta stellt in dieser Hinsicht keine Ausnahme dar und handelt nach Lage der gesetzlichen Bestimmungen ordnungsgemäß. Wie München auch. Doch bedeutet »ordnungsgemäß« offenbar sehr Unterschiedliches für Stadt und Land. Denn beim Abwasser ist das Vieh ganz anders gestellt als der Mensch. Warum eigentlich? Und zu welchem Zweck darf das so sein?

Die Antwort ergibt sich aus dem Verhältnis von Stadt und Land, von Mensch und Vieh: Vechta ist ein »Land«-Kreis, München ein »Stadt«-Kreis. Stadt und Land werden von jeher unterschiedlich behandelt. Mit massiver Voreingenommenheit gilt »Land« als »gut« und »Stadt«, zumal in ihrer Form als »Moloch Großstadt«, als »schlecht«. Warum eigentlich? ist nochmals zu fragen. Und warum unterscheiden selbst Ökologen, die es besser wissen sollten, so sehr zwischen Rindern als Haustieren einerseits und den Büffeln, Gnus, Antilopen und Gazellen als Wildtieren andererseits? Genauso unterschiedlich werden auch Hausschwein und Wildschwein behandelt! Wildtiere gelten von Natur aus als »gut«. Haustiere sind auch gut und nützlich. Sie liefern »gutes Abwasser«, während der Mensch nur »Schlechtes« von sich gibt. Folglich muß dieses entsprechend gereinigt, entsorgt und bezahlt werden, während die Gülle dazu benutzt wird, die Bestände der Haustiere möglichst groß und in höchstem Maße produktiv zu machen. Diese Gegebenheit sollte zu denken geben. Dürfen »Super-Serengetis«, die es in großer Zahl gibt, aus den Betrachtungen und Berechnungen ausgeklammert werden, die auf den Menschen bezogen sind? Selbst Ökologen, denen die Serengeti als hochgepriesenes Vorbild für effiziente Naturnutzung gilt, kehren diese Überlegungen unter den Tisch. Dort gibt es aber keine 20 Millionen Hühner wie in Vechta und schon gar nicht – sähe man Vechtas Hühnerbestand als »normal« an – fast eine halbe Milliarde Hühner, die es hochgerechnet sein müßten.

Daher die Frage: Wie kann eine solche Super-Serengeti eigentlich »leben« und funktionieren? Produzieren die 570 km^2 landwirtschaftlicher Nutzfläche so viel mehr Nahrung als die Serengeti? Die dortige Savanne bringt es auf eine Produktion von etwa 50 Tonnen Pflanzenwuchs pro Quadratkilometer im Jahr. Das kann als ein außergewöhnlich gutes Verhältnis zwischen pflanzlicher Produktivität und tierischer Nutzung (bei 20 Tonnen Lebendgewicht der Großtiere) angesehen werden. In der Ökologie wird in aller Regel von einem Bedarf an wenigstens dem 10fachen an Pflanzenmasse ausgegangen, wenn sich Tiere davon dauerhaft (»nachhaltig«) ernähren sollen. Die mehr als eine Million Huftiere Vechtas müßten also im günstigsten Fall Serengeti-ähnlicher Leistungsfähigkeit pro Tier das 2,5fache an Pflanzennahrung von dieser niedersächsischen Flur produziert bekommen. Unter Normalverhältnissen der Produktivität wäre mit dem mindestens zehnfachen zu rechnen.

Die 1.760 Huftiere pro Quadratkilometer in Vechta müßten demnach zwischen (höchst unwahrscheinlichen) 50 Tonnen Futter und im günstigen Regelfall etwa fünf Tonnen je Quadratkilometer zur Verfügung haben. Auf ihr Lebendgewicht umgesetzt, zeigt sich das extreme Mißverhältnis, stünden doch für die rund 500 Tonnen Lebendgewicht der Tiere nur fünf Tonnen Futter zur Verfügung. Serengeti-Bedingungen würden dieses Mißverhältnis von 1 kg Futter pro 100 kg Tiergewicht nur auf 1:10 mindern, aber das Ernährungsproblem auch nicht lösen. Selbst ohne Berücksichtigung der über 20 Millionen Hühner könnten somit Vechtas Nutztiere keinesfalls von den dortigen landwirtschaftlichen Flächen direkt ernährt werden. Die Verhältnisse gleichen in dieser Hinsicht der menschlichen Bevölkerung von Großstädten, die trotz eigener Kleingärten verhungern müßte, würde sie die Hauptmasse der benötigten Nahrung nicht von außen erhalten. Vechta ist ein Importgebiet für Nahrung wie eine Millionenstadt.

Wer aber ernährt Vechta und die anderen Gebiete dieser Art? Wie kann so ein System funktionieren? Das klärt eine Betrachtung von Serengeti III, nämlich ganz Deutschlands. Produzieren deutsche Fluren jene Mengen an Nahrung, welche die Zentren wie Vechta zur Versorgung ihrer Tiermillionen benötigen? Sind die Vechtas mit ihrer Umlandversorgung autark? Autark zu werden war herrschende Ideologie in der NS-Zeit und blieb es noch nach dem Zweiten Weltkrieg; unabhängig von der Einfuhr von Nahrungsmitteln aus anderen Ländern und Erdteilen sollte das Land selbst hervorbringen, was die Menschen brauchen. Eine massive Intensivierung der Landwirtschaft sollte diese Selbstversorgung ermöglichen und die angestrebte Unabhängigkeit garantieren. Stellen also Produktionszentren wie Vechta das notwendige Gegenstück zu Verbrauchszentren wie München dar?

3. Serengeti III

Gegenwärtig leben etwa 15,7 Millionen Rinder, 23,7 Millionen Schweine, 2,5 Millionen Schafe und 0,6 Millionen Pferde in Deutschland. Das ergibt zusammen 42,5 Millionen Huftiere oder 250 Stück auf jedem der 170.000 Quadratkilometer landwirtschaftlicher Nutzfläche (Tabelle 3). Deutsche Fluren »tragen« damit pro Quadratkilometer die zweieinhalbfache Zahl an Großtieren im Vergleich zur Serengeti und damit etwa das vierfache Lebendgewicht. Aber anders als in der Serengeti, wo es so gut wie keine dauerhaften Ansiedlungen von Menschen gibt und alles, was die Touristen brauchen, von außen eingeführt wird, leben in Deutschland rund 82 Millionen Menschen oder 230 pro Quadratkilometer. Ihr Lebendgewicht läßt sich auf etwa 5,33 Milliarden Kilogramm schätzen. Bei

Schweine	23,7	Millionen
Rinder	15,7	Millionen
Schafe	2,5	Millionen
Pferde	0,6	Millionen
	→ 250	Huftiere / km²
= 2,5 x Serengeti (im Durchschnitt) und = 4 x nach Biomasse		

Tabelle 3: Großtier-Bestände in Deutschland (Landwirtschaftliche Nutzfläche: 170.000 km²). (Quelle: Fischer Weltalmanach 1999)

357.000 Quadratkilometer Fläche sind das 15 Tonnen »Mensch« pro Quadratkilometer, ziemlich genau drei Viertel des Lebendgewichts der Großtiere der Serengeti (20 Tonnen). Das ließe bei einer ähnlich hohen Produktivität des Landes Raum für fünf Tonnen Großtiere pro Quadratkilometer. Doch der Tierbestand wiegt in Deutschland 75 Tonnen pro Quadratkilometer und damit fünfmal soviel wie die Menschen. Das sind 70 Tonnen mehr pro Quadratkilometer, als ökologisch zu verkraften wäre, wenn man die Serengeti als Bezugsmaß nimmt.

Nun liegt diese aber fast unter dem Äquator, ist tropischer Hitze ausgesetzt und einem extremen Wechsel zwischen Regen- und Trockenzeiten unterworfen. Im gemäßigten Klimabereich atlantischer Prägung mit Niederschlägen zu allen Jahreszeiten wie in Deutschland kommt ein halbes Jahr lang, von Mitte Oktober bis Mitte April, kein nennenswertes Wachstum zustande. In den wintermilden Regionen des Nordwestens von Deutschland sind es fünf Monate, doch dafür steigt die Produktion im Sommer auch nicht so stark an wie im wärmeren Süden. Wie auch immer man rechnet, in der Gesamtbilanz gleichen sich die jahreszeitlichen Einbußen und Ausfälle im Pflanzenwachstum in Deutschland und in der tropischen Savanne der Serengeti nahezu aus, der deutsche Winter entspricht den beiden tropischen Trockenzeiten. Englisches Grasland kommt etwas besser weg, da es kaum winterliche Ausfälle gibt, so daß Stallhaltung und Zufütterung in geringerem Ausmaß anfallen als in Deutschland. Es bedarf jedoch speziell aufgebesserter Weiden (»improved pastures«), um 200 Rinder pro km² (2 Großtiereinheiten pro Hektar) ohne Zufütterung halten zu können (Campbell 1985). Die dortigen zwölf Millionen Rinder ergeben bei einer Landfläche von 242.900 Quadratkilometern fast 50 Rinder pro km^2 (ohne Korrektur auf landwirtschaftliche Nutzfläche). Dieser Wert übertrifft den für Deutschland von 44 Rinder pro km^2 deutlich, was andererseits in der Bilanz zur Flächenbelastung den Vorteil des »englischen Rasens« relativiert und fast gleiche Verhältnisse wie in Deutschland erzeugt. Da die Siedlungsdichten der Menschen mit 242 pro km^2 in Großbritannien und 230 pro km^2 in Deutschland recht ähnlich ausfallen und Mengen und Gewichte der Rinder mit durchschnittlich etwa 90 Stück pro km^2 und 27 Tonnen pro km^2 auch, spielen für beide Länder klimatische Unterschiede in der Rinderhaltung oder ihr Verhältnis zur Siedlungsdichte der menschlichen Bevölkerung offensichtlich keine Rolle. Der Rinderbestand ist anscheinend hier in Deutschland wie dort in Großbritannien weitgehend unabhängig von Größe und Produktivität der Landflächen geworden.

Gerade weil deswegen der direkte Vergleich mit der Serengeti nicht mehr angebracht erscheint, ist er so wichtig: Er macht das tatsächliche Ausmaß der Abweichung von den natürlichen Verhältnissen offensichtlich. Auch auf den Britischen Inseln übersteigt das Lebendgewicht des Viehbestandes das der Menschen um das Sechsfache. Der Landkreis Vechta jedoch übertrifft dieses Vieh-Mensch-Verhältnis sogar noch um ein Vielfaches: Inklusive der mehr als zwölf Millionen Hühner ergibt sich das 55fache (Tabelle 4)!

So ist nicht nur Vechta eine »Super-Serengeti«, sondern ganz Deutschland, und dabei steht es nicht allein, wie die Beispiele Großbritanniens und anderer Länder zeigen. Darüber wird in anderem Zusammenhang noch zu sprechen sein. Von Autarkie ist also keine

	Deutschland	Großbritannien	Vechta
Vieh (V)	75.000	99.000	528.000
Menschen (M)	14.950	15.730	9.980
Verhältnis V : M	5 : 1	6,3 : 1	> 50 : 1

Tabelle 4: Vergleich der Biomassen (Lebendgewichte) von Menschen und Haustieren (»Vieh«) in Kilogramm pro Quadratkilometer (ohne Geflügel). (Quelle: Fischer Weltalmanach 1999 und Berechnungen des Autors)

Rede, übersteigen doch die Viehbestände bei weitem die vorhandene Produktionskapazität der deutschen Fluren. Vechtas Vieh kann nicht von deutschen Landen leben, und deutsches Vieh braucht, wie gezeigt werden wird, die Welt!

Die Vorstellung, die Zentren der Viehhaltung würden nichts anderes als den produzierenden Ausgleich zu den Ballungsräumen der Bevölkerung darstellen, läßt sich daher nicht aufrechterhalten. Das ergibt sich auch aus den hohen Überschüssen an Rindfleisch, die zum Beispiel 1996 von der »Super-Serengeti Deutschland« erzeugt und nur teilweise exportiert werden konnten (Fischer Weltalmanach 1999): 1,538 Millionen Tonnen Rind- und Kalbfleisch, die bei einem Pro-Kopf-Verbrauch von 10,4 kg überschüssige 685.000 Tonnen (also fast die Hälfte der erzeugten Fleischmenge) bedeuten. Anders sieht es bei den fast 25 Millionen Schweinen in Deutschland aus. Obwohl aus ihnen 3,572 Millionen Tonnen Schweinefleisch im Jahre 1996 erzeugt worden sind, deckte dieser Fleischberg nur 79% des Bedarfs und 805.000 Tonnen mußten netto importiert werden. Von den im selben Jahr in Deutschland erzeugten 45,4 Millionen Tonnen Getreide wurden im Inland 35 Millionen Tonnen verbraucht; davon aber 21,6 Millionen Tonnen als Futter für das Vieh.

Während in der Serengeti, dem »wildtierreichsten Gebiet der Erde«, die Großtiere auf ihren Wanderungen dem Pflanzenwachstum mit der richtigen Zeitverzögerung folgen, ermöglicht erst die räumliche wie zeitliche Trennung von so extrem hohem Viehbestand und pflanzlicher Produktion eine solche Unausgewogenheit: Im modernen Produktionssystem der Massentierhaltung in Ställen, die den Tierbestand »unsichtbar« macht, wird die Zeitverzögerung beinahe aufgehoben. Alle Nahrung muß nun zum Tier transportiert werden. Der Ort ihrer Entstehung wird nachrangig, und Kosten rechnen sich nach Angebot und Nachfrage – und zwar weltweit. Es ist also tatsächlich »falsch«, Vechta oder Deutschland direkt mit der Serengeti zu vergleichen. Aber dennoch ist der Vergleich auch richtig und wichtig, wenn es um Kosten und Folgen geht. Denn ein System, in dem Produktion und Verbrauch nicht der gleichen Grundlage entstammen, sondern auf zwei oder mehr voneinander getrennte Teilsysteme zu beziehen ist, verliert den einfachen ökologischen Ursache-Wirkungs-Bezug auf die Fläche. Das »ökologische System« mutiert somit zu einem »ökonomischen System«. Doch vom »Öko«, von der Natur, kann sich so ein agrar-ökonomisches System dennoch nicht ablösen! Es darf auch keinesfalls als rein ökonomisches System betrachtet werden, in dem betriebswirtschaftlich nur die Erträge und ihre Produktionskosten zählen. Es muß auch berücksichtigt werden, welche volkswirtschaftlichen Kosten und Umweltbelastungen damit verbunden sind und wo diese entstehen. Von dieser Betrachtung blieben die »künstlichen Serengetis« jedoch weitgehend ausgenommen, stellte doch nach dem deutschen Bundesnaturschutzgesetz von 1976 die »ordnungsgemäße Landwirtschaft keinen Eingriff in den Naturhaushalt dar«.

»Ordnungsgemäß«, das war und heißt Düngung, gleich ob mit Mist, Gülle oder Mineraldünger, Pflanzenschutz mit Giften (Herbizide, Pestizide, Fungizide), Einsatz von Großmaschinen ohne arbeitszeitliche Einschränkungen oder gar Ruhezeiten (Sonntagsarbeit), Beseitigung von allen Faktoren, die der Maximierung der Produktion im Weg stehen könnten (Flurbereinigung, Flurausräumung, Flurvereinheitlichung), sowie steuerlich begünstigtem Energie-Einsatz. Hinzu kamen und kommen hohe Subventionszahlungen, um Überschüsse abzubauen und Erschwernisse dort auszugleichen, wo die Natur partout nicht maximale Produktion zuläßt, um witterungsbedingte Schwankungen zu beheben, die Bearbeitungsfähigkeit der Fluren zu verbessern, Höfe, die sich zu Großbetrieben entwickelten, in die freie Landschaft auszusiedeln, um Feldwege, die nur wenige Male im Jahr befahren werden, zu teeren und so fort. All das und noch mehr trägt die Gesellschaft als »externalisierte Kosten« und bringt seit Jahren erheblich mehr an Fördermitteln auf, als die Landwirtschaft an Produktwert überhaupt produziert. Dennoch wollten immer weniger Menschen von diesen neuen »Serengetis« leben. In den Jahrzehnten anhaltender Verbesserungen der landwirtschaftlichen Produktions- und Lebensbedingungen schrumpfte der Anteil der in der Landwirtschaft Tätigen an der Gesamtbevölkerung auf weniger als ein Zehntel der Größe nach dem Zweiten Weltkrieg. 90 % »Verluste« also bei exorbitant hohen Kosten – hätte das nicht längst zum Handeln und nicht nur zum Nachdenken zwingen sollen?

Doch selbst jene erstarkte und in die politische Verantwortung gekommene Bewegung schwieg, der Natur und Umwelt besonders am Herzen liegt (lag?). Die Aktionen, die von Natur- und Umweltschützern und den Grünen kamen, blieben im Landwirtschaftsbereich so gut wie bedeutungslos. Man beschäftigte sich statt dessen unbeirrt mit den alten Feinden, nämlich Industrie, Bautätigkeit und Verkehr, und führte die Kämpfe gegen diese »liebgewonnenen« Gegner auch dann noch, als längst klar war, woher die Hauptbelastungen von Natur und Umwelt kommen und wer die mit weitem Abstand massivsten Verluste an Arten und an natürlicher Vielfalt (Biodiversität) verursacht.

Eine der größten Natur- und Umweltschutzorganisationen Deutschlands wandte in den 1990er Jahren weniger als 5 % des finanziellen Einsatzes pro Jahr und lediglich einen von rund 100 Angestellten für die Behandlung der Landwirtschaftsproble-matik auf. Das Ausbaggern einiger Kilometer eines norddeutschen Flußlaufes wurde – gemessen am Einsatz von Personal und Zeit – für weitaus wichtiger gehalten. Lobby-Arbeit in Brüssel gilt nach wie vor als einziger Ansatz, bescheidene Änderungen zu bewirken. Mit der großen Masse der Bevölkerung rechnet der deutsche Naturschutz anscheinend nicht, obwohl gerade die direkt Betroffenen allen Grund hätten, auf politischem Wege kraft ihrer erdrückenden Mehrheit die notwendigen grundlegenden Änderungen zu erzwingen. Denn die Folgen der Umwandlung Deutschlands und weiter Teile der Europäischen Union zu »Super-Serengetis« hat sie ganz unmittelbar zu bezahlen.

Einige Teilbereiche seien beispielhaft herausgegriffen; eine umfassende Behandlung würde bei der tatsächlichen Dimension der Problematik den Rahmen dieses Buches sprengen. Denn es handelt sich gleichrangig mit Kriegen und Seuchen um das dritte große Weltproblem. Nicht ohne Grund war 1992 beim sogenannten »Erdgipfel von Rio« von der Staatengemeinschaft der Erde, den Vereinten Nationen, die Verknüpfung von »nachhaltiger Entwicklung« *(sustainable development)* mit der »Erhaltung der Biodiversität«, der Vielfalt des gesamten Lebens auf der Erde und seiner Bedingungen also, zum Hauptziel für die Zukunft erklärt worden. Klimaschutz und die Bewältigung des globalen Wandels *(global change)* bilden Unterziele jener Hauptaufgabe, die Erde für eine auf absehbare Zeit noch weiter anwachsende Menschheit lebenswert und zukunftsfähig zu erhalten. Wie sich inzwischen herausgestellt hat, kommen die größten Widerstände bei der Umsetzung der Ziele von Rio und der Nachfolgekonferenzen in Johannesburg (sowie Kyoto hinsichtlich des Klimaschutzes) wie auch bei den GATT-Verhandlungen (General Agreement on Tariffs and Trade) der WTO (World Trade Organization) zum freien Welthandel nicht von der Industrie, sondern von der Landwirtschaft. Es bleibt abzuwarten, was aus den Beschlüssen zum Abbau der Agrarsubventionen im Sommer 2004 werden wird.

4. Die Erde

Sieht man von den Honigbienen ab, deren rund 53 Millionen Stöcke an die 3 Billionen dieser einzigen Haustierart aus dem Reich der Insekten enthalten, so führen zwar die Haushühner nach »Life Counts« mit 13,5 Milliarden (Gleich et al. 2000) die Weltrangliste an (Tabelle 5), die große Zahl täuscht jedoch über die Biomasse hinweg. Sie ergibt 6,75 Millionen Tonnen Lebendgewicht, wenn pro Huhn im Durchschnitt ein halbes Kilogramm gerechnet wird; eine Masse, die im Verlauf eines Jahres auf 20 bis 30 Millionen Tonnen heranwächst, wenn der »Umsatz« eingerechnet wird. Immerhin entsprechen die Haushühner damit etwa einem Zehntel der Masse der Menschheit.

Doch die 1,48 Milliarden Rinder fallen ungleich mehr ins Gewicht. Rechnet man 500 kg für ein Rind, so bringen sie es auf eine Dreiviertelmilliarde Tonnen, und bei 800 kg pro Rind steigt ihre Lebendmasse auf knapp 1,2 Milliarden Tonnen. Die 6,2 Milliarden Menschen hingegen erreichen gegenwärtig »nur« ein Gesamtgewicht von 0,3 Milliarden Tonnen oder weniger, weil die Weltbevölkerung sehr jung ist. Das Verhältnis Rinder zu Menschen fällt dementsprechend zwischen 2,5 und 4 : 1 aus.

Die mehr als 20 Milliarden Nutztiere fallen in der globalen Bilanz fast unvorstellbar groß aus. Zwar stellt der Überblick in Tabelle 5 keine genauen Zählungen, sondern mehr oder minder grobe Schätzungen dar, was auch für die globale Erfassung der Menschheit gilt, aber die wichtigsten Relationen lassen sich ablesen wie auch die

(1) Vieh			
1.318 Millionen	Rinder		
162 Millionen	Hausbüffel	→	1.480 Millionen
1.065 Millionen	Schafe		
700 Millionen	Ziegen	→	1.765 Millionen
61 Millionen	Pferde		
57 Millionen	Esel & Maultiere	→	118 Millionen
19 Millionen	Kamele		
5 Millionen	Lamas & Alpakas	→	24 Millionen
936 Millionen	Schweine	→	936 Millionen
(2) Geflügel			
13.480 Millionen	Haushühner		
775 Millionen	Hausenten		
247 Millionen	Truthühner (Puten)		
209 Millionen	Hausgänse	→	14.711 Millionen
(3) Kleine Fleischtiere (Kaninchen)		→	453 Millionen
(4) Haustiere (pets) in Westeuropa und USA			
> 100 Millionen	Hauskatzen		
= 100 Millionen	Hunde	→	200 Millionen

Tabelle 5: Nutztiermengen – weltweit

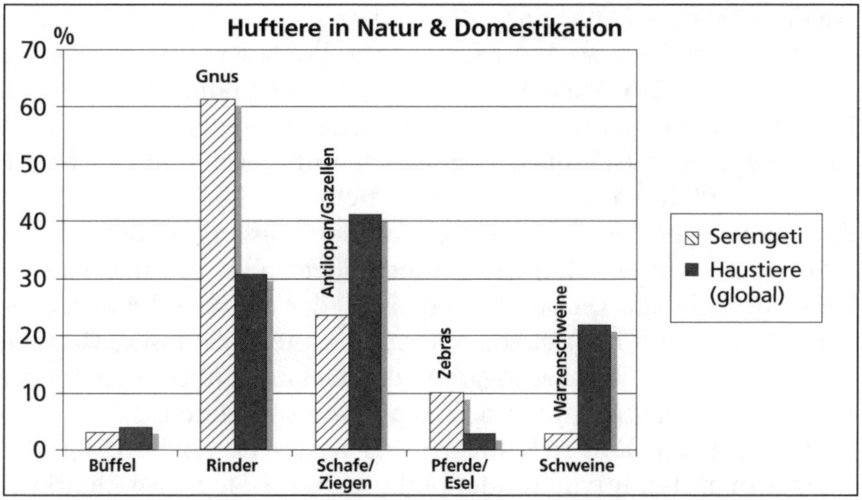

Abbildung 1: Die globalen Mengen der wichtigsten Haustierarten (Säugetiere) spiegeln prozentual einerseits die ursprünglichen Verhältnisse in der Arten-Zusammensetzung der großen Wildtiere der ostafrikanischen Savanne wider, verweisen andererseits aber mit den Abweichungen auf die besonders geförderten Haustierarten. So sind die kleinen Wiederkäuer (Ziegen und Schafe) stärker vertreten als in der Natur, während die erst spät domestizierten und auf bestimmte Kulturkreise beschränkten Pferde verhältnismäßig seltener als die Zebras vertreten sind. Die größte Förderung ergab sich für die Schweine. (Datenquellen: Life Counts 2000 und Serengeti-Großtierzählung 1998)

»Größen- und Typen-Aufteilung«. Große Wiederkäuer, die Hausrinder und die Hausbüffel, stehen an der Spitze, gefolgt von den kleinen (Schafe und Ziegen) sowie den Schweinen. Pferde fallen dagegen schon deutlich und spezielle Haustiere Südamerikas, die Lama-Gruppe, stark ab. Fleischkaninchen spielen im Vergleich so gut wie keine Rolle. Vor diesem Hintergrund erscheint der Vergleich der weltweiten Haustierbestände (ohne Vögel) mit den »natürlichen« Proportionen der Serengeti sinnvoll (Abbildung 1).

Die Verhältnisse zeigen, daß die großen Büffel annähernd gleich repräsentiert sind, die Hausrinder aber nur zur Hälfte des Anteils der Gnus *(Connochaetes taurinus)*, während Schafe und Ziegen als von der Größe vergleichbare und auch ähnlich genügsame Huftiere wie die Antilopen und Gazellen überrepräsentiert sind. Beide Gruppen jeweils zusammengefaßt bringen es aber an Lebendgewicht auf etwa dieselbe Größenordnung. Klar unterrepräsentiert sind die Hauspferde im Vergleich zu den Zebras. Aber die Hausschweine nehmen verglichen mit den Warzenschweinen einen weit höheren Anteil ein. Berücksichtigt man nun noch die Raubtiere, die in der Haltung durch den Menschen verständlicherweise nicht mit Löwen und Leoparden, sondern mit Hunden und Katzen vertreten sind und entsprechend ihrer Lebendgewichte aufgerechnet werden müßten, so fügt sich das Bild zusammen: Die Haustierhaltung bildet im großen und ganzen die ursprünglichen Verhältnisse ab, die in der afrikanischen Wildnis, der Urheimat des Menschen, geherrscht hatten, als unsere Gattung entstand. In Südasien sind sogar mit den Elefanten noch Vertreter der ganz großen Wildtiere unter den Haustieren vorhanden.

Der Vergleich läßt sich sogar noch weiter präzisieren: Wo das Land arm an Baumwuchs oder praktisch reine Steppe ist, dominieren die Ziegen und Schafe als kleinere Typen. Schweine fallen dann so gut wie ganz weg, aber Pferde gewinnen an Bedeutung. Baumbestandenes Savannenland ist hingegen »Rinderland«. Das hängt mit dem hohen Trinkwasserbedarf der großen Wiederkäuer aufgrund ihrer komplizierten Verdauung zusammen. Schweine sind keine Wiederkäuer und anders zu betrachten, da sie – dem Menschen nicht unähnlich – von Nahrung leben, die reich an Stärke und Eiweiß ist (oder sein sollte).

Und noch etwas spiegeln die Verschiebungen in den Haustierverhältnissen (Diamond 1998) im Vergleich zu den Wildtieren: die Zeit der Domestikation. Die sehr früh zu Haustieren gemachten Arten, die Schafe und die Ziegen, dominieren der Zahl nach immer noch. Es folgen Rind und Schwein, während die viel später domestizierten Pferde (und Kamele) den geringsten Anteil ausmachen. Dies legt nahe, nicht allein in der gegenwärtigen Situation das Zustandekommen zu betrachten, sondern zurückzugehen zu den Ursprüngen. Die Menschheit, so viel ist sicher, teilt die Erde mit ihren Lebensgrundlagen nicht nur unter sich auf, sondern in viel stärkerem Maße mit den Haustieren. Diese übertreffen zusammengenommen die Menschheit um ein Vielfaches an Lebendgewicht. Das, was die Haustiere von der Produktivität der Natur der Erde nutzen, machte schon vor einem Vierteljahrhundert das Dreifache des Menschenbedarfes aus (Odum & Reichholf 1980). Mindestens!

II. Die Folgen in Deutschland (Mitteleuropa)

5. Stadt und Land

Das Land ist Natur, die Stadt ein Kunstprodukt. Und »unwirtlich« sind die (Groß-)Städte, wie Alexander Mitscherlich (1962) es ausgedrückt hat. Konrad Lorenz (1973) prangert in seinem Pamphlet *Die acht Todsünden der zivilisierten Menschheit* die wuchernden Städte folgendermaßen an:

»Man vergleiche sehenden Auges das alte Zentrum irgendeiner deutschen Stadt mit ihrer modernen Peripherie oder auch diese sich schnell ins umgebende Land hineinfressende Kulturschande mit den von ihr noch nicht angegriffenen Ortschaften. Dann vergleiche man ein histologisches Bild von irgendeinem normalen Körpergewebe mit dem eines bösartigen Tumors: Man wird erstaunliche Analogien finden.«

Diese Charakterisierung des »Molochs Stadt«, der das gute Land »verbraucht« und regelrecht auffrißt, bestimmt seit Jahrzehnten die Haltung von Naturschützern. Sie fand in Deutschland ihren politischen Ausdruck zumeist in sehr engen Grenzen, welche den Städten für ihre weitere Entwicklung gesetzt worden sind, in Bebauungsplänen und der Landesentwicklungsplanung mit vorgegebenen Ober-, Mittel- und Unterzentren. So weit wie möglich sollte »verdichtet« und »gebündelt« werden, damit nicht noch mehr Land »verbraucht« würde.

Nun stehen zwar die Attraktivität der Städte und die Landflucht in offensichtlichem Kontrast zu der weitverbreiteten Auffassung von der Stadt als notwendigem Übel, aber das sei eben – so die simple Erklärung – lediglich wirtschaftliche Notwendigkeit, die hier zum Ausdruck komme. Sobald die Menschen genug verdienten und es sich leisten könnten, zögen sie das »Häuschen im Grünen« vor und nähmen dafür auch mehr oder minder lange Fahrtstrecken täglichen Pendelns in Kauf. Der Wochenendverkehr und die in der zweiten Phase des Wirtschaftswunders rasch angestiegene Zahl der

Zweit- und Ferienwohnsitze »auf dem Land« zeigen dies ebenso deutlich. Man will raus aus der Stadt ins Grüne, um sich zu erholen. Entsprechend wucherten die von Lorenz (1973) mit dem verächtlichen Ausdruck »Batterien von Ställen für Nutzmenschen« belegten Trabantenstädte. Grün in der Stadt geriet zur Kosmetik, ja zu »potemkinscher Fassade«, die gnädig verdeckte, was nicht gezeigt werden sollte. Die Ferien wurden ganz von selbst zur »schönsten Zeit des Jahres«, weil man sich in ihnen von dieser schrecklichen Umwelt befreien und in die Sonne, die Natur oder ans Wasser fahren konnte. Das Auto brachte die notwendige (Bewegungs-)Freiheit für jeden. Es wurde nicht nur der Deutschen »liebstes Kind«, sondern auch zum Symbol für die Emanzipation von Arbeitsstreß und Unwirtlichkeit, Mittel zur Flucht in die bessere Welt. Kein Industriezweig boomte so sehr wie die Autoindustrie, und die Straßen, die für die neue Mobilität gebraucht wurden, fraßen noch schneller noch mehr Land als die wachsenden Städte. Neben den Umweltgiften der Industrie und den Schäden, die Menschen an ihren Arbeitsplätzen wegen mangelhafter Schutzvorschriften erlitten, rückten Verkehr und Straßenbau in die Spitzengruppe der Bedrohungen. Und er tötete, dieser Straßenverkehr. Jahrelang gab es um die 10.000 Tote allein in Deutschland. Die Verkehrstoten der 1980er Jahre allein entsprachen der vollständigen Ausrottung der Stadt Regensburg. Die neue, schnelle Mobilität wurde gefährlicher als moderne Kriege. Die Ballungszentren galten und gelten als Hauptverursacher des Verkehrs, der sich mit seinen Giftgaswolken auch abseits der Straßen auf dem Land auswirkte, das »Waldsterben« verursachte, artenreiche Lebensräume (Biotope) zerstörte und unzählige Todesfälle in der Tierwelt mit sich brachte: von Wildarten wie Hirsch, Reh, Wildschwein, Hasen oder Fasanen über eine breite Palette von Vögeln, Fröschen, Kröten und anderen Kleintieren bis hin zu Millionen von Schmetterlingen, Bienen oder Käfern, von denen viele Arten geschützt sind.

Folglich achteten selbst Biologen kaum auf das, was sich an Tier- und Pflanzenarten in den Städten eingefunden oder gehalten hatte – mit einer großen Ausnahme: Westberlin. Nach dem Zweiten Weltkrieg in eine Insellage geraten, aus der über die Transitstrecken herauszukommen ein langwieriges, aufwendiges und oftmals höchst frustrierendes Unterfangen war, lag es für die dortigen Botaniker und Zoologen nahe, sich vornehmlich mit dem zu befassen, was im zugänglichen Stadtgebiet vorhanden war. Diese Zwangslage zeitigte höchst eindrucksvolle und jahrelang kaum glaubhaft erscheinende Befunde. Sie eröffneten bessere Einblicke in die Abläufe des sogenannten Naturhaushaltes als viele ökologische Forschungen, in »schönen«, weil naturnahen oder natürlich erscheinenden Untersuchungsgebieten. Noch 1990 registrierte kaum jemand die erstaunliche Anzahl von 120 verschiedenen Vogelarten, die allein im Stadtgebiet von Westberlin in den 1980er Jahren brüteten. Dabei hätte diese Zahl große Aufmerksamkeit erregen müssen, weil selbst bedeutende Vogelschutzgebiete in Mitteleuropa, zumal in landschaftlich sehr viel abwechslungsreicherer Lage, einen solchen Reichtum an sich im Gebiet fortpflanzenden Arten nicht aufweisen. Ein anderes Beispiel für das Klischee »gutes Land« gegen »schlechte Stadt« ist das Münchens und des niedersächsischen Landkreises Melle. Beide weisen mit etwas mehr als 300 Quadratkilometern die gleiche Fläche auf. Der Bezug auf die Flächengröße ist eine wichtige Vorbedingung für einen aufschlußreichen Vergleich, weil der Artenreichtum stark davon abhängt. Aus Tabelle 6 geht hervor, daß entgegen allen Erwartungen in der Millionenstadt München nicht etwa weniger Brutvogelarten als auf dem ländlichen Gebiet von Melle leben, sondern mehr. Der Unterschied zu einem Vogelschutzgebiet von europäischem Rang, dem Unteren Inn, fällt unbedeutend gering aus.

	Zahl der Arten	Fläche	Einwohnerzahl
Melle	105	310 km^2	40.000
München	111	305 km^2	1.226.000
Europareservat Unterer Inn (Vogelschutzgebiet mit Umgebung)	117	300 km^2	3.500

Tabelle 6: Artenausstattung mit Brutvögeln in der Großstadt München und im Gebiet von Melle. (Quelle: Tiemeyer 1993 (Melle) und eigene Daten)

Wie läßt sich so etwas verstehen? Weiteren Aufschluß über den Artenreichtum von Dörfern, Städten und Großstädten gibt Tabelle 7, wobei die Flächengröße nicht mehr konstant gehalten wurde. Sie beginnt vielmehr mit kleinen Dörfern von weniger als 1 km² Größe und reicht bis Berlin mit dem Tausendfachen davon.

	Brutvogelarten	Einwohnerzahl
Aigen am Inn (niederbayerisches Dorf)	31	1.000
Simbach am Inn (Niederbayern)	48	8.000
Passau	65	40.000
Regensburg	98	130.000
Nürnberg	105	493.000
München	111	1.226.000
Berlin	141	3.600.000

Tabelle 7: Zahl der Brutvogelarten und Größe der Siedlung nach Einwohnerzahlen im Zeitraum von 1990 bis 2000 (Originalzusammenstellung).

Es ergibt sich der beinahe unglaubliche Befund, daß der Artenreichtum an Brutvögeln mit der Zunahme der Größe der Siedlungen und Städte deutlich zunimmt. Im Stadtgebiet von Berlin gibt es mit mehr als 140 verschiedenen Arten genau zwei Drittel aller überhaupt in Deutschland vorkommenden Brutvogelarten (etwa 210). Bei dieser Artenvielfalt, darunter auch zahlreiche seltene Arten, erfüllt Berlin auf jeden Fall die Kriterien für ein Vogelschutzgebiet, denn dort gibt es zum Beispiel ähnlich viele oder sogar mehr Nachtigallen und mehr Haubenlerchen als in ganz Bayern. Von brütenden Seeadlern im Stadtgebiet können Vogelfreunde und -schützer in München nur träumen, in Berlin ist das seit der Jahrtausendwende Wirklichkeit. Auch Wanderfalken gibt es in Berlin und in München, in Köln und anderen Großstädten. In München brütet der Uhu, und es gibt Baumfalken, von denen Berlin Brutpaare in größerer Zahl hat.

Berlin oder München sind gute Beispiele für den Reichtum an Vogelarten, den die Städte generell bieten können. Und für ihre

Häufigkeit. Denn so wie auf jeden Berliner ein Vogel kommt, so auch auf jeden Münchner, Kölner oder Saarbrücker Einwohner. In Großstädten gibt es Millionen von Vögeln. Handelte es sich nicht um Menschen und menschliche Siedlungen, sondern um andere Lebewesen und Naturgebilde, würden Ökologen zwangsläufig aus den Befunden schließen, daß die Vögel solche Lebensräume bevorzugen. Die Städte sind »Vogelland« oder, anders ausgedrückt, nicht nur Menschenansammlungen, sondern auch Mega-Cities der Vogelwelt und, auf ihre »Welt« bezogen, nicht minder vielfältig als die Großstädte der Menschen. Die Bestandsaufnahmen und Untersuchungen, die in den letzten beiden Jahrzehnten in vielen Städten Deutschlands und Europas durchgeführt worden sind, bestätigen dies übereinstimmend.

Im »Urteil« der Vogelwelt schneidet die Stadt also ungleich besser ab als bei Konrad Lorenz und vielen Naturschützern, die in den vergangenen Jahrzehnten ihre Schutzbemühungen auf das Land konzentriert und dabei enttäuschend wenig Erfolge erzielen konnten. Währenddessen nahmen die Vögel in den Städten ganz von selbst zu. Wie die genannten Seeadler, die nun im Stadtgebiet von Berlin frei und ohne besonderen Schutz brüten, während die Umweltstiftung WWF-Deutschland die einzigen vier bis fünf Brutpaare westlich des Eisernen Vorhangs jahrelang rund um die Uhr bewachen und Störungen von den Horstplätzen der Adler fernhalten mußte. Es scheint alles auf den Kopf gestellt, wenn man die »Stadtnatur« betrachtet. Denn die Vogelwelt steht nicht allein mit ihrer Wahl, auch viele andere Tiere und Pflanzen »zog« es in die Städte.

Bezogen auf den Quadratkilometer wurden nämlich bereits in den späten 1970er Jahren im Stadtgebiet von Westberlin die wildwachsenden Pflanzen untersucht (Kunick 1974). Das Ergebnis ist überraschend, denn mit 380 Pflanzenarten pro Quadratkilometer war die Berliner Innenstadt artenreicher als der Stadtrand, wo mit durchschnittlich 357 Arten etwas weniger registriert wurden. Am reichhaltigsten erwies sich jedoch der »Wohnsiedlungsbereich« mit aufgelockerter Bebauung. Dort gab es 424 wildwachsende Pflanzenarten pro km^2. Noch höhere Werte erreichten auf kleineren Flächen nicht ganz unerwartet Gebiete wie zum Beispiel alte Bahnanlagen oder Ruderalflächen (Schuttplätze). Der außerordentlich hohe Artenreichtum des »Wohnsiedlungsbereichs« also warf die Frage auf, wie es kommen konnte, daß mit dem Übergang in die Natur am Stadtrand die Artenvielfalt nicht nur nicht zu-, sondern sogar abnimmt.

Gut zehn Jahre später stellte sich heraus, daß Berlin hier wiederum keine Ausnahme bildet, denn für das Stadtgebiet von Nürnberg ermittelte Konopka (1999) mit rund 1.100 wildwachsenden Pflanzenarten ziemlich genau doppelt so viele wie für gleich große Flächen des Umlandes, das im Falle von Nürnberg waldreich und wenig bebaut ist – wie um Berlin auch. Konopkas Ergebnisse wurden in der Zeitschrift des Bundes Naturschutz in Bayern *Natur und Umwelt* veröffentlicht und sind damit über jeden Zweifel erhaben, es könne sich um besonders »stadtfreundliche« Forschungen gehandelt haben. Daß in einer so reichhaltigen Flora auch zahlreiche Arten von Pflanzen zu finden sind, die erst in neuerer Zeit einwanderten, eingeschleppt oder angesiedelt wurden (und daher Neophyten, also neue Pflanzen genannt werden), liegt auf der Hand. Doch sie deswegen geringzuschätzen oder gar abzuqualifizieren würde das Existenzrecht einer großen Anzahl anderer, heute hochgeschätzter Wildpflanzen in Frage stellen, die als Neophyten in früheren Jahrhunderten gekommen waren. Längst gelten diese Ackerwildkräuter nicht nur als heimisch, ihnen werden auch spezielle und kostenträchtige Schutzprogramme zuteil, um sie zu erhalten. Roter Mohn *(Papaver rhoeas)* und Blaue Kornblume *(Centaurea cyaneus)*, Echte Kamille *(Matricaria chamomilla)* und ein Großteil der so besonders geschätzten und geschützten Orchideen waren die Neophyten früherer Epochen. Ihr Schwinden auf den Fluren gilt uns heute als Signal für die abnehmende Artenvielfalt und nicht etwa als späte, aber willkommene Dezimierung früherer Eindringlinge!

So qualifizieren die Pflanzen mehr noch als die Vögel die Städte als artenreich. Das liegt daran, daß sie noch auf kleinen Restflächen ihr Auskommen finden oder sich vermehren, wo für das Brutrevier eines Vogels der Platz einfach nicht reichen würde. Daher lohnt es sich zu untersuchen, ob bei den mit den Pflanzen eng verbundenen Insekten ähnliche Verhältnisse gegeben sind oder ob sie, ihrer Empfindlichkeit wegen, doch das »Land« vorziehen.

Lichtfallenfänge in einem 6.000 m² großen (»kleinen«) Innenhof der Nymphenburger Schloßanlage in München ergaben diesbezüglich in nur vier Jahren (1981 bis 1984) die unerwartet hohe Zahl von

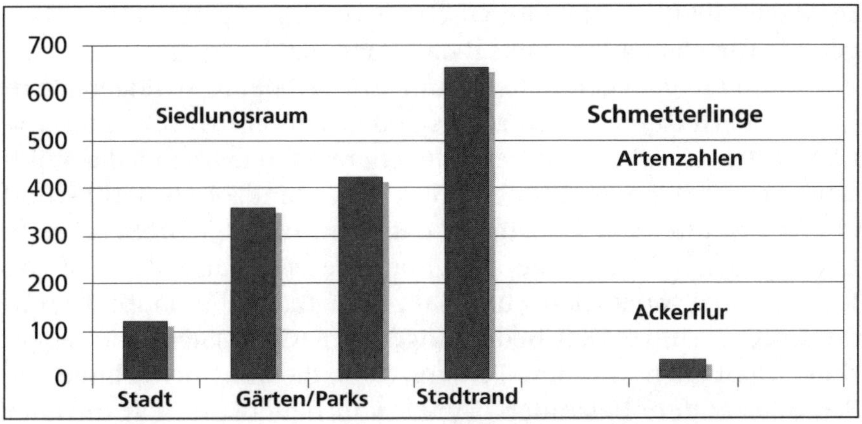

Abbildung 2: Entwicklung der Artenzahlen von Schmetterlingen (die nachtaktiven Arten eingeschlossen) von städtisch bebauten Bereichen Münchens über Gärten und Parks zum Stadtrand hin und Vergleich mit niederbayerischer Ackerflur. Die zunehmende Vielfalt an Strukturen, wie Gärten, Parks mit Gewässern und Ruderalflächen, bewirkt zusammen mit geringer oder keiner Düngung den starken Anstieg der Artenvielfalt, während die überdüngte, nur wenige Arten von Nutzpflanzen tragende Flur für Schmetterlinge weit ungünstigere Lebensbedingungen bietet als selbst dichter bebautes Stadtgebiet. (Quelle: Eigene Befunde 1980–2004)

mehr als 350 verschiedenen Arten nachtaktiver »Großschmetterlinge«. So gut wie keine zählte dabei zu den bekannten Wanderfaltern. Abbildung 2 zeigt, wie sich der Artenreichtum an Schmetterlingen über unterschiedliche Typen von Lebensräumen im Stadtgebiet insgesamt gegenwärtig verteilt. Die Standardmethode des Lichtfanges mit Lebendfallen unter Nutzung der Anlockwirkung des Ultraviolettlichtes garantiert dabei die Vergleichbarkeit. Um so stärker fällt dann der Unterschied zum freien Ackerland auf, wo die Fänge mit lediglich 15 bis 20 Arten (die Durchwanderer ausgeklammert) weniger als 10% des städtischen Wertes erreichen und nicht einmal den zentral gelegenen Wohngebieten mit dichter Bebauung gleichkommen.

Fast erübrigt es sich hier zu erwähnen, daß nach den Ergebnissen der Arbeitsgruppe Stadtökologie von Herbert Sukopp aus den 1970er und 1980er Jahren (FU Berlin) im Stadtgebiet von Berlin mit fast 50 freilebenden Säugetierarten auch ein Großteil der im übrigen Deutschland vorkommenden Arten dieser Tiergruppe vertreten ist. Wenn die für mitteleuropäische Verhältnisse ganz großen Säuger wie Hirsche fehlen, so liegt das daran, daß man diese nur noch in großen Freigehegen halten kann. Ein Teil der Rotwildgebiete in den Wäldern ist eigentlich nichts anderes als ein Hirschgatter. Die nächst den Hirschen größten Säugetiere Mitteleuropas, die Wildschweine, streifen zunehmend durch die Randzonen Berlins und anderer Städte und verwüsten dabei mitunter Schrebergärten. Luchse suchen nachts die Außenbezirke von Kaiserslautern auf. Kurz, fast die ganze Tier- und Pflanzenwelt, die überhaupt dazu in der Lage ist, unter den Bedingungen der (Groß-)Städte zu leben, findet man auch in ihnen. Fehlen Arten, die auf Hochgebirge, die See oder andere besondere Typen von Lebensräumen in freier Natur beschränkt sind, stellt dies keinen Widerspruch dar. Es zeigt sich vielmehr, daß die vielen anderen Arten, die in die Städte gekommen sind, offenbar in »arttypischer Weise« gewählt haben.

Eine eingehende Betrachtung sollte daher klären, wie sich das Artenspektrum räumlich verteilt und wie es in der zeitlichen Abfolge zustande gekommen ist. Denn besser als kurzfristige und kleinräumige Vergleichsuntersuchungen anhand vieler Faktoren geben Verteilung, Häufigkeit und Geschichte Auskunft über die Prozesse, die ablaufen, aber mit Kurzzeitmethoden der Erfassung oft nicht bemerkt werden.

6. Räumliche Zonierung und zeitliche Entwicklungen

Setzt man die Angaben zu den Artenzahlen an Pflanzen in Berlin und Nürnberg in Prozentwerte um, kommt folgende Reihung zustande (Tabelle 8):

Die Schmetterlinge erreichen somit am Stadtrand ihre größte Vielfalt, aber sie nehmen dann um so stärker ab. Das liegt daran, daß sie Mindestbestände ihrer Futterpflanzen benötigen und deren Vorkommen im innerstädtischen Bereich für eine Wiederbesiede-

	Innenstadt	Wohnsiedlungsbereich	Stadtrand	Umland
Pflanzen	89,6 %	100 %	84 %	40–45 %
Vögel	5,5 %	33,3 %	100 %	3,3 %
Schmetterlinge	18,5 %	51 %	100 %	(3 %) (Feldflur)

Tabelle 8: Artenvielfalt der Pflanzen, Vögel und Schmetterlinge im großstädtischen Bereich und im Umland (% des Höchstwertes).

lung häufig zu klein sind. Daher müssen die Falter dorthin fliegen, wohin Wind und Wetter oder auch Menschen und andere Tiere die Pflanzensamen getragen haben. Die Pflanzenwelt der Städte erweist sich in diesem Zusammenhang betrachtet als hochgradig insulär – und das ist einer der Gründe, weshalb so viele Arten auf kleinen Flächen überleben können. Der Konkurrenzdruck wird durch diese inselartige Mosaikbildung von Kleinstlebensräumen stark herabgesetzt. Für die Schmetterlinge bedeutet dies eine schwierige Suche – aber keineswegs schlechtere Verhältnisse als in der Flur, wie die Artenzahlen zeigen. Möglicherweise erschwert auch die Lichtflut der Stadt den nachts fliegenden Faltern die Suche nach den passenden Futterpflanzen. Aber das sind sicher Wirkungen von nachrangiger Bedeutung, wie die zeitlichen Entwicklungen zeigen werden.

Die Vögel (Abbildung 4) ähneln in dieser Hinsicht den Schmetterlingen (Reichholf 1989). Auch bei ihnen nimmt die Artenfülle vom Zentrum zum Stadtrand zu und fällt danach stark ab. Ihre gute Flugfähigkeit erleichtert es den Vögeln, auch versteckte Plätze ausfindig zu machen, die günstig sein könnten. Sie gewinnen im Flug buchstäblich den Überblick über die Stadt. Die Korrelation der Zahlenwerte zur Artenvielfalt von Vögeln und Schmetterlingen fällt sehr eng aus ($r = 0{,}979^{***} < 1$ Promille Irrtumswahrscheinlichkeit). Insekten bilden die Nahrungsgrundlage zahlreicher Vogelarten, und für Aufbau und Erhaltung ihrer Bestände sind ähnliche Flächengrößen vonnöten, die auch ein Vogelrevier in Anspruch nehmen muß,

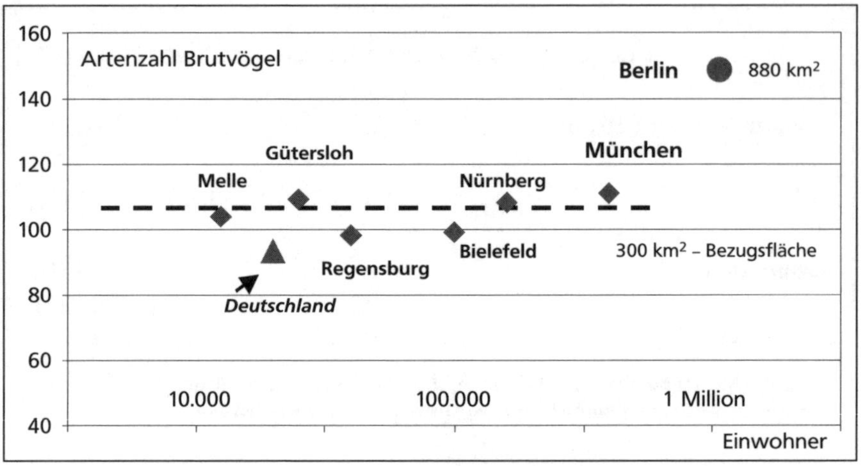

Abbildung 3: Bei gleicher Bezugsfläche (300 km²) nimmt die Artenzahl der Brutvögel mit zunehmender Zahl der Menschen in den Städten nicht ab. Der deutsche Durchschnitt liegt etwa 15 bis 20 % niedriger als der Durchschnitt der Städte. Berlin hat auf fast 3facher Fläche eine weit höhere Artenzahl (Original).

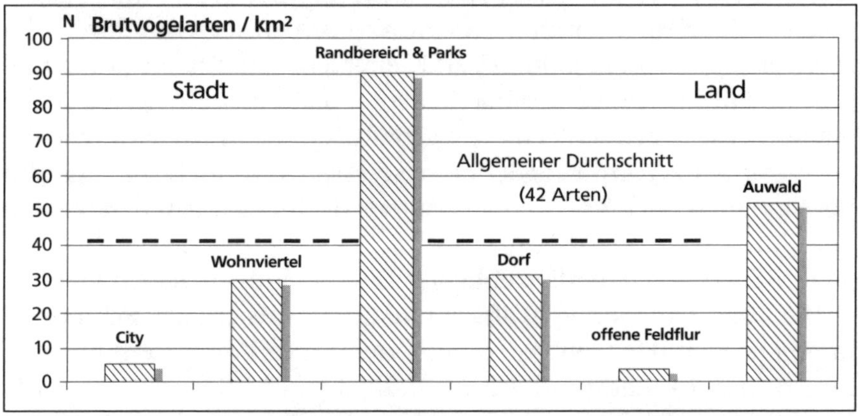

Abbildung 4: Artenvielfalt der Vögel (Brutvogelarten) pro Quadratkilometer vom Stadtzentrum (City) über die Wohnviertel, Parks und Randbereiche im Vergleich zu Dörfern, offener Feldflur und Auwäldern (an Donau und Inn in Bayern). Zum Vergleich der allgemeine Durchschnitt von 42 Brutvogelarten pro Quadratkilometer. Wohnviertel der Städte und die Dörfer entsprechen einander – wie auch die dicht bebaute City und die offene Feldflur. Herausragende Vielfalt zeigen die Randbereiche und Parks der Städte sowie der Auwald. Daten aus München und Südbayern aus verschiedenen ornithologischen Publikationen und eigenen Untersuchungen.

um die Ernährung des Nachwuchses sicherzustellen. Bei der guten Übereinstimmung und im Hinblick auf den durchaus auch entsprechenden Trend in der Pflanzenwelt darf angenommen werden, daß gleichartige Umweltwirkungen zugrunde liegen. Worin diese bestehen, läßt sich zwei weiteren Befunden entnehmen.

Doch bevor diese dargelegt werden, ist der Zusammenhang zwischen Artenreichtum und Flächengröße zu betrachten (Reichholf 1998b). Sehr viele Untersuchungen weltweit und an den unterschiedlichsten Gruppen von Pflanzen und Tieren ergaben, daß der Artenreichtum (Anzahl der Arten, die auf den Flächen vorkommen) in recht regelmäßiger Weise mit der Größe der Flächen zunimmt, sofern einigermaßen einheitliche Bedingungen gegeben sind. Für die Brutvogelarten Mitteleuropas gibt es dazu eine Formel zur Berechnung von sogenannten Erwartungswerten. Sie drücken aus, wie viele Vogelarten auf einer Fläche bestimmter Größe vorkommen sollten, wenn diese durchschnittlichen mitteleuropäischen Verhältnissen entspricht. So leben etwa auf einem Durchschnitts-Quadratkilometer 43 Brutvogelarten. Auf 100 km² errechnen sich 82 Arten, auf 300 km² 95 Arten (Artenzahl (S) = 42,8 mal Fläche (hoch) 0,14, wobei die Fläche in km² anzugeben ist). Entspricht der errechnete Wert in etwa der zu erwartenden Artenzahl, handelt es sich um eine durchschnittlich artenreiche Fläche; liegt der Befund jedoch darüber oder darunter, ist die Fläche artenreich oder artenarm.

So wären zum Beispiel für das Stadtgebiet von München (300 km²) 95 Arten von Brutvögeln zu erwarten, sollte es sich dabei um »durchschnittliche Landesverhältnisse« handeln. Die tatsächlichen 111 Arten liegen aber um 17% darüber. Berlin dagegen sollte gerade die Münchner Zahl von 110 bis 111 verschiedenen Brutvogelarten haben, liegt aber mit 141 Arten deutlich darüber. Den landesweiten Durchschnitt von 82 Arten auf 100 km² übertreffen so gut wie alle untersuchten Städte. Also muß es entsprechend ausgeprägte negative Abweichungen geben, damit ein derartiger Durchschnittswert zustande kommen kann.

Die Abbildung 5 gibt Aufschluß darüber. Sie faßt die Ergebnisse einer Reihe von Untersuchungen im Donautal zwischen Regensburg und der Isarmündung vergleichend zusammen, die in den Acta Albertina Ratisbonensis (1992) veröffentlicht worden sind. Dar-

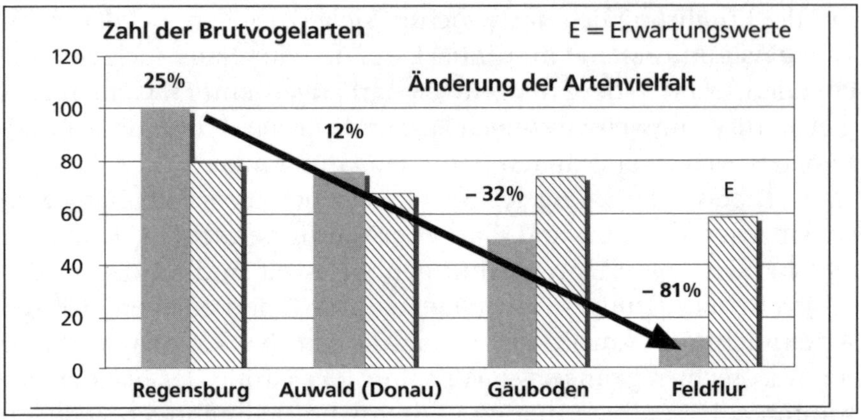

Abbildung 5: Vergleich der Artenvielfalt (Brutvögel) in einem Landschaftsquerschnitt im Donautal von Regensburg in die weitflächig offene Flur des »Gäubodens«. Der Unterschied zwischen den flächenabhängig errechneten Erwartungswerten und den tatsächlich festgestellten Artenzahlen ergibt das Ausmaß der Defizite oder Überschüsse und den allgemeinen Abnahmetrend zur intensiv genutzten Feldflur (vergleiche Text).

aus geht hervor, dass die großen Verarmungsgebiete an Arten in Deutschland die Fluren sind, insbesondere die freien, offenen Agrarlandschaften wie der niederbayerische Gäuboden und die Flächen, auf denen es keine Dörfer gibt. Das Artendefizit fällt dort mit einem Minus von über vier Fünftel besonders extrem aus. Sind in größerem Umfang Siedlungen mit einbezogen, macht das Defizit ein Drittel des flächenbezogenen Erwartungswertes aus. Wo es aber so gut wie ausschließlich Siedlungen gibt, wie im Stadtgebiet von Regensburg, steigt die Artenvielfalt stark an und erreicht ein Plus von 25%. Da aber die landwirtschaftliche Nutzfläche in Deutschland mehr als die Hälfte der Landesfläche ausmacht, während die Siedlungsflächen zusammen mit Industrieanlagen und dergleichen nicht einmal 10% erreichen, können folglich die Städte die enormen Defizite nicht ausgleichen, die auf dem Land auftreten. Noch weniger können dies naturnahe Gebiete, wie die in Abbildung 5 aufgeführten Auwälder an der Donau (mit einem Plus von 12%) oder die Naturschutzgebiete, nehmen sie doch jeweils nur ungefähr 1,5% der Landesfläche ein. Zudem sind sie in vielen Fällen dekkungsgleich. Die überdurchschnittlichen Werte der Städte erklären sich also durch die niedrigen der Fluren. Warum das so ist, darüber geben zeitliche Entwicklungsreihen genauere Auskunft.

Eine Untersuchung aus der Zeit von 1960 bis 2000 (Reichholf 2000) läßt sich hier unmittelbar anschließen. Sie betrachtet mit dem niederbayerischen Inntal ein südbayerisches Flußtal, das in vielerlei Hinsicht dem Donautal zwischen Regensburg und Straubing gleicht. Dort nahmen, wie Tabelle 9 zeigt, jene Vogelarten sehr stark ab oder verschwanden gar völlig, welche die Fluren und die kleinen Dörfer besiedeln, während die Rückgänge am Inn selbst und seinen Nebengewässern sowie in den Auen weit schwächer ausfielen.

Teilgebiet	verschwunden	sehr starke	deutliche Abnahmen
Auwälder	0	1	5 = 6 Arten
Gewässer	3	10	8 = 21 Arten
Fluren u. Dörfer	10	15	18 = 43 Arten

Tabelle 9: Artenrückgänge bei den Brutvögeln des niederbayerischen Inntals von 1960 bis 2000. (Angaben in Zahl der Arten; eigene Untersuchungen)

Doch anders als bei den Gewässern, an denen es auch Zugewinne von neun Arten seit 1960 gegeben hat, fand in den Fluren und Dörfern im Inntal in diesen vier Jahrzehnten keinerlei Bilanzaufbesserung durch Zugewinne statt. Sie sind die großen Verlierer. Insgesamt erwiesen sich in dieser Untersuchung ähnlich wie bei Berthold (2003) rund zwei Drittel aller Vogelarten der »Kulturlandschaft« in ihren Beständen rückläufig oder regional weithin verschwunden.

Genau gegenteilig fielen die zeitlichen Entwicklungen auf längerer Zeitskala für das Stadtgebiet von Berlin aus. Dort gab es die größten Verluste an Brutvogelarten vor über 100 Jahren, nämlich zwischen 1875 und 1900, als zwölf Arten verschwanden. Die stärksten Zugewinne gab es aber zwischen 1965 und 2000 mit zwölf neuen Arten (unter ihnen neben Seeadler und Wanderfalke auch der Kolkrabe – also Großvogelarten und keine unscheinbaren Kleinvögel). Schon seit 1945 hatte sich die Bilanz positiv entwickelt mit 14 Neuzugängen gegenüber sechs verschwundenen Arten.

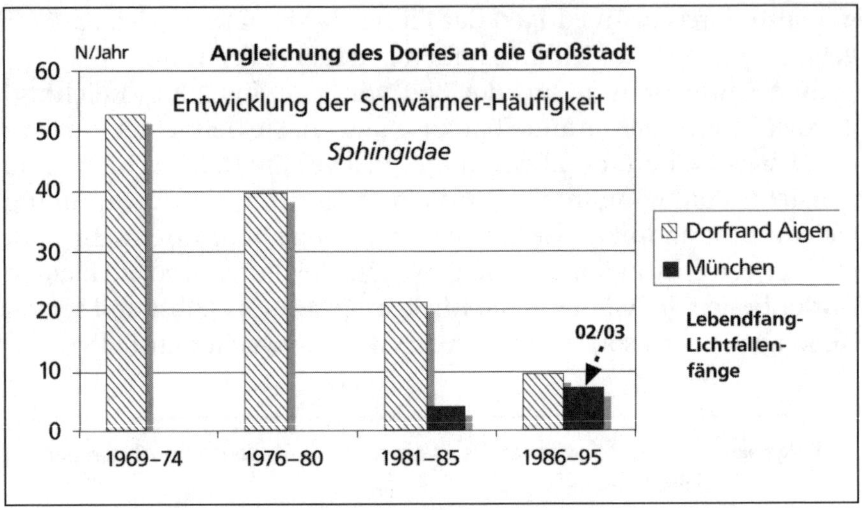

Abbildung 6: Rückgang der Häufigkeit der Schwärmer am Rand eines niederbayerischen Dorfes und Vergleich mit der Schwärmer-Häufigkeit in München (1981 bis 1985 und 2002/03). Die Angleichung der ländlichen Umwelt an die Großstadt geht daraus hervor. (Eigene Daten)

Doch noch viel deutlicher kommen diese kontrastierenden Entwicklungen zum Ausdruck, wenn lange Zeitreihen bei Schmetterlingen betrachtet werden. Solche bieten wiederum Lichtfallenfänge aus der Zeit von 1969 bis 1995. Abbildung 6 zeigt das Ergebnis für die Familie der nachts fliegenden Schwärmer *(Sphingidae)*, die zu den flugkräftigsten Schmetterlingsarten überhaupt gehören. Verbreitete Vertreter dieser Gruppe, wie etwa der Ligusterschwärmer *(Sphinx ligustri)*, der auch in Städten vorkommen kann, weil seine Raupen an Ligusterhecken leben, fliegen wie Kolibris, also wie kleine Vögel. Sie verbrauchen auch ähnlich viel Energie wie die Kolibris, und sie »tanken« diese in gleicher Weise aus dem Nektar der Blüten nach. Manche Arten wie die riesigen Totenkopf- *(Acherontia atropos)* und Windenschwärmer *(Herse convolvuli)* fliegen wie Zugvögel über das Mittelmeer und die Alpen im Frühsommer nordwärts, um sich im günstigeren mitteleuropäischen Sommerklima fortzupflanzen. Ein am Tag fliegender Vertreter dieser Schwärmer, das Taubenschwänzchen *(Macroglossum stellatarum)*, gehört zu diesen Wanderfaltern. Es besucht häufig die Blüten auf Balkonen oder in

Gärten und wird daher nicht selten für einen entflogenen Kolibri gehalten. Schmetterlinge, die so gut und so ausdauernd fliegen wie die Schwärmer, sollten daher wenig oder kaum auf örtliche Änderungen in den Lebensbedingungen reagieren. Da gerade in den Gärten das Angebot an Nektar liefernden Blüten in den letzten zwei bis drei Jahrzehnten sicherlich nicht abgenommen hat, sollte man trotz witterungsbedingter Fluktuationen von Jahr zu Jahr in etwa ausgeglichene Häufigkeiten erwarten dürfen.

Tatsächlich aber nahmen die Schwärmer seit Ende der 1960er Jahre stark ab – und das ausgerechnet in der »heilen Welt des dörflichen Milieus« (Konrad Lorenz). Die Häufigkeiten der Schwärmer am Dorfrand entsprechen inzwischen fast denen der Münchner Innenstadt. Diese können verglichen werden, weil sich die Fangorte klimatisch und geographisch im selben Gebiet des bayerischen Alpenvorlandes befinden.

Nun sind Schwärmer Großschmetterlinge, von denen der Hauptteil der Arten warmes Klima bevorzugt. Stammt doch ihre Familie aus der Tropenwelt, wo sie auch am vielfältigsten entfaltet und verbreitet ist. Also sollte die gegenwärtige Klima-Erwärmung ihnen hierzulande zugute gekommen sein, zumal diese schon vor Jahr-

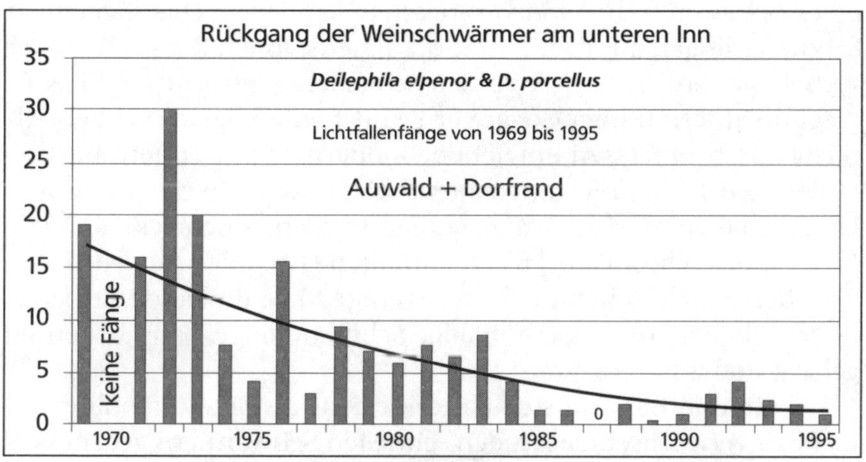

Abbildung 7: Warme, sonnige und offene Stellen bevorzugen der Mittlere und der Kleine Weinschwärmer. Für ihren Rückgang im niederbayerischen Inntal (gemeinsame Trendlinie) brachten auch die sehr warmen Sommer zu Beginn der 1990er Jahre keine Wende mehr. (Eigene Daten)

zehnten eingesetzt hat. Der Anstieg der Mitteltemperaturen fing in Europa bereits mit dem Ende der »Kleinen Eiszeit« im 19. Jahrhundert an, doch die 1990er Jahre brachten eine besondere Häufung überdurchschnittlich warmer Sommer. Der Sommer 2003 gilt bislang in West- und Mitteleuropa nördlich der Alpen als »der Rekordsommer« der letzten Jahrhunderte.

Wie reagierten die Schwärmer darauf? Ganz im Gegensatz zu Erwartungen und Prognosen wurden sie offenbar doch nicht häufiger, sondern seltener. Das zeigen die beiden Arten von Weinschwärmern deutlich, schnittig in ihrer Gestalt und rötlich gefärbt, als ob sie direkt aus den Tropen gekommen wären (Abbildung 7). Seit den 1970er Jahren nahmen sie ab – gerade so, als sei die Klima-Erwärmung für sie schlecht und nicht etwa günstig, obgleich sie wärmebedürftige Arten sind.

Anscheinend brachte die Erwärmung diesen Arten bei weitem nicht das, was allgemein angenommen wird. Daß sie kühlere Sommer bevorzugen würden, ist jedoch auszuschließen. Ihre Rückgänge, vielfach dokumentiert in den sogenannten »Roten Listen der gefährdeten Arten«, drücken anderes aus. Wie etwa auch die noch viel stärkeren Rückgänge, welche bei anderen Schmetterlingen festzustellen waren. So beim Braunen Bären *(Arctia caja)*, gleichfalls einer bekannten und weitverbreiteten Art von nachts fliegenden Schmetterlingen aus der Familie der Bärenspinner. Der große Falter verhält sich im Gegensatz zu den schnellen Schwärmern träge. Er fliegt nicht weit umher. Sogar vor Feinden wie Vögeln sucht er sich nicht durch Flucht zu entziehen, sondern er präsentiert auf zinnoberroten Hinterflügeln leuchtend blaue Augenflecke. Diese wirken, zumal wenn sie plötzlich gezeigt werden, abschreckend. Viele Falter mit solchen Warnfarben enthalten Gift- oder Abwehrstoffe, die Vögeln nicht schmecken. Nur wenige Male probieren sie derartig aussehende und sogar auffällige Schmetterlinge, dann haben sie gelernt und lassen es.

Der Braune Bär läßt sich daher bestens als ortsbeständige und nicht zu verwechselnde Art den schnellen Schwärmern gegenüberstellen. Sein Bestand (Abbildung 8) nahm noch viel stärker ab als jener der Schwärmer. Die gegenwärtigen Häufigkeiten machen in beiden Untersuchungsgebieten, den Auwäldern am unteren Inn und am Dorfrand in Niederbayern, nur noch etwa 10% oder weni-

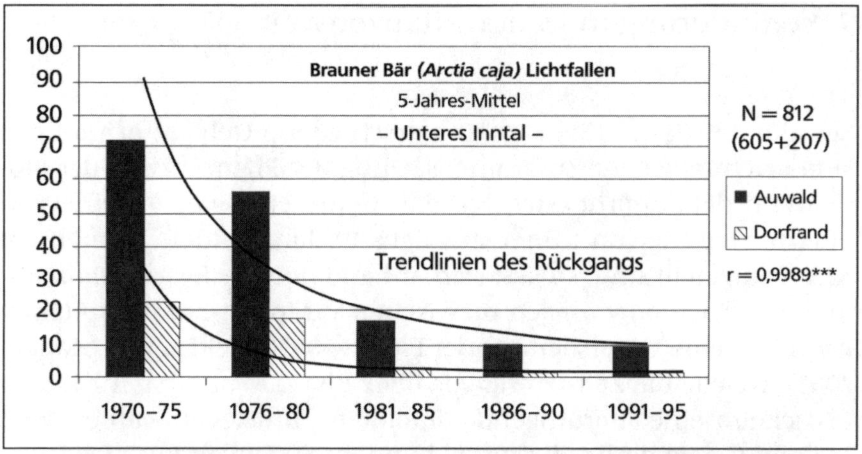

Abbildung 8: Ähnlich wie die Schwärmer nahm auch der so robust wirkende große Bärenspinner, der Braune Bär, im niederbayerischen Inntal ab. Am Dorfrand verlief die Abnahme schneller und früher als am Rand des Auwaldes (Trendlinien). (Eigene Daten)

ger der früheren Fangmengen aus. Da sich an der Fangart und Methodik nichts geändert hat, ist der extrem starke Rückgang objektiv eingetreten (und die Einbeziehung dieser früher häufigen und ungefährdeten Art in die »Rote Liste« damit auch gerechtfertigt). Aus diesen beispielhaft herausgegriffenen Befunden geht hervor, daß eine »übergeordnete Ursache« dahinterstehen muß, die zwar, wie die Untersuchungen an den Vögeln (Tabelle 8, Seite 41 und Tabelle 9, Seite 45; Abbildung 5, Seite 44) gezeigt haben, vornehmlich die Fluren betroffen hat (und damit auch die Dörfer oder zumindest deren Randbereiche), aber auch Wälder und Auen, die nicht (mehr) direkt bewirtschaftet werden. Hingegen scheinen große Städte dieser Entwicklung kaum erkennbar ausgesetzt zu sein. Worum es sich dabei handelt, darüber geben Entwicklungen in der Pflanzenwelt am besten Auskunft.

7. Veränderungen in der Pflanzenwelt

Seit gut 150 Jahren gibt es für verschiedene Gebiete gründliche Untersuchungen zur Zusammensetzung der Pflanzenwelt, der Flora. Wird dabei berücksichtigt, daß heute eine ganze Reihe von Pflanzen»arten« von früher, aus dem 19. Jahrhundert, in mehrere Arten aufgeteilt sind, so läßt sich anhand neuerer Bestandsaufnahmen vergleichen, was sich inzwischen verändert hat. Beispielhaft kann hier eine Untersuchung der Flora von Coesfeld gelten (Kaplan 2003), welche die Zeitspanne von 1842 bis 2000 umfaßt. Ihr Ergebnis scheint eine »beruhigende Stabilität« zu belegen, gab es doch 1842 im Gebiet der Stadt Coesfeld und ihrem Umland 943 verschiedene Arten (Sippen) von Pflanzen, während im Jahr 2000 972 festgestellt wurden. Das macht sogar ein Plus von 3% (29 Arten). Unter diesen neuen befinden sich natürlich zahlreiche eingeschleppte Arten, also Neophyten. Interessant ist aber die Bilanzierung der Arten, die zugenommen, und derjenigen, die abgenommen haben: Zwei Drittel der Pflanzenarten haben abgenommen. Die Abnahme umfaßt also die Hauptmasse des Artenbestandes. Zunahmen waren bei knapp 30% der Arten zu verzeichnen, und nur der kleine Rest von 6% erwies sich als konstant, wie es die allgemeine Bilanz der Artenzahlen auszudrücken schien. Die Veränderungen fielen weit stärker als erwartet aus, und sie können mit Sicherheit nicht kurzfristigen Schwankungen zugerechnet werden, die ohne Bedeutung für den Fortbestand der Flora wären. Die Abnahmen betreffen ganz bestimmte Typen von Pflanzen, wie aus Tabelle 10 hervorgeht. Sie zeigt die Gründe dafür, daß sich die Pflanzenwelt so sehr – und mit ihr die Tierwelt – verändert hat: Es liegt an den Nährstoffen, die den Pflanzen zur Verfügung stehen!

Die Verluste betreffen also jene Pflanzenarten, die auf mageren Böden mit wenig verfügbaren Mineralstoffen (insbesondere Stickstoffverbindungen, Phosphorsalze und Kalium) wachsen, während die Gewinne bei jenen Pflanzen zu verbuchen sind, die reichlich Nährstoffe bevorzugen oder ein Überangebot tolerieren können. Diese »Stickstoff-liebenden« (nitrophilen) oder »-toleranten« Pflanzen gewinnen in der Konkurrenz mit den anderen und verdrängen diese. Deshalb wird eine gut gedüngte Wiese immer artenärmer,

Zunahme bei Arten von:	
(1) nährstoffreichen Wuchsorten (eutrophierte Biotope)	+ 29 %
Abnahmen bei Arten von:	
(2) Zwergstrauchheiden & Borstgrasrasen	– 12,2 %
(3) Trocken- und Halbtrockenrasen	– 15,3 %
(4) nährstoffarme Feuchtgebiete (2 bis 4 = oligotrophe Biotope)	– 37,3 %

Tabelle 10: Veränderungen in der Flora von Coesfeld und Umgebung (Anteile in Prozent am Gesamtspektrum der 943 Arten). (Daten aus Kaplan 2003)

während eine magere durch ihre Vielfalt an Blumen, Kräutern und anderen Pflanzen besticht. Über ihr fliegen dann auch Schmetterlinge, krabbeln Käfer, singen Grillen und hüpfen Heuschrecken, während das zu stark gedüngte Einheitsgrün der Fettwiesen einmal im Jahr Farbe anlegt; nämlich wenn der Löwenzahn *(Taraxacum officinale)* in Massen blüht. Dieser tut das inzwischen nicht nur immer früher im Jahr, sondern auch bei einigermaßen günstiger Witterung im Herbst wieder, so überreich gedüngt sind die Löwenzahnwiesen. Mit der Klimaerwärmung hat das nichts zu tun, denn sonst müßte es der Löwenzahn in den Großstädten, die bekanntlich im Durchschnitt drei oder mehr Grad Celsius wärmer als ihr Umland sind, praktisch alljährlich im Herbst zur Massenblüte bringen. Doch der großräumige »Modellfall Stadtklima« versagt hinsichtlich der Klimaprognosen. Es ist das deutlich kühlere Umland, in dem die Massenblüte auftritt, und nicht die wärmere Stadt.

Verwundern kann dies nicht, leben die Pflanzen doch nicht von der Wärme, sondern von den Nährstoffen. Wärme kann deren Nutzung zwar begünstigen, sie aber nicht ersetzen. Wo es Nahrung im Überfluß gibt, eignen sich durchaus auch widrige klimatische Umstände zum Leben. Wärme ist ein »Mittel«, das die chemischen Vorgänge in den Lebewesen bis zu gewissen Grenzen beschleunigt, nicht aber die eigentliche Grundlage für Entfaltung und Ablauf der Lebensvorgänge. So bewirken Mangel oder Überversorgung mit Nährstoffen ungleich mehr bei den Pflanzen als der Wetterwechsel oder die »Mittelwerte« der Witterung (des Klimas), die es nur in Berechnungen gibt.

Das ist schon lange bekannt. Ende des 19. Jahrhunderts stellte man in England Untersuchungen zur Artenvielfalt von Pflanzen auf den Fluren an. Ihr Ergebnis im Langzeitvergleich fiel völlig klar aus: Anreicherung mit Nährstoffen, also Düngung, vermindert die Artenvielfalt beträchtlich und nachhaltig (Tilman 1982). Die Untersuchung der Flora von Coesfeld kommt zum gleichen Ergebnis.

Weniger offensichtlich, weil sehr langsam sich vollziehend, regelrecht schleichend, ist die Nebenwirkung dieser Überversorgung mit Pflanzennährstoffen: Die Pflanzen wachsen auf den überdüngten Flächen im Frühjahr sehr schnell und sehr dicht auf. Der Löwenzahn mit seiner Massenblüte im April oder Anfang Mai drückt es augenfällig aus. Dabei verdrängen die wenigen konkurrenzstarken Arten nicht nur die große Mehrzahl der Schwächeren, sondern sie verändern auch das Kleinklima von ursprünglich »warm und trocken« zu nun »kühl und feucht«. Die Sonne kann nicht mehr direkt die Bodenoberfläche erreichen. Ihre Wärmeenergie wird zu immer größeren Anteilen für die Verdunstung von Wasser aus der dichten Pflanzendecke (der pflanzlichen »Evapo-Transpiration«) aufgebraucht. Gleiche meteorologische (üblicherweise in Brusthöhe über dem Boden und freistehend gemessene) Daten an Temperatur, Luftfeuchte oder Windstärke wirken aber ganz anders, je nachdem, welche Verhältnisse am Boden und in der Vegetation herrschen. Aus Wäldern ist uns diese dämpfende und abkühlende Wirkung geläufig. In der offenen Flur wird sie jedoch kaum berücksichtigt oder zur Kenntnis genommen. An einem schönen Maientag bleibt es aber im kniehoch gewachsenen dichten Gras kalt und feucht am Boden, wo sich etwa die frisch geschlüpften Küken von Rebhühnern oder Fasanen fortbewegen und ihre Nahrung (Kleininsekten) finden sollen. Auch die Junghasen werden darin nicht trocken genug und können sich nicht aufwärmen. Die wenigen günstigen Stellen liegen nun direkt an den Rändern der Fluren, an Straßen und Wegen. Dorthin abgedrängt von zu dichter und zu kalter Vege-

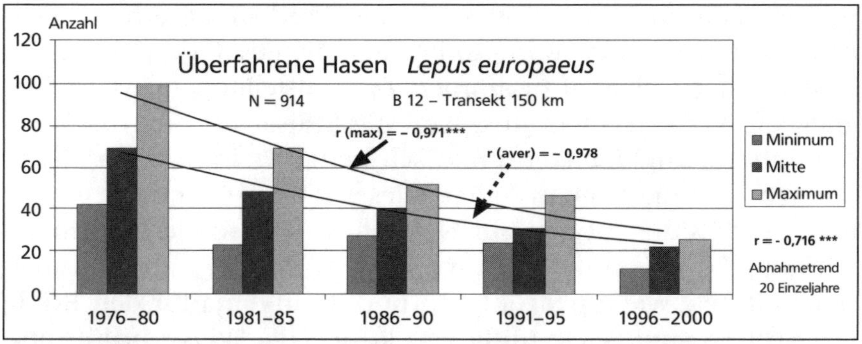

Abbildung 9: Langfristiger Abnahmetrend der Feldhasen nach Straßenverkehrsverlusten in Südbayern (Bundesstraße 12 München–Bad Füssing, Niederbayern). (Eigene Daten)

tation erwecken die Wildtiere der Flur den falschen Eindruck von Häufigkeit, dabei sind sie längst selten geworden. Darüber geben die »Erlegungsstrecken« durch Autos auf den Straßen besseren Aufschluß als Jagdstatistiken. Denn unter die Räder kommen Hasen, Fasane und andere Wildtiere in direkter Abhängigkeit von ihrer (straßennahen) Häufigkeit das ganze Jahr über und nicht bloß während der Jagdzeiten. Abbildung 9 zeigt den wohlbekannten Abnahmetrend der Feldhasen *(Lepus europaeus)* anhand der Straßenverkehrsverluste auf einem 150 km langen Stück der Bundesstraße 12 von München ostwärts in Richtung Passau. Die kurzfristigen Schwankungen verschwinden durch die Zusammenfassung in Fünf-Jahres-Perioden und geben den Abnahmetrend frei. Wiederum entspricht dieser nicht der Erwartung, die sich aus den meteorologischen Befunden zur Klimaerwärmung in genau dieser Zeit ableitet: Dem Steppentier Feldhase sollte das wärmere Klima zugute gekommen sein, und seine Häufigkeit hätte ansteigen und nicht abnehmen sollen!

Direkt damit verbunden ist auch die so peinlich geringe Wirksamkeit der »Wiesenbrüter-Programme« zum Schutz und zur Förderung der verschwindenden Bestände von Arten, die wie Brachvogel *(Numenius arquata)*, Uferschnepfe *(Limosa limosa)* und – noch viel rarer – Rotschenkel *(Tringa totanus)*, Wachtelkönig *(Crex crex)* oder Wachtel *(Coturnix coturnix)* typisch für die Wiesen waren und nun weithin im Begriff sind, im Binnenland auszusterben. Sogar beim Kiebitz *(Vanellus vanellus)* brachen die Bestände vielerorts in küstenfernen Gebieten zusammen. Die Umstellung auf Maisfelder glich die Verluste nicht aus, weil die Maisäcker den frisch geschlüpften Jungkiebitzen praktisch keine Kleininsekten bieten können, und die angrenzenden Wiesen sind viel zu dicht geworden, als daß die Jungen zur Nahrungssuche in sie eindringen könnten. So zeigen die Niedergänge bei den Wiesenbrütern beispielhaft, wie wichtig Strukturen und Kleinklima für den Erfolg des Brütens sind. Viele Millionen kosten die Wiesenbrüter-Programme, doch die Düngung der Wiesen macht ihre Wirkung weitgehend zunichte.

Hieraus lassen sich nun die beiden Hauptgrößen der Wirkungen entnehmen: Erstens fördert die Düngung einige wenige Pflanzenarten und verdrängt viele, und zweitens läßt die Düngung die Vegetation zu früh zu dicht aufwachsen und verändert somit das Kleinklima in Richtung »kühl und feucht«. Diese beiden Folgewirkungen erklären hinlänglich die starken Rückgänge bei den wärmeliebenden Schmetterlingsarten, und es besteht kein Zweifel daran, daß auch die ganze frühere Vielfalt der Tagfalter, der Schwalbenschwänze und Bläulinge, der »Wiesenvögelchen«, Schachbrettfalter etc. im wesentlichen aufgrund der Düngung dahingeschwunden ist. Gegenwärtig gibt es Tagfalter in größerer Zahl und Artenvielfalt in Städten zu sehen – besonders auf den ungenutzten Ruderalflächen – als im Land draußen, das durch die Düngung zu grün geworden ist und viel zu viel an Struktur verloren hat. Denn die Vorbereitung auf die Höchstertragslandschaft setzte weithin, insbesondere in der alten Bundesrepublik Deutschland, umfassende als »Flurneuordnungen« bezeichnete Flurbereinigungen voraus. Ihnen fielen die Biotope zum Opfer, die bis dahin die Vielfältigkeit der Kulturlandschaft ausgemacht hatten. Schon Mitte der 1980er Jahre bezifferte Wolfgang Erz von der damaligen Bundesanstalt für Naturschutz die Größenordnung der Biotopverluste auf etwa 60% – mit steigender Tendenz. Offenbar fiel auch schon vor 20 Jahren mehr an naturnaher und artenreicher Fläche der Landwirtschaft zum Opfer als dem Straßen- und Siedlungsbau. Doch kaum jemand wollte dies zur Kenntnis nehmen, bis das »Land« in großem Umfang an Strukturen verarmt war, die man währenddessen in den

Städten wieder aufzubauen und zu fördern suchte. Mit großem Erfolg, das zeigen die Artenbilanzen für die Städte. Mit katastrophalen Verlusten, das ergeben diejenigen für das Land.

Aber auch wenn die Pflanzen eindeutig anzeigen, daß sich eine Verschiebung vom nährstoffarmen (oligotrophen) Zustand der Fluren hin zum nährstoffreichen (eutrophen) ergeben hat, ist damit die Ursache noch nicht sicher geklärt. Zur Vorsicht und besseren Absicherung gemahnen unter anderem auch solche Befunde wie der Rückgang der Schmetterlinge im Auwald, der offensichtlich nicht gedüngt wird (Abbildung 8, Seite 49 und Abbildung 10, Seite 58). Auch in anderen Wäldern gibt es Artenrückgänge (Scherzinger 1996), keineswegs nur auf den Fluren, auch wenn sie dort ohne jeden Zweifel das stärkste Ausmaß erreicht haben. Die bloße Tatsache, daß die Landwirtschaft intensiviert wurde und den Einsatz an Dünger gesteigert hat, genügt nicht, um eine Überdüngung zu begründen.

8. Die Überdüngung

Jahrhundertelang herrschte Mangel auf Feld und Flur. Die Bauern mußten versuchen, so viel wie möglich von der Ernte den Böden wieder zurückzugeben, um die Fruchtbarkeit nicht allzu stark absinken zu lassen. Doch allen Anstrengungen zum Trotz kann kein natürliches Produktionssystem verlustfrei arbeiten, auch die Landwirtschaft nicht. Der Entzug von Nährstoffen über die Ernten vergrößerte Jahr um Jahr den Mangel, weil stets weniger zurückgegeben als entnommen wurde.

Die in vielen Jahren der Zeit von etwa 1500 bis ins 19. Jahrhundert sehr schlechte Witterung der »Kleinen Eiszeit« (Düwel-Hösselbarth 2002) verschärfte die Lage. Als schließlich die Kartoffelfäule das Hauptnahrungsmittel der armenr Bevölkerungsschichten vernichtete, kam es im 18. und 19. Jahrhundert zu den großen Auswanderungswellen nach Nordamerika (Hobhouse 1988). Inzwischen waren die Wälder in Mitteleuropa in Mitleidenschaft gezogen, weil ihnen zu viel Streu entzogen worden war, um Einstreu für das Vieh im Winter und düngende Pflanzenstoffe für die Felder zu gewinnen. So wurden auch sie, die eigentlich neue Böden bilden, weil Kohlendioxid aus der Luft gebunden und über Blätter und Nadeln als organische Verbindungen dem Humus hinzugefügt werden, ausgemagert. Weidevieh wurde häufig in die Wälder getrieben. Von den »Mastbäumen« lebten vor allem die Schweine im Herbst, die gemästet wurden mit Eicheln und Bucheckern (Küster 1995). Dichte finstere Wälder, wie sie von Tacitus für Germanien beschrieben worden waren, gab es längst nicht mehr, so es sie überhaupt in früheren Zeiten in großem Umfang gegeben hat. Denn auch die Germanen hatten Vieh, bauten Getreide an und lebten nicht vom Wald, sondern von ihren Fluren. Was diese aber an Weidevieh ernährten, reichte bei weitem nicht, den Bedarf zu decken. So war das Land bis an die letzten Ränder buchstäblich ausgebeutet worden. Viele Flächen wurden unproduktiv oder konnten als Heiden oder »Ödland« nur noch in geringem Umfang genutzt werden. Darauf entwickelte sich aber die Vielfalt der Pflanzen- und Kleintierarten, auf die zum Beispiel auch die Untersuchung der Flora von Coesfeld der ersten Hälfte des 19. Jahrhunderts bezogen war.

Eine Verbesserung der Lage für die Menschen kam erst, als Justus von Liebig das nach ihm benannte »Gesetz vom Minimum« erkannte und die Grundlagen dafür schuf, es auf die landwirtschaftliche Praxis anzuwenden. Liebig stellte fest, daß jener Stoff, der im Verhältnis zu den anderen für das Pflanzenwachstum wichtigen Stoffen im Minimum ist, das Ausmaß der Produktivität und damit den Ertrag bestimmt. Es nützt wenig, bei Stoffen zuzulegen, die nicht im Minimum sind. So brachten auch Torf oder an Mineralstoffen arme Streu keine nennenswerte Besserung (außer in der Struktur der Böden, etwa wenn diese sehr sandig waren), wenn es an Mineralstoffen wie Nitraten, Phosphor- oder Ammoniumsalzen oder Kalium mangelte. Die Entdeckung eines Verfahrens, Harnstoff künstlich herzustellen, sowie riesige Importmengen des nitrathaltigen Salpeters wendeten am Ausgang des 19. Jahrhunderts die Lage: Der Kunstdünger war erfunden und wurde zum Zaubermittel der Produktionssteigerung. Sein Kürzel lautete »Nitrophoska« für Nitro (also Stickstoff), Phosphor und Kalium. Den Entzugserscheinungen der Böden konnte abgeholfen werden, obschon unter dem nun beginnenden Einsatz erheblicher Mengen an Energie. Dafür wurden die Ernten um so üppiger. Die Doppelzentner-Erträge pro Hektar stiegen und damit die Aussichten auf ausreichende Selbstversorgung. In der ersten Phase des Aufstiegs, der nun einsetzte, wurde dem »Bauernstand« höchste Wertschätzung als »Nährstand« für die unterversorgte Bevölkerung zuteil. Doch die großen Katastrophen der beiden Weltkriege warfen die Entwicklung ein halbes Jahrhundert zurück. Nach dem Zweiten Weltkrieg trat die Ende des 19. Jahrhunderts mit dem Kunstdünger in Gang gebrachte Entwicklung in eine »exponentielle Phase« des Wachstums ein. Plötzlich hatte man mit Überschüssen zu tun, die zu »Getreide- und Butterbergen« sowie »Milchseen« anwuchsen. Was niemand aus den langen Zeiten des Mangels und des Hungers für möglich gehalten hätte, war dank des Kunstdüngers und der Pflanzenschutzmittel Wirklichkeit geworden. Deutschlands Bauern erzeugten mehr, als bei bestem Willen aufzubrauchen war. Fast in jeder Sparte der Produktion kam es zu Überhängen, die aufwendig in der Verwaltung und mit hohen Kosten auf irgendeine Weise zu entsorgen waren, um den Preisverfall einigermaßen in Grenzen zu halten. Ein Jahrzehnt nach dem großen Aufschwung kostete etwa um 1985 eine Tonne Weizen oder ein Hektoliter Milch weniger als früher, obwohl mit den Erträgen auch die Kosten enorm angestiegen waren.

Doch um diese betriebs- oder volkswirtschaftlichen Aspekte der Produktionssteigerung in der Landwirtschaft des 20. Jahrhunderts soll es hier nicht gehen. Sie sind vielfach anderweitig beschrieben und diskutiert worden, gleichwohl als Problem letztlich bis heute ungelöst geblieben. Wichtig ist hier vor allem der tatsächliche Einsatz von Düngemitteln, wie er aus Abbildung 10 hervorgeht. Darin ist getrennt nach organischem Dünger (Stalldung früher, Gülle seit den 1970er Jahren) und Mineraldünger die durchschnittliche Einsatzmenge dargestellt. Der Kunstdünger allein, das geht daraus deutlich genug hervor, machte den Anstieg des Einsatzes nicht aus, auch wenn sein Anteil im letzten Drittel des 20. Jahrhunderts die Dünger-Gesamtmenge in der ersten Hälfte übertrifft. Damals war eine Menge von 30 bis 40 Kilogramm Reinstickstoff pro Hektar und pro Jahr als Vollwertdüngung angesehen worden. Heute wird diese Menge kaum mehr als solche wahrgenommen, übersteigen doch in

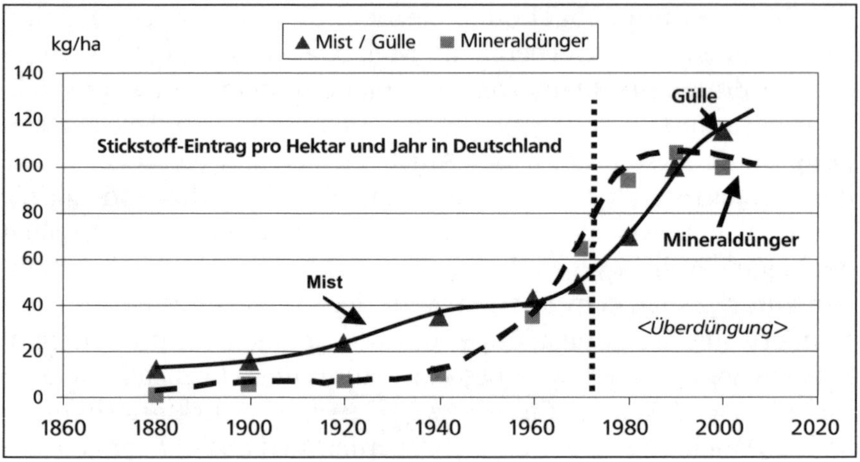

Abbildung 10: Entwicklung des Einsatzes von Stickstoffdünger in der deutschen Landwirtschaft. Um 1970 beginnt die Überdüngung, und Gülle ersetzt weithin den Stallmist. (Zitiert nach Ellenberg aus Plachter 1991)

den Produktionszentren Nordwest- und Südostdeutschland die Gesamtmengen die Grenze von 200 Kilogramm pro Hektar bei weitem. Die 100-Kilogramm-Grenze war schon um 1960 in der alten Bundesrepublik Deutschland überschritten worden (Ellenberg 1991). Zwanzig Jahre später wurden allein rund 100 Kilogramm Stickstoff über Kunstdünger auf die Fluren Deutschlands im Durchschnitt (!) ausgebracht. 1997 ergab dieser massive Einsatz von Dünger eine Rekord-Getreideernte in Deutschland von 45,4 Millionen Tonnen, und damit zwölf beziehungsweise 13 Millionen Tonnen mehr als die im Vergleich zu Deutschland um ein Vielfaches größeren Länder Argentinien und die Ukraine erzielten. Australien erreichte nicht einmal die Hälfte der deutschen Getreideproduktion. Ein hochindustrialisiertes Land, wirtschaftlich die drittstärkste Macht der Erde, war mit Rang 61 der Fläche nach zum neuntgrößten Getreideproduzenten aufgestiegen. Frankreich brachte es durch dieselbe Methode mit über 62 Millionen Tonnen sogar auf Rang fünf nach China, den USA, Indien und Rußland. Gleichzeitig produzierten Frankreich und Deutschland um die sechs Millionen Tonnen Fleisch und schoben sich dadurch vor Rußland, das größte Land der Erde und nach China, den USA und Brasilien.

So war in der kurzen Zeit von kaum mehr als zwei Jahrzehnten nicht nur der Hunger gebannt und der Mangel behoben, sondern auch ein Überschuß erzielt, der schneller als erwartet Schwierigkeiten und Kosten mit sich brachte. Doch bis heute befinden sich nur die direkten Kosten der Bändigung einer weit über das Ziel (der Selbstversorgung) hinausgeschossenen Produktion im Blickpunkt der Politik. Die indirekten Kosten, die Umweltbelastungen, fanden nur geringe Beachtung, denn Landwirtschaft war ja sogar nach deutschem Naturschutzgesetz »kein Eingriff in den Naturhaushalt«.

So ließ sich zwar der Anstieg des Düngemitteleinsatzes bestens mit den Ertragssteigerungen zusammenbringen, aber zu richtigen Bilanzierungen kam es kaum, obgleich schon früh klar geworden war, daß er zum Beispiel negative Auswirkungen auf die Nutzbarkeit von Grundwasser hatte. Es wurde immer schwieriger, Brunnen zu finden oder Grundwasservorräte zu erschließen, deren Wasser unter den Grenzwerten für Nitratbelastung oder Agrochemikalien geblieben war.

Eine umfassendere Bilanz zu Beginn der 1990er Jahre drückte dann in Zahlen aus, was eingetreten war: Ganz Deutschland war überdüngt, und zwar in einem Ausmaß, das kaum vorstellbar schien. Der Durchschnitt ergab 104 kg Stickstoff pro Hektar und Jahr reinen Überschuß, also ungenutzte Stickstoffdüngung; landesweiter Durchschnitt im wiedervereinigten Deutschland war das, und nicht etwa nur in besonderen Belastungsgebieten, wie dem mit 180 bis über 200 Kilogramm pro Hektar und Jahr besonders überdüngten nordwestdeutschen Raum oder in Teilen Südostbayerns, des nördlichen Württembergs und in Hessen sowie Schleswig-Holstein. Der neue Osten, die ehemalige DDR, schnitt hingegen in der Bilanz recht gut ab mit vielen wenig und unterdurchschnittlich belasteten Flächen und wenigen mit hoher Überdüngung. Die besten Verhältnisse herrschten im Südwesten Deutschlands sowie in den Mittelgebirgen, wo anders als in vergleichbaren Höhenlagen am Rand der Alpen keine intensive (Milch-)Viehhaltung betrieben wird.

Diese vom Bundesamt für Naturschutz 1991 zusammengestellten Zahlen machen auch klar, daß nicht der übermäßige Einsatz von Mineraldünger allein das Überdüngungsproblem ausgelöst hatte, weil nicht unbedingt die Getreideanbaugebiete die am stärksten belasteten waren. Vielmehr war es vor allem der gewaltige Anstieg der »organischen Düngung«, der Gülle, gewesen, der zu den Überschußbilanzen geführt hatte, wie am Alpenrand mit der Viehwirtschaft oder in großen Teilen Niedersachsens und Schleswig-Holsteins. Die Gülle lieferte durchschnittlich mehr als 50 und bis über 100 Kilogramm Stickstoff pro Hektar und Jahr zusätzlich zur Mineraldüngung (Abbildung 10). Mittlerweile kursiert das üble Wort vom »Gülletourismus«, der von Holland mit seiner extremen Überdüngung quer durch Norddeutschland bis nach Polen reicht – und damit nicht allein Umweltbelastungen, sondern auch entsprechende Transportkosten verursacht.

Die Pflanzenwelt und die davon abhängigen Tiere wie Schmetterlinge zeigten also ganz richtig an, was sich draußen auf der Flur so grundlegend veränderte. Der Stickstoff war für die Artenvielfalt zum Erstick-Stoff geworden: auf mehr als der Hälfte des ganzen Landes, aber auch mit Auswirkungen auf Gewässer aller Art bis hin zu Nord- und Ostsee, die davon betroffen sind. Außerdem bereitet er den dann als »aggressive Wüstlinge« eingestuften gebietsfremden Pflanzenarten wie dem Riesenbärenklau oder dem Riesenknöterich buchstäblich den Nährboden. Doch dieser weitere Effekt ist es wert, im nächsten Kapitel einer eigenen Betrachtung unterzogen zu werden. Hier soll es um die Wirkungsbilanz auf die Pflanzen- und Tierwelt gehen (Tabelle 11) und darum, wer die Rückgänge und Gefährdungen verursacht hat. Am besten untersucht sind zwar die Vögel, aber selbst bei ihnen ist die eigentliche Ursache ihrer Bestandsrückgänge oder ihres Verschwindens bis in die letzten Jahre unklar geblieben (Bauer & Berthold 1996). Nun läßt sich aber eine allgemeine Zuteilung mit weit größerer Genauigkeit vornehmen.

Es ist also die Landwirtschaft, die mit ihren direkten und indirekten Auswirkungen den Rückgang der Arten verursachte. Sie liegt mit weitem Abstand vor allen übrigen Einflußgrößen. Bau- und Siedlungstätigkeit, die das Land verbrauchen (»fressen«), oder Vergiftungen durch Industrien fallen ihr gegenüber kaum ins Gewicht. Einzig die direkte Verfolgung von Arten spielt eine Rolle, und zwar eine um so bedeutendere, je größer die betroffenen Arten sind. Gerade bei den jagdbaren Säugetieren entscheidet meistens die Jagd, ob sie (über-)leben dürfen oder nicht. Viele Arten größerer und großer Tiere sind so flexibel, daß sie auch sehr gut mit der Men-

Landwirtschaft (mit ihren direkten und indirekten Wirkungen)	78 %
Jagd, Fischerei, direkte Verfolgung oder Störung von empfindlichen Arten	12 %
Industrie	< 3 %
Bau- und Siedlungstätigkeit	2 %
Verkehr (einschl. Straßenbau)	< 2 %
Schwankungen von Arealgrenzen (Randlage der Vorkommen)	1 %
Andere (unbekannte) Ursachen	2 %

Tabelle 11: Hauptursachen des Rückgangs von Säugetieren, Vögeln, Kriechtieren und Lurchen in Mitteleuropa (eigene Kalkulation 2004 auf der Basis der Angaben in den »Roten Listen der gefährdeten Arten«)

schenwelt zurechtkommen. Beispiele hierzu aus aller Welt wie das »Comeback der Biber« (Reichholf 1993) gibt es genug.

Die direkte Verfolgung wird um so weniger wirksam, je kleiner die Arten sind. Schon so intensiv verfolgte Kleinsäuger wie Mäuse und Ratten zeigen das eindrucksvoll. Die Schädlingsbekämpfung tut sich um so schwerer, je kleiner die Schädlinge sind. Geringe Größe ermöglicht ihnen in aller Regel schnelle Fortpflanzung und damit raschen Ausgleich der erlittenen Verluste. Deshalb gefährdet die Schädlingsbekämpfung nur höchst selten einmal ihre Zielart, die Ausrottung gelingt nur in Ausnahmefällen – wie auch bei den noch kleineren Lebewesen, den Krankheitserregern. Bezieht man nun aber alle im Hinblick auf Vorkommen und Häufigkeit hinreichend gut erfaßten Arten in die Betrachtung der Rückgangs- und Gefährdungsursachen ein – also auch die Schmetterlinge, Käfer und anderen Insekten –, steigt der Wirkungsgrad der Landwirtschaft auf über 95%. In der Pflanzenwelt machen die von ihr verursachten Rückgänge zwischen zwei Dritteln (zum Beispiel bei der Flora Coesfelds) und über 80% (Rote Listen der Flächenländer in

Deutschland) aus. Denn am weitaus nachhaltigsten sind gerade die von der Landwirtschaft bewirkten Veränderungen in der Landschaft: Nährstoffanreicherung (Eutrophierung), Flurbereinigungen, Einsatz von Bioziden zur Förderung der wenigen Arten von Nutzpflanzen. Damit sind einzig ihre Produktionsziele verbunden und nicht etwa eine vielfältige und schöne Landschaft, wie sie die Garten- und Parkgestaltung in der Stadt oder auch der Natur- und Landschaftsschutz wollen. Gerade letztere müssen deswegen auch am meisten mit der Landwirtschaft ringen, die aber dann doch in den Verordnungen zumeist freigestellt wird von den Einschränkungen. Eine typische Formulierung in Naturschutzgebietsverordnungen, nach langen Listen von Ge- und Verboten, lautet: »... gelten unbeschadet der rechtmäßigen Ausübung von Land- und Forstwirtschaft, Jagd und Fischerei«.

Der Naturfreund darf dann nicht nur die Orchidee nicht pflücken, die auf der Wiese blüht, sondern nicht einmal aufgreifen und mitnehmen, wenn sie im Rahmen der landwirtschaftlichen Ausnahmeregelung im Naturschutzgebiet abgemäht worden sein sollte. Es ist selbstverständlich auch verboten, standortfremde Pflanzen- oder Tierarten einzubringen – ein Verbot, das zur Bedeutungslosigkeit herabgewürdigt wird, wenn durch Düngung der Standort selbst nachhaltig verändert wird. All das hat auch viel zu tun mit der Problematik invasiver Arten, die so durchaus in Naturschutzgebiete eindringen und diese in ihrer Zusammensetzung (gemäß dem ursprünglichen Schutzzweck) verändern können.

Durch verschiedene Maßnahmen, welche das Ausmaß der Überdüngung einschränken und insbesondere die Mengen an Gülle nicht weiter ansteigen lassen sollen, ist die in Abbildung 10 (Seite 58) gezeigte Zunahme abgebremst worden. Gleichwohl sind die deutschen Fluren weit entfernt von jenem »Wunschzustand«, in dem Einsatz von Düngemitteln und Entzug von Stoffen durch die Ernte einander ausgleichen. Denn dazu müßten im Durchschnitt 100 kg Stickstoff pro Hektar und Jahr eingespart werden, was dem schon erwähnten Überschuß entspräche. Doch selbst dann würde es noch lange dauern, Jahrzehnte sicherlich, bis auch die großen Stickstoffspeicher in den Böden entsprechend ausgemagert wären. Das vielbeschworene »Gleichgewicht im Naturhaushalt« erweist sich dabei in Wirklichkeit als instabile Übergangsphase zwischen

Nährstoffarmut (Oligotrophie) und Überschüssen (Eutrophie). Stabil hingegen sind nur diese beiden gegensätzlichen Zustände. Das macht die Natur aus der Sicht menschlicher Nutzungsvorstellungen nicht gerade zum Vorbild.

Mit diesen Feststellungen ist die Problematik selbstverständlich noch längst nicht ausgeschöpft. Sie wird später im Zusammenhang mit den Umweltbelastungen und den Kosten, die deren (teilweise und unzureichende) Behebung verursacht, erneut aufgegriffen und vertieft.

An dieser Stelle lassen sich zusammenfassend die drei Hauptursachen für den Artenrückgang festhalten: die Überdüngung, die Verarmung an landschaftlichen Strukturen und die Scheuheit vieler Tiere. Die Landwirtschaft ist der Hauptverursacher. Die Flurbereinigungen zur Verbesserung der landwirtschaftlichen Produktionsverhältnisse räumten die Landschaften aus und vereinheitlichten sie. Das Übermaß an Stickstoffdüngung erstickt die Vielfalt, und die an Grund und Boden gebundene Jagd hält die größeren Tiere so scheu, daß sie zu empfindlich auf alle menschlichen Störungen reagieren. Hieraus leitet sich das Gefälle zwischen den artenreichen Städten und dem an Arten verarmten Land ab.

Im Gegensatz dazu zeichnen sich die Städte dadurch aus, daß sie strukturreich und nicht überdüngt sind und daß die freilebenden Tiere in ihnen vertraut sind, weil sie kaum verfolgt werden. Das machte sie so artenreich, daß sie gegenwärtig als »Inseln der Vielfalt« im Meer der verarmten Eintönigkeit charakterisiert werden können. Konrad Lorenz erahnte, welchen Weg die moderne Landwirtschaft nehmen würde, als er in seinen »Acht Todsünden« 1973 folgenden Satz schrieb: »Was die ökologische Zukunft des Ackerbaus betrifft, herrscht eine schier unglaubliche Bedenkenlosigkeit.« Daß eine ungleich größere Problematik mit der landwirtschaftlichen Tierhaltung aufkommen würde, sah er damals noch nicht voraus. Noch schien es viel wichtiger, dem Wachstum der Städte Einhalt zu gebieten und das Land als Entlastungsraum unangetastet zu lassen. Doch wie schnell kehrten sich die Verhältnisse um! Aber die langsam und stetig verlaufenden Veränderungen nahm man nicht wahr, weil der flächige Eingriff als solcher weniger sichtbar ist als der Bau einer Fernstraße oder das neue Großgebäude, welches den Blick auf die Landschaft verstellte.

9. Invasionen

Betrachtet man die Bewertung von Tier- oder Pflanzenarten im Naturschutz, kommt allen gegenteiligen Beteuerungen zum Trotz unweigerlich der Eindruck auf, es gebe »gute« und »schlechte« Arten. Die guten sind solche, die selten (geworden) sind oder abnehmen und unserer Hilfe bedürfen (»Rote-Liste-Arten«), die schlechten jene, die sich in einer Zeit, in der sich der Zustand der Natur doch anhaltend verschlechtert, kraftvoll von selbst ausbreiten. Kommen sie nicht aus dem angestammten Gebiet, gelten sie als unerwünschte Fremdlinge (»Aliens«), und die Ausbreitung dieser »invasiven Arten« muß entsprechend bekämpft werden, könnten sie doch Heimisches verfälschen und verdrängen. Genügend Beispiele liegen dazu aus aller Welt vor, wie die Kaninchen in Australien, die amerikanischen Wasserhyazinthen in den ostafrikanischen Seen oder die südeuropäischen Ziegen, die das Pflanzenkleid der Inseln im Mittelmeer und in den Ozeanen vernichten. Sie lassen sich leicht »negativ« konstruieren (Kegel 1999). Je ferner liegend, desto besser sind die Beispiele geeignet, weil sie sich der direkten Nachprüfbarkeit oder eigenen Eindrücken und Erfahrungen entziehen.

Es ist hier nicht der Ort, die unmittelbar oder unterschwellig wirksame Fremdenfeindlichkeit zu erörtern, die dabei zum Ausdruck kommt, auch wenn man sich mitunter bei Wortwahl und Haltung kaum des Eindrucks erwehren kann, hierbei wirkten noch »Blut und Boden« nach. Denn von landfernen, kleinen ozeanischen Inseln abgesehen (die zudem auch meistens im Verlauf des Vorgangs keiner genauen wissenschaftlichen Untersuchung unterzogen worden waren), gibt es kaum Belege für unmittelbare ökologische Schäden, die fremde Arten angerichtet haben. Schäden also, die in Kategorien wie Verdrängung oder nachhaltige Beeinträchtigung einheimischer Arten – ohne Beteiligung von Menschen – einzuordnen wären. Wirtschaftliche Schäden sind etwas anderes. Solche Schäden verursachen auch manche (ur-)heimischen Arten; etwa die Rehe, die den Jungwuchs in Wäldern so verbeißen, daß ohne Zäunung der Schonungen kein Wald nachwachsen kann. Vögel können bei Kollisionen mit Flugzeugen nicht nur Materialschäden verursachen, sondern auch Menschenleben kosten.

Wirtschaftliche oder den Menschen direkt betreffende Schäden haben jedoch den »Vorteil«, quantitativ erfaßt und bewertet werden zu können. Zäune oder Flugzeuge kosten Geld ebenso wie die Instandsetzung eines Deiches, wenn etwa Bisamratten (als fremde Art), Biber oder Schermäuse (als heimische Arten) diesen unterwühlt haben. Wie aber soll die Menge an Schilf »bewertet« werden, die heimische Bläßhühner (als häufige Art), Graugänse (als im Binnenland seltene), Bisamratten (als fremde) oder Schmetterlinge, die von Schilf leben (als heimische Arten), zu ihrer Ernährung genutzt haben? Darf der Höckerschwan Schilf abweiden, die Bisamratte aber nicht? Durfte der Höckerschwan das nur, solange er noch selten war, und jetzt nicht mehr? Die Grenzen zwischen heimisch und fremd verwischen rasch bei der »ökologischen Betrachtung«, und sie verflüchtigen sich, je mehr Zeit verstrichen ist. Galten bis vor wenigen Jahrzehnten Unkräuter auf den Feldern aus der Sicht der Landwirte zu Recht als solche, weil sie die Produktion von Nahrungsmitteln schmälerten, während diese »invasiven Fremden« von früher, nun in »Ackerwildkräuter« umgetauft, in den Genuß kostspieliger Artenhilfsprogramme gekommen sind. Wo sich aber Meinungen mit der Zeit ändern, sind sie nicht mehr als ein Spiegel der Zeitströmungen.

Beim von Dichtern lyrisch besungenen Veilchen, dem Duftenden Veilchen *(Viola odorata)*, mag eine solch freundlich-distanzierte Sicht gerechtfertigt sein, verursacht dieser Neophyt von früher doch bis heute keinen Schaden. Das zarte Veilchen aus dem Mittelmeerraum, von dem so viele unserer heute raren und hochgeschätzten Pflanzen einst gekommen waren, verdrängte wohl auch kein heimisches, obgleich offenbar bisher keine entsprechenden Untersuchungen angestellt worden sind.

Wir wissen nicht einmal, was die vielen Millionen Rauchschwalben, die früher in Ställen und Hofgebäuden Mitteleuropas erbrütet worden waren und im tropischen Ostafrika überwinterten, den dortigen Schwalben zugefügt haben. Konkurrenz ist nicht nur nicht auszuschließen, sondern durchaus wahrscheinlich. Gekümmert hat man sich bei uns darum nicht, waren es doch »unsere« Schwalben, die wir gern in den alten Häufigkeiten wieder hätten. Auch wenn sie erst im Gefolge unserer Landwirtschaft über die Alpen hatten kommen und sich so stark vermehren können.

Unbeeindruckt von Schäden, die sie in den Weinanbaugebieten Spaniens und Nordafrikas anrichteten, erhielten »unsere« Stare ein Massenangebot an Fertigwohnungen. Seit mehreren Jahrhunderten waren sie nicht mehr auf natürliche Höhlen angewiesen. So verdunkelten ihre frühherbstlichen Schwärme den Himmel, wenn sie die Schlafplätze im Schilf von Seen oder an den Häuserfassaden des Münchner Stachus aufsuchten. Die Beispiele ließen sich fast ohne Ende fortsetzen, weil sehr viele Arten von den Umgestaltungen und Nutzungsänderungen der Natur durch den Menschen profitierten.

Einige Arten profitierten aber in neuester Zeit ganz besonders. Und sie sind zu einem sichtbaren Problem geworden. Zum Beispiel die besonders invasiven Pflanzen Riesenbärenklau *(Heracleum mantegazzianum)*, Riesenknöterich (*Reynoutria*-Arten) und Drüsiges Springkraut *(Impatiens glandulifera)*. Vor einigen Jahrzehnten galten als Prototypen von Invasoren noch die Kanadische Goldrute *(Solidago canadensis)* und die Wasserpest *(Elodea canadensis)*. Der Riesenbärenklau, auch Herkulesstaude genannt, kommt aus dem Himalaya; die Riesenknöteriche aus Ostasien (Japan und Sachalin). Was zeichnet sie also aus, und was ermöglicht es ihnen, so invasiv zu werden?

Die Wasserpest gehört bereits weitgehend der Vergangenheit an. Sie so anzutreffen, wie sie vor allem in den 1960er und zum Teil noch in den 1970er Jahren wucherte, setzt heute kundige Suche voraus. Fast so schnell, wie sie auftauchte und sich trotz ihrer nur vegetativen Vermehrung ausbreitete, verschwand sie auch wieder. Sie bildet keine Samen, sondern nur Ableger, die über Flüsse und Kanäle in den Binnengewässern verbreitet und vielleicht auch von Wasservögeln und Booten verschleppt worden waren. Ihr Kommen und Schwinden wird verständlicher, wenn die gegenwärtigen Hauptproblemarten betrachtet werden: die »Riesen« von Knöterichen und Bärenklau, von denen es kleinere heimische Arten in Mitteleuropa gab und gibt, sowie das große Drüsige Springkraut, welches das bislang »Große«, gelbblühende »Rührmichnichtan« *(Impatiens noli-tangere)* hinsichtlich der Größe zwar abgelöst, aber nicht verdrängt hat. Alle drei Pflanzen zeichnen sich in der Tat durch einen beeindruckenden Wuchs aus. Sie fangen im späteren Frühjahr an auszutreiben, entweder von Samen (Drüsiges Springkraut) oder von vorjährigen Wurzelstöcken, wachsen heran und erreichen gegen Ende des Sommers zwei bis über dreieinhalb Meter

Wuchshöhe. Wegen seines ornamentalen Wuchses war der Riesenbärenklau sogar ursprünglich, vor mehr als 100 Jahren, angepflanzt und damals sogar als geschätzte »Bienenweide« angesehen worden, weil seine großen Blütenstände in einer Jahreszeit ein gutes Angebot für die Bienen darstellten, in der andere Blüten bereits rar geworden waren oder nur in bestimmten Gebieten, wie der Heide, blühten. Die Riesenknöteriche sollten Futter für das Wild abgeben und Unterschlupf an Rändern ausgeräumter Wälder bieten. Das Drüsige Springkraut schließlich trägt beeindruckend schöne Blüten, die sehr intensiv von Hummeln, aber auch von Bienen aufgesucht werden.

Man hätte also diesen Pflanzen zunächst nichts Negatives nachsagen können. Sie haben bis heute ihren Wert, auch wenn sich die Stimmungslage inzwischen sehr gegen sie gewandt hat, weil sich ihr Wuchern kaum noch unter Kontrolle halten läßt. Daß sie für diese Entwicklung 100 Jahre oder mehr gebraucht haben, mutet jedoch merkwürdig an. Warum nicht gleich, wird sich mancher gefragt haben, der sich mit ihrer Massenvermehrung konfrontiert sah. Dann hätte doch den Anfängen gewehrt werden können. Brauchten sie ein ganzes Jahrhundert Anlaufzeit, um ihre Überlegenheit auszuspielen? Eine ökologische Begründung für die Verzögerung fällt angesichts der jetzt so schnellen Entwicklung auch kleiner Neubestände schwer. Kowarik (1992) zog daher aus dem Vergleich der Einführungszeiten ostasiatischer Gehölze in Gärten, Parks und dergleichen nach Berlin und Brandenburg und ihrer spontanen Ausbreitung in der Natur den Schluß, daß eine Verzögerungszeit von 117 Jahren irgendwie in der Natur des Vorgangs liegen müsse. Ein gutes Jahrhundert Anlaufzeit schien dazuzugehören, bis sich zeigt, was in den Pflanzen steckt. Kanadische Goldrute, Wasserpest und viele andere Pflanzen benötigen zwar keine solche Anlaufzeit, aber vielleicht, so könnte man vermuten, verhalten sich Gehölze anders.

Eine etwas genauere Betrachtung der angeführten Problemarten läßt jedoch zu einen ganz anderen Zusammenhang erkennen. Um in wenigen Monaten so großmächtig aufwachsen zu können, brauchen sie selbstverständlich einen Boden, der entsprechend reich an Nährstoffen ist. Insbesondere große Mengen an Stickstoffverbindungen sind dazu vonnöten. Man kennt das: Was (allzu) gut gedüngt ist, schießt ins Kraut! Und Pflanzen, die viele große Blüten mit reichlich Samen hervorbringen, obwohl sie selbst im Frühjahr nur aus einem einzigen Samenkorn hervorgegangen sind, wollen bestens gedüngt sein. Wie das Hochleistungsgetreide, das eben nur dann viel Korn liefert, wenn der Boden entsprechend viel hergibt.

Die Orte, an denen es zu Massenvermehrungen von Riesenbärenklau, Riesenknöterichen oder Drüsigem Springkraut kommt, tragen Pflanzengemeinschaften, die auf diesen Nährstoffreichtum hinweisen. Es handelt sich ausnahmslos um stark eutrophierte, zumeist überdüngte Standorte: Bachufer, Straßenränder (wo Autos viel Luftstickstoff in ihren Motoren mitverbrennen und so die angrenzenden Flächen aus der Luft düngen), stark gedüngte Wiesen oder an Nährstoffen reiche Ruderalflächen. Wo es hingegen an Nährstoffen mangelt, kümmern die »Riesen« oder kommen gar nicht vor. In altbekannter Form zeigt sich dieser Zusammenhang auf den Almen, wo das Vieh lagert und mit seinen Exkrementen den Boden überdüngt. Dort hat sich in Jahrhunderten eine besondere Flora herausgebildet, die nach den Lagern (»Läger«) des Viehs »Lägerflora« genannt wird.

Heutzutage »lagert« das Vieh aber weithin auf dem Land, auch wenn es in Ställen steht, denn die Exkremente werden als Gülle großflächig ausgebracht. Sie düngen Wiesen und Felder, aber auch die Böschungen und Ränder; und sie dringen über Oberflächenabfluß und Grundwasser in die Bäche und Flüsse ein, so daß tatsächlich die Wirkung der einst auf kleine Stellen begrenzten Läger längst umfassend geworden ist.

Der Kraftfahrzeugverkehr kommt als Besonderheit hinzu. Es gab ihn vor gut einem Jahrhundert noch so gut wie gar nicht. Den Fremdpflanzen fehlte damals also noch beides, was für sie heute den Weg bereitet: flächige Gülledüngung und verbrannter Luftstickstoff aus Kraftfahrzeugen und Heizkraftwerken mit modernen Hochleistungsbrennern.

Wieviel macht das aus? Die »Vollwertdüngung« der ersten Hälfte des 20. Jahrhunderts lag bei 30 bis 50 kg Stickstoff pro Hektar und Jahr! Ziemlich genau diese Menge an »Stickstoffdünger« setzen in unserer Zeit aber die Kraftfahrzeuge und Heizkraftwerke frei. Inzwischen kommt aber die organische Dünung von 15 Millionen Rindern und fast 25 Millionen Schweinen hinzu, die in Deutschlands

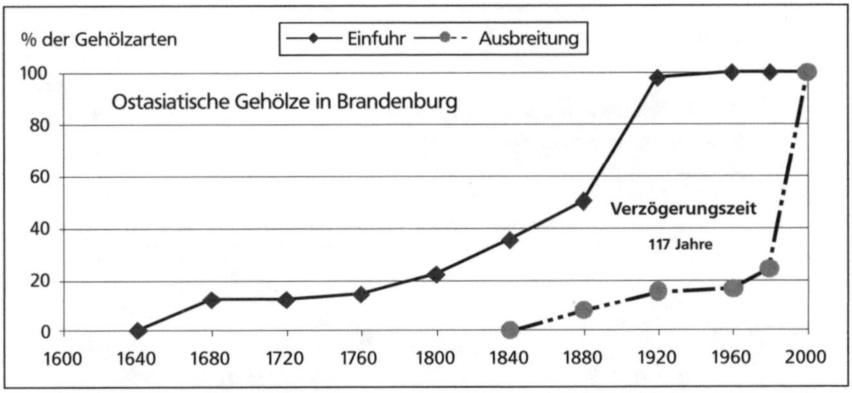

Abbildung 11: Einfuhr und Ausbreitung ostasiatischer Gehölze in Brandenburg (nach Kowarik 1992, umgezeichnet)

Ställen oder auf den Weideflächen stehen. Was Riesenbärenklau & Co. düngt, sind die Überschüsse in der Stickstoffdüngung, die – wie ausgeführt – in den 1990er Jahren deutschlandweit die Größenordnung von 100 Kilogramm pro Hektar und Jahr überschritten haben und auf großen Flächen noch ganz erheblich darüber liegen, denn es handelt sich um einen Durchschnittswert.

Fügt man nun aber zu Kowariks Kurve (Abbildung 11) die Zunahme des Düngemitteleinsatzes in Deutschland hinzu (Abbildung 12), so ergibt sich eine frappante Übereinstimmung: Die Gehölze verwilderten und breiteten sich aus, als ihnen der Boden durch die Überdüngung buchstäblich bereitet worden war. Die Korrelation im zeitlichen Verlauf fällt so eng aus, daß ein ursächlicher Zusammenhang kaum bezweifelt werden kann. Das erklärt auch die scheinbare Zeitverzögerung von 117 Jahren. In genau die Zeit des Übergangs zur Überdüngung, Mitte der 1960er Jahre beginnend, fällt auch die starke Ausbreitung von Riesenbärenklau und Riesenknöterichen, des Drüsigen Springkrauts und anderer, weniger bekannter Arten. Ihr schnelles Wachstum setzt die Verfügbarkeit von reichlich Nährstoffen voraus. Es bedurfte also keines Jahrhunderts Vorbereitungszeit. In den Wachstumsjahren der Landwirtschaft war ihre Zeit gekommen, weil die Böden entsprechend gedüngt worden waren. Und überdüngt sind sie bis heute geblieben. Deshalb löste sich das Problem auch nicht von selbst wieder wie bei der Wasserpest. Dieser invasi-

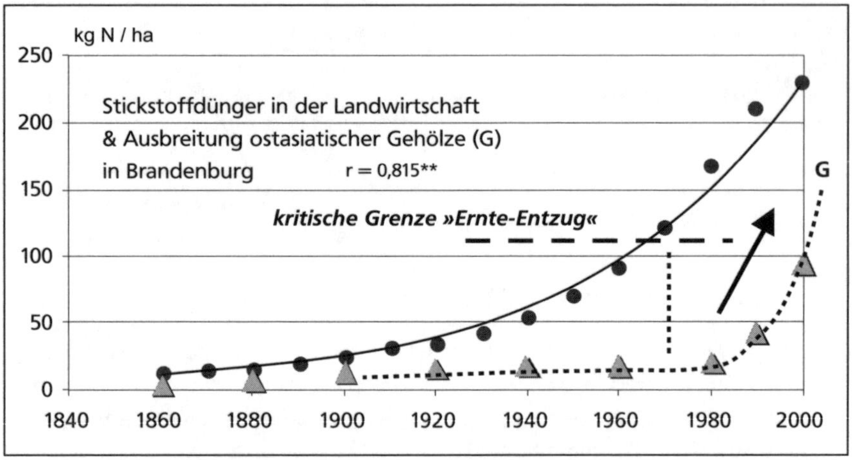

Abbildung 12: Mit der Überschreitung der Grenze, bei der etwa so viel Stickstoff über die Ernte wieder entzogen wird, wie vorher eingesetzt worden war (»kritische Grenze«), fing zwischen 1970 und 1980 die massive Ausbreitung der gebietsfremden Gehölze an. Der Überschuß von etwa 100 kg Stickstoff pro Hektar und Jahr bereitet nun seither den Nährboden für die invasiven Pflanzenarten. (Originalzusammenstellung)

ven Wasserpflanze entziehen die Kläranlagen inzwischen die Nährstoffe, die vorher über die Wasserverschmutzung, vor allem durch phosphathaltige Waschmittel, hineingelangt waren, so wirkungsvoll wieder, daß die Wasserpest weithin im Verschwinden begriffen ist.

Fast gleichzeitig begannen auch die Bestände der Bisamratte abzunehmen. Davor hatte sie Schäden wirtschaftlicher Art an Teichen und regulierten Flüssen verursacht und war teilweise sogar durch staatliche Bisamjäger – erfolglos – bekämpft worden. Als mit den Wasserpflanzen und Großmuscheln ihre Nahrungsgrundlage schwand, wurde dieser Fremdling nahezu bedeutungslos. Die Kläranlagen und die Änderungen bei den Waschmitteln zeitigten Wirkung. Über die Klärung der Abwässer wurden ihnen vor allem auch die organischen Reststoffe, der Detritus, entzogen. Dieser hatte zuvor die Muscheln ernährt und ihre Bestände hoch gehalten. Als Ausweichnahrung wurden sie von den Bisamratten zur Überbrückung des Winters genutzt, wenn es kaum noch frisches Grün in den flachen Gewässern gab. Die Verhältnisse änderten sich in weniger als zwei Jahrzehnten gründlich. Und ohne es zu ahnen, löste die

Abwasserwirtschaft nebenbei auch das Bisamratten- und das Wasserpestproblem (Reichholf 1993). Sie wurden zu Verlierern einer umfassenden Entwicklung, so wie die Ackerwildkräuter als viel frühere Fremdlinge mit dem dichteren Wachstum der Kulturpflanzen durch die Düngung dem gegenläufigen Prozeß auf der Flur zum Opfer fielen. Es mangelte diesen dort nun an Licht und freiem Boden, der früher die Äcker gekennzeichnet hatte. Sie wurden »totgedüngt«, wie die Wasserbewohner »weggeklärt« wurden. Nicht kleine und so feine Formen wie Ackerrittersporn *(Delphinium consolida)* oder Kornrade *(Agrostemma githago)* konnten überleben, sondern die großmächtigen Herkulesstauden. Schon die blauen Kornblumen *(Centauerea cyaneus)* und der Rote Mohn *(Papaver rhoeas)* tun sich schwer und fallen auf, wenn sie in Feldern gegenwärtig wieder in größeren Beständen erblühen. Für die meisten Arten der vielfältigen Ackerwildkräuter sind wohl weniger die Herbizide das Existenzproblem als die Überdüngung, die ihrem langsameren Wachstum keine Chance mehr läßt.

Es profitieren auch andere von dieser Anreicherung des Landes mit Pflanzennährstoffen. Lange Zeit blieb die Zunahme der Rehe nach dem Zweiten Weltkrieg auf das Mehrfache der Bestände in den Vorkriegszeiten rätselhaft. Der Zusammenhang mit der Düngung und dem höheren Stickstoffgehalt der Nahrung wurde erst in den späten 1980er und in den 1990er Jahren klar. Draußen auf den Feldern finden die Rehe, die sich im Winter oft zu ganzen Rudeln zusammenschließen, auch dann noch frisches Grün mit hohem Nährstoffgehalt, wenn die Wälder nur dürre Vegetation mit geringem Nährwert enthalten. Dort hilft einzig die Nutzung der Knospen, während draußen auf der Flur Wintersaaten und Raps Hochwertiges bieten. So folgt auch der Anstieg der Abschußzahlen des Rehwildes recht gut der Kurve des Düngermitteleinsatzes in der Landwirtschaft. Hege und Abschuß erweisen sich in dieser Betrachtung wie so häufig als Beiwerk, das nur wenig reguliert. Umfang und Qualität der Nahrung sind bei größeren Tieren allemal wichtiger für die Entwicklung des Bestands als Verluste an natürlichen Feinden, wenn die Bestände produktiv, also groß genug entwickelt sind.

Ist die Natur reichlich, kommt auch »Neues« ganz von selbst, und mit Macht. Wie die Türkentaube *(Streptopelia decaocto)*, die sich nach dem Zweiten Weltkrieg einer Flut gleich über weite Bereiche Europas ausbreitete. Wieder ergibt die genauere Betrachtung eine ganz ähnliche Ausgangssituation wie bei den ostasiatischen Gehölzen und ihrer verzögerten Ausbreitung in Berlin und Brandenburg (Abbildung 11). Die Türkentaube hatte im 19. Jahrhundert südöstliche, unter dem Einfluß des Osmanischen Reiches stehende Regionen des Balkans besiedelt. Nordwestliche Randgebiete waren Mazedonien bis Sarajewo und Albanien, also die muslimischen Gebiete. Es änderte sich an diesem Vorkommen in Europa nun über 100 Jahre lang praktisch nichts, bis zwischen dem Ersten und dem Zweiten Weltkrieg der südöstliche Donauraum – zunächst noch wenig auffällig – besiedelt wurde. Nach dem Zweiten Weltkrieg kam jedoch Schwung in die Ausbreitung der kleinen Taube, die mittlerweile in Europa die vielleicht bekannteste und nach der viel größeren Ringeltaube *(Columba palumbus)* auch die häufigste geworden ist. Ihr eintöniger, vielfach wiederholter und fast das ganze Jahr über zu hörender Balzruf dürfte sogar auffälliger als das Gurren der Ringeltauben sein. Niemand holte die Türkentaube nach Mittel- und Westeuropa. Ihre Zunahme verlief auch ohne nennenswerte Eingriffe seitens des Menschen, weil ihr enger Anschluß an die Siedlungen der Menschen eine Bejagung zumeist unmöglich macht. Biologen spekulierten, eine Mutation könnte die Türkentaube, die ursprünglich aus Nordwestindien stammte, bevor sie im 18. und 19. Jahrhundert Kleinasien besiedelte, westwärts getrieben haben. Doch mit fortschreitender Verbesserung der Kenntnisse über die Genetik wurde es wieder still um dieses »go-west«-Gen. Dennoch mußte es wohl einen Grund für diese beispiellose Ausbreitung eines Vogels in Europa gegeben haben: eine Pflanze aus Mittelamerika. Es ist der Mais, das »Türkenkorn«, wie er früher genannt wurde.

Durch Züchtung neuer Hybridmais-Sorten war es gelungen, die bislang klimatisch nicht geeigneten Regionen Mittel- und Westeuropas für den Maisanbau zu erschließen – nicht um Popcorn zu gewinnen, sondern als Futter für die Schweinemast. So fallen Anstieg des Maisanbaus und Ausbreitung der Türkentaube gerade so zusammen (Abbildung 13) wie die Ausbreitung der fremden Pflanzenarten in neuerer Zeit und die Zunahme des Düngereinsatzes. Die Landwirtschaft – und nicht eine Mutation – holte mit dem Türkenkorn die Türkentaube nach Westeuropa und ermöglichte es ihr, in wenigen Jahrzehnten zur dritthäufigsten Taubenart zu wer-

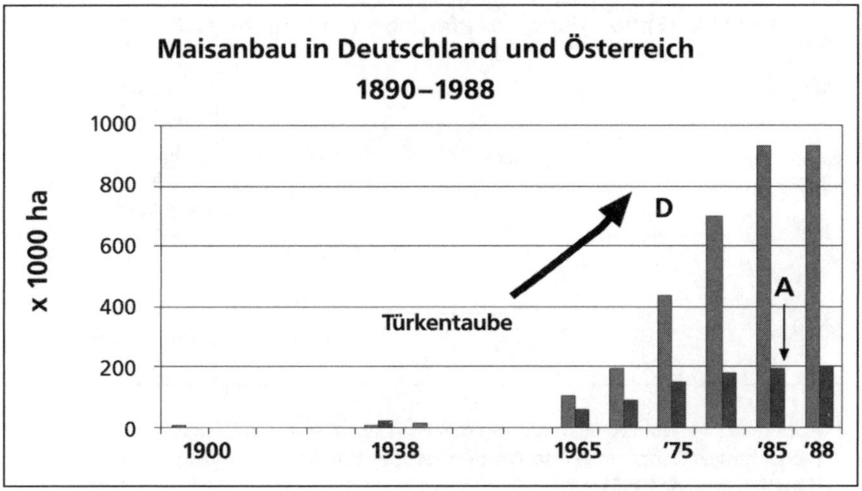

Abbildung 13: Entwicklung des Maisanbaus in Deutschland und Österreich und Einwanderung der Türkentaube. (Anbaudaten aus »Handbuch Mais« 1990)

den. Wo die Landwirtschaft aber kaum noch Körnermais erzeugt, sondern Grünmais siliert, nehmen auch die Türkentauben stellenweise sehr stark wieder ab.

Ein paar Jahrtausende früher verhielt es sich wohl nicht wesentlich anders mit dem Haussperling *(Passer domesticus)*. Nur gingen damals die Entwicklungen viel langsamer als gegenwärtig vor sich. »Hofsperling« müßte er treffender heißen, auch wenn dem »Spatzen« später Biergärten und lockere Siedlungen mit offenen Plätzen einen kleinen Ersatz für Bauernhöfe mit Pferdehaltung geboten haben. Mastviehställe sind keine geeignete Umwelt für den fernen Verwandten afrikanisch-asiatischer Webervögel. Die Technisierung der Bauernhöfe und ihre Entwicklung zu Agrarfabriken drängten ihn zurück. Heute sind Haussperlinge draußen in vielen Dörfern selten geworden. Ihre Bestände gehen zurück – außer an Reiterhöfen, denn die Stabilisierung der Pferdehaltung und ihre Zunahme im letzten Jahrzehnt des 20. Jahrhunderts (Abbildung 14) verbesserten die Aussichten des »Weltbürgers« der Vogelwelt wieder ein wenig.

So spiegeln »Gewinne« und »Verluste« in der Tier- und Pflanzenwelt die Veränderungen in der Landwirtschaft. Gewinner gibt es jedoch nur wenige, Verlierer aber viele. Das war in der Entwicklung

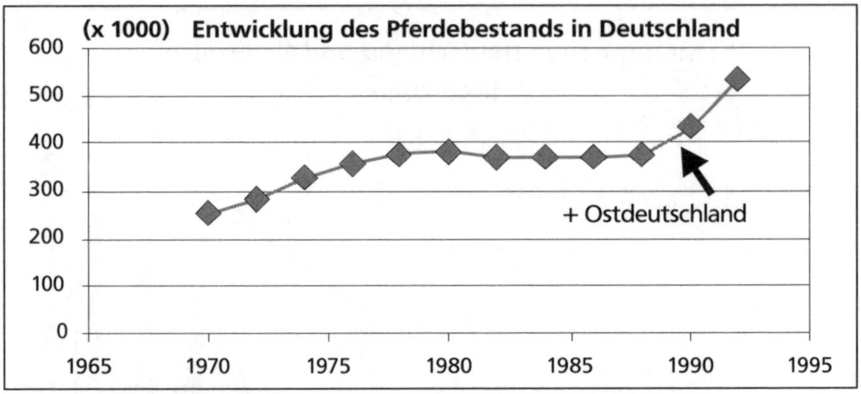

Abbildung 14: Neuere Entwicklung des Pferdebestandes in Deutschland (vornehmlich Reitpferde) und Anstieg seit der Wiedervereinigung. (Quelle: Schaller 1995)

der Landwirtschaft selbst seit dem Zweiten Weltkrieg nicht anders. Dem Niedergang des »Bauerntums« entspricht der Rückgang der Artenvielfalt. Dem Anstieg der Massenproduktion steht die invasive Ausbreitung einiger weniger Problemarten gegenüber.

Inzwischen sind Stadtmenschen häufig viel naturverbundener als die den brutalen Zwängen der Produktion unterworfene Landbevölkerung. Der Bauer von früher aber ist wie viele der Tier- und Pflanzenarten der ehemals bäuerlichen Welt eine Rarität geworden. Vom Aussterben bedroht, oder dazu verurteilt?

III. Globale Verhältnisse

10. Die Quellen des Überflusses

»Früher war alles anders! Jetzt läuft alles viel schneller ab; viel zu schnell!« Solche und ähnliche Meinungen drücken das Unbehagen aus, das viele Menschen befallen hat angesichts der rapiden Veränderungen in der Gesellschaft und in der Natur. Zuordnungen wie »konservativ« und »progressiv« verlieren ihre Eindeutigkeit. Sie kehren sich in manchen Teilbereichen von Politik und Gesellschaft geradezu um: Die Jugend, die »Grünen« oder die »Arbeiterklasse« verhalten sich konservativ im Sinne von »retten, was noch zu retten ist«, während konservative Parteien die Veränderungen vorantreiben wollen. Sie wissen aus Erfahrung, daß sich steigende Kosten gleich welcher Art nur mit wirtschaftlichen Überschüssen abfangen lassen. Daher setzen sie auf weiteres Wachstum, auf Globalisierung insbesondere, denn längst stottert der Motor des »inneren Wachstums« und kommt nicht mehr in Schwung. Die ganze Welt als ein global vernetztes System erscheint als Rettung vor den Einschränkungen, welche die Grenzen des Wachstums im Land, ja auch innerhalb der Europäischen Union mit sich gebracht haben.

Die andere Seite, ehemals »sozial und progressiv«, versucht das »progressiv« zu streichen, um wenigstens noch »sozial« bleiben zu können. Ihr soll die Besteuerung des Energieverbrauchs die Wachstumsgewinne ersetzen, welche die »konservativ-progressive Seite« anstrebt. Grob vereinfacht lassen sich diese für die Bürger kaum noch durchschaubaren, geschweige denn nachvollziehbaren politischen Vorstellungen auf die Formel bringen: Die einen wollen weniger Kohlendioxid (CO_2), die anderen mehr Wachstum. Die formale Übereinstimmung mit dem Wachsen von Pflanzen ist ebenso frappierend wie das grundlegende Mißverständnis seitens der Politik, das sich darin ausdrückt. Braucht doch gerade das pflanzliche Wachstum CO_2! Dieser Grundnahrungsstoff beziffert sich – anders als der zweite Stoff dieser Art, das Wasser – global auf einen minimalen Wert: Die Luft enthält nur 0,03 % CO_2, offensichtlich sehr wenig verglichen mit fast 21% Sauerstoff und 78% Stickstoff.

Dennoch drohe gerade von diesem Kohlendioxid die größte Gefahr für die Zukunft der Erde – so die gegenwärtig herrschende Ansicht nach den Prognosen zur Klimaveränderung. Nicht etwa, daß uns »die Luft ausgehe«, weil die Pflanzen zu wenig Sauerstoff nachliefern würden, sondern aus dem raren Gut CO_2 würde ein zu gut verfügbarer Stoff werden: so daß das Pflanzenkleid der Erde mit dem Überangebot an Kohlendioxid nicht mehr zurechtkommen könnte, obwohl es sich doch seit Millionen von Jahren auf den Mangel an diesem Stoff einstellen mußte. Auch wenn ihn die meisten Mikroben, alle Tiere und natürlich auch der Mensch unablässig von sich geben, solange sie atmen und leben. Auch nach dem Tod wird bei Abbau und Verwesung der organischen Stoffe CO_2 in genau jenen Mengen wieder frei, die vorher aufgenommen und in den Körpern gespeichert worden waren. Wie schnell, hängt von der Art der Bindung des Kohlenstoffs und von den Temperaturen ab. In der Wärme läuft der Abbau schneller ab als in der Kälte, die ihn, liegen die Temperaturen tief genug, nahezu ganz unterbinden kann.

Die »Grundgleichung des Lebens«, wie sie oft genannt wird, drückt das auf die einfachste nur mögliche Weise aus. Sechs Teilchen Kohlen(stoff)dioxid und sechs Teilchen Wasser werden unter Wirkung der Energie des Sonnenlichtes zu einem Teilchen (Trauben-)Zucker zusammengefügt. Dabei werden auch sechs Teilchen Sauerstoff frei. Verläuft die Reaktion so, nennt man sie »Photosynthese«. Verläuft sie umgekehrt, daß nämlich unter Einsatz von Sauerstoff organische Stoffe »verbrannt« werden, handelt es sich um Atmung. Nur grüne Pflanzen und einige Mikroben (Cyanobakterien) sind zur Aufbaureaktion, zur Photosynthese, befähigt, während wir wie alle Tiere und die große Mehrzahl der Mikroben das nicht können, sondern unter Verbrauch von Sauerstoff atmen müssen.

Chemisch läßt sich beides in einer einzigen Gleichung darstellen – lediglich mit unterschiedlicher Richtung des Verlaufs der Reaktion:

$$\underset{\text{Kohlendioxid}}{6\,CO_2} + \underset{\text{Wasser}}{6\,H_2O} \longleftrightarrow \underset{\text{Zucker}}{C_6H_{12}O_6} + \underset{\text{Sauerstoff}}{6\,O_2\uparrow}$$

Atmung ← → Photosynthese

Zwar ist der eigentliche Vorgang recht kompliziert, und es hat langer und intensiver Forschungen bedurft, bis die Geheimnisse von Photosynthese und Atmung entschlüsselt waren. Aber es ändert sich nichts am Ergebnis, ganz gleich, ob die einfachste Form oder die komplexeste (nach gegenwärtigem Kenntnisstand aus einem Lehrbuch der Biochemie) betrachtet wird: Aus der Gleichung geht keine Bildung von Eiweiß hervor!

Die Photosynthesegleichung handelt von Energie, deren Bindung und Umsetzung. Sie erzeugt den »Betriebsstoff«, der die Energie für die Lebensprozesse in Mensch und Tier liefert. In vergleichbarer Weise setzen wir Menschen die fossilen Brennstoffe Kohle, Erdöl und Erdgas zur Energiegewinnung ein. Pflanzen hatten diese Stoffe bereits vor vielen Jahrmillionen erzeugt.

Die »Stoffe des Lebens« aber sind Eiweiß (Proteine) sowie bestimmte Phosphorverbindungen und nicht Zucker oder gar Sauerstoff und Kohlendioxid. Letztere können mit Fug und Recht als »Mittel zum Zweck« angesehen werden, nämlich Energie einzufangen, zu speichern, umzusetzen in Lebensvorgänge und wieder abzugeben. Von Zucker allein könnten weder wir Menschen leben noch irgendein anderes Lebewesen. Auch die Nachkommen, ob Kinder oder Samenkörner, entstehen nicht aus Zucker, sondern aus Proteinen und Phosphorverbindungen. Zuckerverbindungen enthalten wichtige Gerüstsubstanzen, aber nicht die eigentlichen Grundstoffe des Lebens. Für diese sind Stickstoff- und Phosphorverbindungen bedeutungsvoller als der Kohlenstoff, der ohne sie auch nicht in der Lage wäre, das Leben zu tragen.

Diese kurze, vielleicht wie ein Abschweifen wirkende Klarstellung hat jedoch grundlegende Konsequenzen: Wir müssen, so wir den Zustand der Erde und seine Entwicklung tatsächlich beurteilen möchten, diese eigentlichen Stoffe des Lebens mindestens im gleichen Umfang in die Betrachtungen einbeziehen wie das Kohlendioxid und die Energienutzung. Denn an ihnen, an den Nährstoffen, liegt es, wie produktiv an Leben die Erde tatsächlich ist. Die Landwirtschaft hat das im letzten halben Jahrhundert vorgemacht. Die gewaltige Produktionssteigerung ging nicht aus wärmerem Klima oder höherem CO_2-Gehalt der Luft hervor, sondern aus der Kombination von hohem Energie-Einsatz und von Düngung. Gedüngt wird wie beschrieben mit Stickstoffverbindungen wie

Nitrat (NO_3) und Ammonium (NH_4), mit Phosphat (PO_4) und Kalium sowie Spurenelementen für das Pflanzenwachstum. Der Kohlenstoff gibt gleichsam das »Brennmaterial« dazu – und alle heute genutzten fossilen Brennstoffe entstammen fernen Zeiten gigantischer Überproduktion der Pflanzen auf der Erde.

Das »Ökosystem Erde« war den größten Teil seiner Existenzzeit nicht im »Gleichgewicht« und ist es wohl auch gegenwärtig nicht. Überschuß und Mangel bestimmten den Verlauf der Entwicklungen. Den gesamten Sauerstoff der Lufthülle verdankt die Erde der einstigen Überproduktion durch die Pflanzen. In der Gesamtbilanz muß es aus diesem Grund annähernd die entsprechende Menge an Kohle, Erdöl und Erdgas geben, wie der Freisetzung von Sauerstoff nach der Photosynthese-Gleichung entspricht. Der Sauerstoff, der zudem in Form von Kalk (Karbonate – $CaCO_3$), Eisenoxid und anderen Mineralstoffen der Erdoberfläche gebunden worden ist, gehört mit in diese Kalkulation hinein. Die Erde »verrostete« regelrecht, als die Pflanzen diesen Überschuß an Sauerstoff als ihren Abfall (!) erzeugten. Die Mengen an fossilen Brennstoffen, die sich daraus ergeben würden, übersteigen die bekannten Vorräte an Kohle, Erdöl und Erdgas um ein Vielfaches.

Das CO_2 der Luft macht also tatsächlich einen verschwindend geringen Anteil an den Mengen von Kohlenstoff und Sauerstoff auf der Erde aus. Als Feststoffe gebunden, treten die Kohlenstoff- und Sauerstoffverbindungen nicht annähernd so augenfällig in Erscheinung wie das Wasser. Ähnlich dem Wasser, das über 70% der Erdoberfläche bedeckt und dessen Gehalt in der Atmosphäre (als Wasserdampf) nur winzige Bruchteile davon ausmacht, stecken die mit Abstand größten Mengen an Kohlenstoff-Verbindungen in der Erdkruste. Sie waren, wie auch die Energie, nie wirklich »begrenzend« für das Leben und seine Entfaltung.

Auch an Stickstoff herrschte kein wirklicher Mangel, wie seine Massen in der Luft beweisen. Es gibt genug Mikroben, die direkt Luftstickstoff binden können und nicht nur sich selbst, sondern auch die Pflanzen, mit denen sie vergesellschaftet sind, damit versorgen. Dazu gehören die Knöllchenbakterien der Hülsenfrüchte (Leguminosen) und eine Reihe weiterer Mikroben. Ihrer Tätigkeit ist es zuzuschreiben, daß es einen globalen Stickstoff-Kreislauf gibt, der ähnlich funktioniert wie die Kreisläufe von Wasser, Kohlendioxid oder Sauerstoff.

Viel seltener und im Vergleich zu den genannten Grundstoffen am wenigsten verfügbar ist hingegen der Phosphor. Wo immer es zu einer Anreicherung von Phosphorverbindungen (Phosphaten – PO_4) gekommen ist, nahm die Produktivität der grünen Pflanzen geradezu explosiv zu. Das zeigte sich in mit häuslichen Abwässern verschmutzten Seen und Fließgewässern. Die Verminderung des Phosphatgehaltes der Waschmittel stellte ein Kernstück der Abwasserreinigung und der Verbesserung der Wasserqualität dar. Die Ausfällung von Phosphaten gehört zur Grundausstattung moderner Abwasserreinigungsanlagen.

Was mit den Seen und Flüssen vor Jahrzehnten geschah, führt beispielhaft die Problematik von Überfluß und Mangel vor Augen. Das Zuviel an düngenden Stoffen, die mit dem Abwasser in die Gewässer gelangten, bewirkte so starke Veränderungen, daß sogar eigene Ausdrücke dafür geprägt worden sind: »Algenblüte« und »Umkippen«. Algenblüten haben nichts mit dem Blühen zu tun, sondern sie meinen die Massenentwicklungen von zumeist Blaugrünalgen (Cyanobakterien) oder Grünalgen, die nachts, wenn die Photosynthese nicht mehr läuft, so viel Sauerstoff im Wasser verbrauchen, daß er den Fischen und anderen Wassertieren zu knapp wird. Die Fische sterben in der Folge, wie es auch bei übermäßiger Einleitung von ungeklärten Abwässern der Fall ist, die in Flüssen und Seen Fäulnisvorgänge auslösen. Seen »kippten« dann um, was ausdrücken sollte, daß sie sich ziemlich schnell von einem Lebensraum sauberen Wassers und reicher Fischbestände in stinkende Kloaken verwandelten. Um dies zu verhindern und bei starker Verschmutzung eine Erholung der Gewässer zu ermöglichen, wurden aufwendige Kläranlagen und Abwasser-Ringkanalisationen gebaut, die mit hohen Unterhaltskosten weiterbetrieben werden, wie die Abwasserbescheide der Kommunen ausweisen.

Die weitaus größten Anteile der Wasserverschmutzung stellen die Verbindungen von Stickstoff und Phosphor dar, und nicht etwa der Kohlenstoff. Diesen bauen die Mikroben in den Gewässern sehr effizient ab, wenn das Angebot nicht dauerhaft übersteigert wird. Das geht aus einem Mengenverhältnis hervor, welches die biologisch-ökologischen Verhältnisse in den Gewässern charakterisiert und nach dem Amerikaner Redfield benannt ist. Der Phosphor ist demnach der begrenzende Stoff (Minimalfaktor), und auf diesen bezogen sehen die günstigsten Verhältnisse folgendermaßen aus:

106 C	:	16 N	:	1 P
Kohlenstoff		Stickstoff		Phosphor

Sobald Kohlenstoff oder Stickstoff von diesem Grundverhältnis abweichen, entsteht im Verhältnis zum Phosphor ein entsprechender Überschuß oder Mangel. Im Gewässer stellen die Kohlenstoff-Verbindungen, also die organischen Reststoffe, dasselbe dar, was auf dem Land der Humus ist. Der im Wasser »organischer Detritus« genannte »Humus« enthält auch reichlich Stickstoff- und Phosphor-Verbindungen. Sie werden erst im Verlauf des Abbaus durch Bakterien und Pilze freigesetzt und neu verfügbar, gerade so, wie das im Humus an Land geschieht. Die Zersetzung braucht Zeit und verursacht Zeitverzögerungen, die sich im Wasser um so stärker auswirken, je kälter es ist. Denn die Zersetzung verläuft temperaturabhängig. Bei 4 Grad Celsius hat Wasser die größte Dichte (»Schwere«) und sinkt daher in stehenden Gewässern (Seen) an den Gewässergrund. Im Winter und im Sommer schichtet sich darüber leichteres Wasser. Bei 4 Grad verläuft der Abbau aber um drei Viertel langsamer als bei 20 Grad. Auch an Land braucht der Humus Zeit, bis er von den Kleinstlebewesen so weit durchgearbeitet ist, daß er seine Nährstoffe freigibt. Im Boden ist es wie in den stehenden Gewässern um so kälter, je tiefer man gräbt.

Daher entscheidet oft nicht die absolut vorhandene Menge an Mineralstoffen darüber, wie gut und wie schnell das Wachstum der (Nutz-)Pflanzen abläuft, sondern wieviel während der kurzen Zeit des starken Wachstums zur Verfügung steht. Auf diese Weise kommt zur Einschränkung der Produktivität nach dem »Minimum-Gesetz« eine weitere Einschränkung durch die Zeit hinzu. Sollen Höchstleistungen erzielt werden, muß daher zwangsläufig das kurzfristig verfügbare Angebot dafür so hoch wie möglich gehalten werden. Das kann an Land nur durch Überdüngung gelingen, wachsen doch die Pflanzen nicht in einer geschlossenen Aquakultur, sondern in einem »System Boden«, das nach unten, ins Grundwasser, offen ist und beständig lösliche Nährstoffe durch Auswaschung verliert. Geringere Niederschläge vermindern die Verluste zwar, schlagen aber allzu schnell in die gegenteilige Wirkung um. Die Böden versalzen, weil nun durch die Verdunstung in feinsten Bodenspalten Wasser an die Oberfläche nachgesogen wird. Dabei fallen überschüssige Salze an, vor allem das sehr gut wasserlösliche Kochsalz. Aber kaum irgendwo auf der Erde gibt es ein Gebiet nennenswerter Größe, in dem sich Niederschlagsmenge und Verdunstungsverluste so genau – und das auch noch gerade zur richtigen Zeit des Pflanzenwachstums – ausgleichen, daß es weder zu Verlusten ins Grundwasser noch zur Versalzung des Bodens kommt.

Unter mitteleuropäischen Bedingungen treten Auswaschungsverluste in mehr oder weniger großem Umfang unvermeidbar auf. Deshalb muß nachgedüngt werden, und darum verarmten die Böden vor Einführung der künstlichen Düngung auch so stark, weil zum Ernteentzug auch noch die Verluste an Nährstoffen ins Grundwasser hinzugekommen waren. Das kurzzeitige Gleichgewicht im Übergang vom nährstoffarmen (oligotrophen) zum nährstoffreichen (eutrophen) Zustand ließ sich nicht halten. Realistische Alternativen sind nur Mangel oder Überfluß. Letzterer war für das Land und seine Produktion aus guten Gründen und nach früheren schmerzlichen Erfahrungen gewählt worden! Für die Gewässer hingegen wurde, wiederum aus guten Gründen und nach schmerzlichen Erfahrungen, der Mangel gewählt, den herzustellen und aufrechtzuerhalten ein hoher Aufwand betrieben wird.

In Mitteleuropa mit seinem ausgeglichenen Klima, den guten Böden und den reichlichen Niederschlägen sollte es jedoch weder Mangel noch Überfluß geben. Es gibt hier extreme Hitze und Trockenheit, auf die plötzliche Regenfluten wie im Monsunklima folgen, normalerweise nicht. Die Eiszeit hatte vor Zehntausenden von Jahren gute, ertragreiche Böden bereitet. Mangel stellt sich für die Bedürfnisse der Menschen eigentlich nur dann ein, wenn das Land übermäßig genutzt wird und ihm nicht die organischen Abfallstoffe wieder zurückgegeben werden, sondern den Flüssen, die diese ins Meer tragen. Gute Rückführung (Recycling) kann den Mangel mildern, wie nachhaltige Formen der Landbewirtschaftung jahrhundertelang bewiesen haben. Überfluß würde von Natur aus sicherlich auch nicht zustande kommen. Woher sollte er auch kommen?

Dennoch sind wir in kaum mehr als nur drei Jahrzehnten in eine solche Situation geraten. Das ganze Land ist überdüngt, während die Gewässer sauberer werden. Eine Quelle der Überschüsse wurde schon angesprochen: Verbrennung von Luftstickstoff bei hohen Temperaturen, wie sie in Heizkraftwerken und Motoren in hohen Drehzahlbereichen auftreten. 30 bis 50 kg Stickstoff pro Hektar und Jahr werden aus dieser Quelle unablässig übers gesamte Land verteilt. Das entspricht wie gesagt der Vollwertdüngung der ersten Hälfte des 20. Jahrhunderts. Doch sie kommt weitgehend zur falschen Zeit, denn die Heizkraftwerke laufen am intensivsten im Winter, wenn die Vegetation nicht wächst und keine Düngung braucht. Der Kraftfahrzeugverkehr hat Spitzen im Hochsommer, wenn ein Großteil des Wachsens vorüber ist. Auf die Wachstumsmonate Mai und Juni entfallen nur drei bis vier Kilogramm. Das fällt in der Tat kaum ins Gewicht und ist für die Landwirtschaft ohne Belang. Um so stärker zählt diese »Düngung aus der Luft« aber für Wälder, Trocken- und Magerrasen, Moore und Seen. Viele Naturschutzgebiete wachsen allzuschnell buchstäblich zu, weil unablässig gedüngt, aber nichts mehr geerntet wird. So geringfügig die Bedeutung dieser Düngung auch für die Landwirtschaft sein mag, so stark wirkt sie in der anderen Hälfte des Landes. Lediglich die Städte machen eine Ausnahme, weil durch den hohen Grad an Bodenversiegelung die Niederschläge schnell abfließen und nur zu einem geringen Teil in die offenen Bodenflächen eindringen können. Die Pflanzenwelt dort zeigt, daß sie weit weniger durch diese Art von Düngung belastet ist als draußen auf dem Land.

Geht man auf den 55% landwirtschaftlich genutzter Landesfläche von einer Düngermenge aus, die gegenwärtig im Durchschnitt bei gut 200 Kilogramm Stickstoff pro Hektar und Jahr liegt, so stellt sich die Frage, woher diese nun kommt. Mineraldünger macht nur wenig mehr als die Hälfte davon aus; in großen Gebietsteilen sogar erheblich weniger. Organischer Dünger liefert also bis zu 100 Kilogramm Stickstoff. »Dung« war früher Mist und ist heute in ganz überwiegendem Maße Gülle, also das, was die Tiere wieder von sich geben. Recycling ist das aber nicht, wie sich aus den Angaben und Kalkulationen in den ersten drei Kapiteln ergibt. Die »Super-Serengeti« Deutschland kann ihren Tierbestand selbst nicht ernähren. Sie importiert in gewaltigen Mengen Futtermittel. Sie steckt fast die Hälfte der Getreideproduktion in die Bereitstellung von Tierfutter, also fließt ein Teil des Mineraldüngers über den Umweg der Pflanzenproduktion zu den Tieren in die Ställe und als Gülle über das Land. Und er kommt als »Dünger aus der Luft« zurück, weil Ammoniak (NH_3) der Gülle und den Ställen entweicht, der vom Niederschlag aufgenommen und gelöst wird, um schließlich in Form von Ammonium gleichfalls zu düngen. Die Gesamtmengen lassen sich besser im Vergleich verstehen: Die landwirtschaftliche Viehhaltung erzeugt wenigstens dreimal soviel Abwasser als alle 82 Millionen Menschen in Deutschland.

Die Hauptquelle der Überdüngung ist also nicht die Getreideproduktion mit Einsatz von Mineraldünger, sondern die Abwasserproduktion der Tierhaltung. Diese fällt das ganze Jahr über an, während sich der Mineraldüngereinsatz effizient auf die Zeit kurz vor Beginn und in den Wochen des starken Wachstums konzentriert. Ginge das bei der Gülle auch, könnte sie den Mineraldünger sogar weitgehend ersetzen, aber Gülle gibt es nicht nur zwischen Mai und Juli.

Damit werden die importierten Futtermittel ganz klar zur Hauptquelle der generellen Überdüngung und Belastung von Böden, Grundwasser, Flüssen und Seen. Der importierte Überschuß kann längst nicht mehr verkraftet und abgebaut werden. Abwasser aus Südamerika fließt über Deutschland, könnte man verkürzt und überspitzt die Lage charakterisieren. Gleichzeitig verschlingt dieser transkontinentale Fluß von Stoffen riesige Mengen an Energie. In der mitteleuropäischen Landwirtschaft wird pro Kopf mehr als dreimal soviel Energie verbraucht wie vom großen Rest der Bevölkerung. Dabei sind davon nur die direkt eingesetzten Energiemengen zur Erzeugung und nicht die indirekten für die schier unglaublichen Transportwege erfaßt, die Zwischenprodukte zurücklegen – mit gravierenden Folgen für Deutschland, Europa und die Welt.

11. Globalisierung und Tropenwelt

Stärker als die Stabilisierung des Klimas hatte der Erdgipfel von Rio 1992 die Erhaltung der Vielfalt des Lebens auf der Erde in den Brennpunkt gerückt und zur Hauptaufgabe für das kommende Jahrhundert gemacht. Zu machen versucht, muß man inzwischen sagen, denn das Vorhaben ließ sich nicht einmal in so reichen Ländern wie Deutschland umsetzen. Die Artenvielfalt schwindet selbst hierzulande weiter, das zeigen die Roten Listen der gefährdeten Arten und viele Untersuchungen im letzten Jahrzehnt. Weil gesellschaftspolitisch ein Hektar hochsubventionierter Maisacker mehr bedeutet als der artenreiche Auwald, der dafür gerodet wurde. Mit welcher Berechtigung erwarten wir Deutsche, die wir die Ausschöpfung der letzten Landreserven für die agrarische Produktion wirklich nicht nötig haben, entsprechendes Wohlverhalten von den armen Ländern der Tropen und Subtropen? Länder, in denen noch weithin Hunger herrscht, brauchen neues Land, um Nahrung produzieren zu können und um weniger abhängig zu werden von den Almosen der Ersten Welt, die man Entwicklungshilfe nennt und dort entsprechend »abschreibt«. Was geht es uns reiche Europäer an, wie die anderen, die Armen, ihr Land nutzen? Unsere Vorfahren fragten auch nicht in der Welt nach, ob es richtig und zulässig ist, die Wälder zu roden, um Ackerland oder Weiden zu gewinnen. Sie fragten nicht nach den Folgen für die Nachbarn und für die Zukunft. Sie taten, was in aller Regel nötig war, weil sie keine andere Möglichkeit zum Überleben hatten. Haben wir Europäer also heutzutage ein »moralisches Recht«, über die Tropenwelt oder über die schier endlosen Wälder Nordasiens zu befinden, nur weil unsere Zivilisation »höher entwickelt« ist?

Eine andere, subtilere Form von Kolonialismus versuchten Nordamerika, Europa und Japan auszuüben, wird der »globalen Sicht und Verantwortung« vorgehalten. Der Nachfolgeprozeß von Rio schleppt sich nur zögernd dahin oder will überhaupt nicht recht in Gang kommen, außer in ein paar kleinen Musterländern wie Costa Rica.

Woran liegt das? Warum sorgen sich gerade die Europäer und speziell die Deutschen so sehr um die Artenvielfalt der Erde und wollen

Vorreiter in Sachen Klimaschutz sein? Zwei handfeste Gründe lassen sich finden: Deutschland braucht als Exportland kaufkräftige Märkte in der Dritten Welt; und dieses Land hat wie ein Großteil der EU-Mitglieder allen Grund, ein ausgesprochen schlechtes Gewissen der Dritten Welt gegenüber zu haben. Nicht wegen kolonialer Ausbeutung in der Vergangenheit, sondern wegen neokolonialer Ausbeutung in der Gegenwart. Denn auch die (Welt-)Wirtschaft funktioniert, so wie sie konzipiert ist, nur aus Ungleichgewichten heraus.

So ist das in ökologischen Systemen, und nicht viel anders verhält es sich mit den Systemen der Wirtschaft. Ökologie und Ökonomie tragen nicht ohne Grund fast denselben Namen. Der weltbekannte amerikanische Ökologe Robert E. Ricklefs nannte eines seiner Lehrbücher sehr zutreffend *Ökonomie der Natur*.

Ökosysteme, so wie sie die Ökologie festlegt, stellen Ausschnitte aus der Natur dar, in denen Stoff(-Material-)umsetzungen und Energieflüsse behandelt werden. Die Vielfalt der Arten von Lebewesen entspricht darin der Diversität von ökonomischen Rollen und Funktionen und ist damit den Berufen, Firmen und Funktionseinheiten in ökonomischen Systemen vergleichbar. Hier wie dort bedeutet Massenproduktion Vereinfachung, gepaart mit erhöhtem Umsatz von Material und Energie. Landwirtschaftliche Nutzungs- und Produktionssysteme zeigen mit ihren Monokulturen und dem hohen Einsatz von Maschinen, Energie und (Dünge-)Stoffen ganz unmittelbar die Umwandlung eines natürlicherweise diversen, wenig oder keinen Überschuß produzierenden Systems zu einem Hochleistungssystem. Dem produzierten Überschuß entspricht jedoch unweigerlich ein entsprechender Abfall. Doch anders als die Natur verstehen es die Hochleistungssysteme der Agrarwirtschaft (noch?) nicht, mit den Abfällen umzugehen und sie als Rohstoffe für neue Produktion oder für andere nützliche Zwecke zu verwerten. Sie erzeugen, um es plakativ auszudrücken, nicht neuen Humus, sondern Belastungen für Natur und Menschen.

Die modernen Agrarsysteme entstanden in den Breiten gemäßigten Klimas der Nordhemisphäre. Sie sind insgesamt maximal 10.000 Jahre alt, also »sehr jung«, verglichen mit den Ökosystemen der Natur. Aber in ihrer Hochleistungsform gibt es sie erst seit weniger als einem Hundertstel dieser Zeitspanne. Es mangelt den Systembeteiligten daher an ausreichend langen Erfahrungen, und für die Natur stellt das hochproduktive Agro-Ökosystem etwas ganz Neues dar. Wirksame Regelungsmechanismen sind daher kaum zu erwarten.

Diese modernen Agrarsysteme wurden nicht nur unter den besonderen Klimaverhältnissen der nördlichen gemäßigten Breiten entwickelt, sondern sie existieren dort auch auf einem buchstäblich besonderen Boden. Auf Böden nämlich, die von den Wirkungen der Eiszeit geformt worden waren und von dieser ihre Struktur und ihre Fruchtbarkeit erhielten. Sie sind erdgeschichtlich »jung«, nur wenig älter als die Erfindung der Landwirtschaft selbst. Vor 10.000 bis 12.000 Jahren ging die letzte Eiszeit zu Ende, und eine neue Zwischeneiszeit fing an – unsere Zeit. Die Eiszeit hatte viele Arten von Tieren und Pflanzen verdrängt oder aussterben lassen, als sich die Eispanzer ausbreiteten und das Zehntausende von Jahren andauernde Kaltzeitklima herrschte. Die nacheiszeitliche Wiederbesiedelung gelang vergleichsweise wenigen Arten. Daher gilt Europa auch als an Arten »verarmt«. Um so besser konnten die Neuankömmlinge nach dem Zurückweichen des Eises aber die freien und sehr fruchtbaren Flächen besiedeln. Die natürlichen Bedingungen boten großflächig die Möglichkeit zur Entwicklung von »Reinbeständen« an Bäumen oder Gräsern. Auch natürliche Buchen- oder Fichtenwälder sind artenarm, verglichen etwa mit den Auwäldern oder den Wäldern der Tropen. In den Steppen als natürlichem Grasland konnten einige wenige Pflanzenarten die Vegetation dominieren und charakterisieren. Solche Ausgangsbedingungen waren günstig für die noch viel weitergehende Vereinheitlichung, wie sie die Landwirtschaft anstrebte, um die Produktion zu steigern. Der Hintergrund ist einfach und erfolgreich: Je weniger an Nährstoffen für andere Pflanzen als die gewünschten verlorengeht und je weniger Raum die Konkurrenz einnimmt, um so mehr werden die Zielarten produzieren. Das läßt sich auf die Formel bringen: Die Verminderung der Diversität steigert entsprechend die Produktivität.

Ganz anders verhält es sich jedoch in den Tropen und Subtropen. Dort ist die Vielfalt von Natur aus viel größer als in außertropischen Regionen, und um den Äquator erreicht das Leben seine größte Vielfalt. Die Regenwälder der Tropen gelten als die mit Abstand artenreichsten Großlebensräume der Erde. Ein einziger Quadratkilometer Tropenwald kann mehr Arten von Bäumen enthalten, als in ganz Deutschland zu finden sind. Bei kleineren und kleinen Lebe-

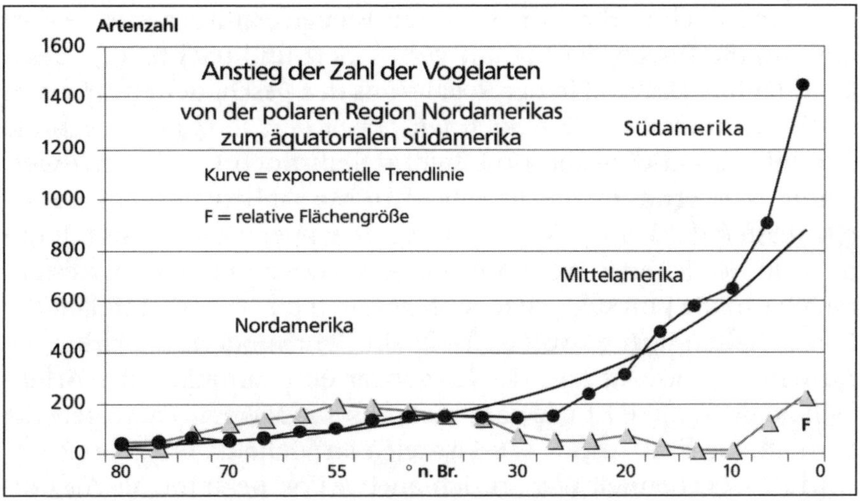

Abbildung 15: Zu den Tropen hin, äquatorwärts, steigen die Artenzahlen stark an, wie das Beispiel der Vögel in einem Längsschnitt durch Nord-, Mittel- und das nördliche Südamerika zeigt. Die tatsächliche Zunahme des Artenreichtums folgt in Mittelamerika nicht mehr der Größe der Landflächen, die dort auf eine schmale Landbrücke zwischen Nord- und Südamerika zusammenschrumpfen. Kleine Länder wie Panama und Costa Rica sind weitaus artenreicher als die USA und Kanada. (Quelle: Reichholf 1990b, verändert)

wesen kann man gegenwärtig noch immer nur schätzen, wie viele verschiedene Arten überhaupt existieren. Die Werte weichen dabei massiv voneinander ab. Sie reichen von wenigstens 5 Millionen verschiedener Arten von Lebewesen bis hin zu etwa 100 Millionen. Nur wenige Teilbereiche der gesamten Artenvielfalt sind so gut erforscht, daß man heute davon ausgehen kann, das Artenspektrum sei im wesentlichen bekannt. So verhält es sich zum Beispiel mit den gut 9.000 Arten von Vögeln. Abbildung 15 zeigt für Amerika, wie die Artenzahlen der Vögel vom nördlichen Nordamerika über Mittelamerika nach Südamerika zum Äquator hin stark ansteigen. Das kleine Costa Rica, das nicht einmal so groß ist wie Bayern, weist mehr Vogelarten auf als die riesige Kontinentalfläche Nordamerikas. In diesen Dimensionen verläuft die Zunahme der Artenvielfalt zu den Tropen hin bei den meisten Gruppen von Lebewesen, ob es sich um Bäume oder Ameisen, um Schmetterlinge oder Kriechtiere handelt. Am größten fallen die Unterschiede zwischen der Tropenwelt und außertropischen Breiten natürlicherweise dort aus, wo die Eiszeit die Vielfalt vermindert und nachhaltig beeinträchtigt hat. Das sind in der Regel – aus den geschilderten Gründen der Bodenfruchtbarkeit – auch jene Regionen, in denen durch die Landwirtschaft die schon mäßige Vielfalt noch weiter verringert wurde. Wie etwa im »Corn belt«, dem Maisanbaugürtel im Mittleren Westen der USA, oder in den Agrarsteppen Osteuropas (Ukraine) und Nordchinas. Die Problematik wurde in Mittel- und Westeuropa bis in die jüngste Vergangenheit durch die Kleinräumigkeit der Landschaften abgeschwächt. Über die Jahrhunderte bewirkte die Ausbeutung des Agrarlandes hier sogar eine Zunahme der Artenvielfalt, denn diese ist wie dargestellt um so größer, je »magerer« die Verhältnisse sind. Armes Land ist reich an Vielfalt!

Diese Gegebenheit war an sich auch schon bekannt, als Alexander von Humboldt zu Beginn des 19. Jahrhunderts (1799–1804) zusammen mit dem französischen Botaniker Aimé Bonpland seine berühmte südamerikanische Reise durchführte. Die Fülle der Natur des tropischen Regenwaldes im nördlichen Südamerika, in die beide bis an die Flußverbindung zwischen Orinoco und Amazonas vorgedrungen waren, beeindruckte sie so sehr, daß Humboldt für die folgenden eineinhalb Jahrhunderte in Europa wie in Amerika die Vorstellung prägte, in den Tropen würde die Lebensfülle regelrecht überquellen. Humboldt selbst meinte, die riesigen Regenwälder Amazoniens seien die letzten großen erschließbaren Landreserven, die der Menschheit noch zur Verfügung stünden – ein folgenschwerer Irrtum des großen Naturforschers.

Was Alexander von Humboldt vor zwei Jahrhunderten tatsächlich noch nicht wußte und auch nach dem damaligen Forschungsstand nicht wissen konnte, das waren die beiden Grundkennzeichen des amazonischen Regenwaldes (und der meisten anderen tropischen Regenwälder weltweit): Sie wachsen auf sehr armen oder sogar äußerst unfruchtbaren Böden, und sie produzieren keine Überschüsse. Die Pflanzennährstoffe bewegen sich in fast geschlossenen Kreisläufen. Aus ihnen geht so wenig verloren, daß das Wasser, welches über die Bäche die amazonischen Wälder verläßt, reiner ist an gelösten Mineralstoffen als der Regen, der auf die Baumkronen niedergeht. Die Böden, oft weitflächig und tiefgründig aus Sand (Quarz) oder Kaolinit (Aluminiumoxide und Alumosilikate) bestehend, liefern kaum noch Pflanzennährstoffe durch Verwitterung nach. Über die Jahrmillionen hinweg, in denen sie den tropischen Niederschlagsmengen von mehreren Metern pro Jahr ausgesetzt waren, wurden die Böden ausgewaschen. Nur ein äußerst feines Flechtwerk von Wurzeln der Bäume und noch viel feineren Fäden der Pilze, mit denen die Bäume in Symbiose leben, verhindert, daß Nährstoffe wie Phosphate, Kalium und Magnesium mit dem Regen ausgewaschen werden. Sie kommen, wie auch das Kalzium, über den Luftweg aus der fernen Sahara. Staubstürme, die dort toben, wirbeln sie in feinen Wolken hoch. Das Windsystem des Passats erfaßt sie und transportiert sie über den Südatlantik nach Amazonien hinein. Messungen ergaben, daß der Zustrom aus der Sahara tatsächlich den Bedarf des riesigen Regenwaldes deckt und die unvermeidbaren Verluste ausgleicht. Was für Mitteleuropäer nördlich der Alpen ein seltenes Ereignis darstellt, das unter Umständen, wie im Februar 2004 in Südbayern, Besorgnis erregt, weil schwefelgelbe Wolken von Süden her kommen und danach feinster Staub gelblicher oder rötlicher Tönung alles bedeckt, gehört zur Grundversorgung des amazonischen Regenwaldes, der sich umfassend aus der Luft ernährt. Aus der Luft entnehmen die Bäume das Kohlendioxid, aus den Wolken kommt das Wasser, und mit den Winden und Wolken treffen auch die Mineralstoffe ein, die wir als »Mineraldünger« bezeichnen würden. Die vielen Blitze aus den nahezu täglichen Tropengewittern liefern den gleichfalls raren Stickstoff in Form von Stickoxiden (NO_x). Eine solche Art von Sprühdüngung wirkt jedoch nur, wenn der Wald als Ganzes wie ein Filter alles aufnimmt. Die »Aufsitzerpflanzen«, die Epiphyten, führen vor, wie das geht. Sie sammeln Wasser und die darin gelösten Nährstoffe in trichterartigen Blattstrukturen oder entnehmen die Feuchtigkeit mit besonderen Luftwurzeln, wie das viele Orchideen machen. Sie benötigen keinerlei Bodenkontakt, was hinlänglich beweist, daß sie über den Luftweg voll und ganz versorgt werden. Wenn ihre Biomasse in Tropenwaldgebieten ähnlich viel ausmacht wie die der Bäume selbst beziehungsweise ihrer »lebendigen Teile« (Blätter, Rinde), dann muß die Luftversorgung gut sein. Sie funktioniert jedoch nur dann, wenn auch genug Regen fällt, der gefiltert werden kann. Deshalb begrenzt nicht die Temperatur die Verbreitung der Tropischen Regenwälder, sondern der Niederschlag. Rund zwei Meter sind in der Regel notwendig, drei bis dreieinhalb Meter sind besser, aber es kommt tatsächlich bis zu über zehn Meter Niederschlag pro Jahr.

Die andere grundlegend wichtige Gegebenheit, von der Alexander von Humboldt ebenfalls noch nichts wußte, war, daß solche Wälder (auch die borealen Nadelwälder der Taiga sind in dieser Hinsicht nicht anders zu bewerten) keine Überschüsse liefern. Und zwar deshalb nicht, weil sie längst »ausgewachsen« sind. Was sie pro Jahr aufbauen, wird auch wieder abgebaut. Die Regenwälder der Tropen wälzen daher zwar Luft um, vermindern aber weder den CO_2-Gehalt der Luft, noch liefern sie Sauerstoff. Das geschieht nur, wenn Bäume und Wälder wachsen. Die Photosynthesegleichung (Seite 76) zeigt dies ganz deutlich. Nur wachsende Vegetation bindet Kohlendioxid und erzeugt Sauerstoff, Wälder im Gleichgewicht dagegen können das nicht. Sie liefern auch keine anderen Überschüsse, die sich ernten ließen. Die einzige Ausnahme bilden solche Inhaltsstoffe der Pflanzen, die zwar auch aus der Photosynthese stammen, aber eine besondere Funktion haben. Ihre Herstellung kostet Energie. Sie wird dem Sonnenlicht entnommen, und mit aufwendigen chemischen Vorgängen lassen die Bäume unter der Tropensonne gleichsam die Photosynthese »laufen«, weil sie das Licht nicht »abschalten« können. Sie erzeugen dann chemisch und energetisch sehr aufwendige Stoffe (Phenole, Harze, Milchsaft oder ätherische Öle), von denen manche, wie die ätherischen Öle, wieder direkt an die Atmosphäre abgegeben werden können. Diese Stoffe schützen vor allzustarkem Tierfraß, vor dem Angriff durch Bakterien oder vor zerstörerischen Pilzen, die in der Dauerfeuchte und Dauerwärme der tropischen Regenwälder ausgezeichnet gedeihen. Eiweiß- und phosphatreiche Stoffe, die den Tieren und dem Menschen als Nahrung dienen könnten, stellen die Bäume jedoch nur in geringen Mengen her. Das meiste davon soll und muß in ihre eigene Fortpflanzung investiert werden, in die Samen und Früchte also, die daher auch die wichtigste Nahrungsquelle für das Tierleben in den Tropenwäldern darstellen. Die häufigsten (und zerstörerischsten) Tiere des tropischen Regenwaldes in Südamerika sind aber nicht Vögel oder Affen, die sich von Samen und Früchten ernähren, sondern Termiten und Ameisen, speziell die in riesigen Kolonien lebenden und in Pflanzungen sehr gefürchteten Blattschneiderameisen. Diese ernähren sich nicht direkt von der Vegetation, sondern indirekt über die unterirdische Anlage von Pilzgärten, in denen sie so etwas wie Miniatur-Champignons züchten. Großtermiten ernähren sich ähnlich von Holz und Zellulose, die Bakterien, die in ihrem Körper leben, verdauen und zu Mikrobeneiweiß »veredeln«. Beide Tiergruppen, die Ameisen und die Termiten, stellen in den meisten Regenwäldern der Tropen über die Hälfte des gesamten Lebendgewichts der Tiere. Die größeren Tiere, die bunte Fülle der Vögel, die munteren Affen oder die herrlichen Schmetterlinge bringen es nur auf geringe Anteile am Gesamtspektrum der Tierwelt. Die tropischen Regenwälder wirken daher fast immer recht tierarm. In Amazonien stehen dem Lebendgewicht des Waldes von rund 1.000 Tonnen je Hektar nur etwa 130 bis 180 Kilogramm Tiergewicht auf derselben Fläche gegenüber. Das zeigt, in welch geringem Maße die Pflanzenmasse des Tropenwaldes für Tiere (und Menschen) nutzbar ist. Anteile im Bereich von Zehntelprozent (Promille) von Tierleben (nach Lebendgewicht) im Vergleich zur Pflanzenmasse zeigen an, daß nicht mehr vom Wald zu ernten ist! Das bedeutet, daß die Tiere in den Tropenwäldern selten bis sehr selten sein müssen und daß in dieser Hinsicht offenbar ganz andere Verhältnisse als etwa hier in Europa herrschen.

Über ein Jahrhundert nach Alexander von Humboldt, ab etwa den 1930er Jahren, unternahmen kapitalkräftige nordamerikanische Unternehmen die ersten Versuche einer großflächigen wirtschaftlichen Erschließung dieser, wie man immer noch glaubte, »letzten Reserven« fruchtbaren Landes der Erde. Der Detroiter Autoproduzent Henry Ford errichtete in Brasilien »Fordlandia« als eine moderne Superfarm – und scheiterte an der Unergiebigkeit der Böden ebenso wie ein knappes halbes Jahrhundert später das noch gigantischere Projekt des Milliardärs Ludwig nördlich des unteren Amazonas. Dort sollten mit der neuesten Technologie schnellwüchsige *Gmelina*-Hölzer und Kariben-Kiefern *(Pinus caribea)* in riesigen Plantagen Zellstoff für die Papierindustrie der Welt erzeugen. Dieses als »Jarí«-Projekt bekannt gewordene Unternehmen mußte gleichfalls wegen der schlechten Böden Amazoniens aufgegeben werden. Zuvor war schon kurz nach Beginn des 20. Jahrhunderts der Gummiboom Oberamazoniens zusammengebrochen, weil das Saatgut des Gummi-Baums *(Hevea brasiliensis)* aus dem Land geschmuggelt worden war. In Südostasien gelang es, auf sehr viel besseren Böden große und leistungsstarke Gummibaum-Plantagen anzulegen. Die jahrzehntelang blühende »Urwaldmetropole« Manaus im Zentrum Amazoniens verging mit dem Ende des Gummi-Booms, bis ihr als spezielle brasilianische Freihandelszone in jüngster Zeit ein neuer Boom zuteil wurde. Es sah also nicht gut aus mit der Umwandlung des tropischen Regenwaldes in ertragreiche Forste. Die mäßige Nutzung der vorhandenen Edelhölzer brachte mehr ein, auch wenn die Wege über die Flüsse lang und die Transporte zeitraubend waren. Fast 500 Jahre blieben die größten Tropenwälder der Erde in Amazonien nach Maßstäben der Europäer ungenutzt, weil nur »ein paar Waldindianer« darin überleben konnten. Auf »primitivster Stufe« zwar als »nackte Wilde«, wie man in Europa meinte, aber immer noch besser lebend als die armen Mischlinge europäischer Abkunft, die als sogenannte »Caboclos« an den Flüssen und an den Rändern des Regenwaldes mehr vegetierten als lebten.

Dann aber brachte die mit Benzin betriebene Handmotorsäge die große Wende. Der Wald konnte nun regelrecht niedergemacht werden, weil fremde Energie die Muskelkraft ersetzte. Die Motorsäge wurde in kurzer Zeit zum Symbol der Herrschaft über den Wald und zum Zeichen seiner Vernichtung. Bereits Mitte der 1980er Jahre wurden die ersten großflächigen Rodungen sichtbar und bedeutsam. Die Ränder Amazoniens, vor allem im Bereich des Staatsgebietes von Brasilien, fingen an zu brennen. In wenigen Jahren schob sich die »Pampa«, das südamerikanische Grasland, in die Waldzone vor, fraß sich wie eine Amöbe hinein und schlug immer größere Lücken in den noch zwei Jahrzehnte zuvor geschlossenen Wald.

12. Vernichtung der Biodiversität

Die Vernichtung der Regenwälder in den Tropen, insbesondere auch der südamerikanischen, ist vielfach beschrieben worden (Hartmann 1989, Lamprecht 1986, Reichholf 1990b, Whitmore &

Sayer 1992, um nur einige zu nennen). Es ist hier weder der Ort noch der geeignete Zusammenhang, darauf umfassender einzugehen. Vielmehr sollen einige Kernbereiche herausgegriffen werden, die sich auf die Vielfalt des Lebens in den Tropenwäldern selbst und die Folgen ihrer Vernichtung beziehen. Es soll aber auch die Frage aufgeworfen werden, ob das alles unvermeidbare Folge der Bevölkerungsexplosion der Menschheit ist.

»Jede Stunde verschwindet eine Art.« Diese Nachricht verbreitete das deutsche WWF-Informationsblatt (WWF: World Wide Fund for Nature) im Oktober 1993. Und es erläuterte dazu: »Vielleicht war es gerade dieser Frosch? Oder das unbekannte Pflänzchen, das den lebensrettenden Wirkstoff gegen AIDS enthielt? Vielleicht aber auch ein scheinbar nutzloser tropischer Rüsselkäfer? Oder ein Schmetterling?«

Die Fragezeichen drücken mehr aus als die bloßen Fragen. Sie verweisen auf die unzureichenden Kenntnisse vom Artenreichtum der Erde und speziell der Tropenwälder. Auch jetzt, mehr als ein Jahrzehnt nach dieser Warnung, hat sich am Kenntnisstand wenig geändert. Bis zum Jahre 1980, als die Vernichtung der Tropenwälder offenkundig wurde, waren etwa 1,5 Millionen verschiedener Arten von Tieren und Pflanzen wissenschaftlich erfaßt und beschrieben. Damals schätzten die Forscher, daß es vielleicht doppelt so viele Arten geben könnte, also ungefähr drei Millionen. Tabelle 12 enthält die damalige Kalkulation.

Untersuchungen im Kronendach der tropischen Regenwälder zeigten jedoch in den 1980er Jahren, daß dort oben, in schwindelnder und nur schwer erreichbarer Höhe, weitaus mehr Arten leben als angenommen. Einer der ersten, der diese Welt in den Baumkronen genauer zu erforschen versuchte, war der amerikanische Ökologe und Insektenforscher Terry Erwin. Im Regenwald von Panama fand er in den Kronen der Urwaldbaumart *Luehea seemanni* über 1.100 verschiedene Arten von Käfern, von denen 160 auf diese Baumart spezialisiert sind. Käfer stellen rund 40% der Insektenvielfalt, und so rechnete Erwin mit allein rund 400 Insektenarten, die auf diesen Baum spezialisiert sind. Aber es müssen insgesamt mehr sein, meinte er, denn nur etwa zwei Drittel der Insektenarten leben in Baumkronen. Also sollten auf *Luehea seemanni* spezialisiert etwa 600 Insektenarten vorkommen. Da es nun aber in den Tropenwäl-

Säugetiere *(Mammalia)*	4.000
Vögel *(Aves)*	9.000
Kriechtiere *(Reptilia)*	3.500
Frösche, Molche, Salamander *(Amphibia)*	3.000
Fische *(Pisces)*	25.000
Wirbeltiere *(Vertebrata)* insgesamt	50.000
Weichtiere (Schnecken, Muscheln, Tintenfische)	100.000
Insekten	1.200.000
Andere Tiere (geschätzt)	250.000
Pflanzen	240.000

Insgesamt: 1, 9 bis 2 Millionen;
eventuell 1 Million Insektenarten zusätzlich
➔ 2–3 Millionen Arten

Tabelle 12: Erfaßte und geschätzte Zahl der Arten global. (Quelle: Flindt 1985, Dobson 1997)

dern insgesamt wenigstens 50.000 verschiedene Arten von Bäumen und Holzgewächsen gibt, sollte es global nicht nur 1,5 Millionen oder auch doppelt so viele Insektenarten geben, sondern 30 Millionen (50.000 mal 600).

Dobson (1997) nahm unter dem Eindruck der neuen, auf Satellitenaufnahmen gestützten Feststellungen zum Ausmaß der Vernichtung der Tropenwälder an, daß pro Jahr etwa 300 Arten von Bäumen verlorengehen. Sollte diese Annahme zutreffen, dann beliefe sich der Artenschwund nicht wie vom WWF errechnet auf eine Art pro Stunde oder 24 Arten pro Tag, sondern auf täglich 500 Arten oder 180.000 Jahr für Jahr – mit steigender Tendenz, weil gerade für die besonders artenreichen Regenwälder Amazoniens und Südostasiens die größten Vernichtungsraten festzustellen sind. Selbst wenn die gemäßigte Annahme des WWF zugrunde gelegt wird, die nur von einem Zwanzigstel der Baumarten ausgeht, die Jahr um Jahr verlorengehen, würde das die Größenordnung von »jede Stunde eine Art« erreichen. Viele Biologen und Naturschützer teilen daher die Ansicht, daß auf der Erde gegenwärtig ein beispielloses Massensterben von Lebensvielfalt stattfindet, das in der Auswirkung den

Einschlägen von Riesenmeteoriten in ferner Vergangenheit vergleichbar wäre. Vor gut 65 Millionen Jahren starben zum Beispiel die Dinosaurier aus, weil wahrscheinlich ein im Durchmesser mehr als 10 km großer Meteorit die Erde getroffen hatte.

Die Erde – ein »Todesstern«? Diese Vorstellung hat mehr Brisanz als die Erkenntnis, daß wir Menschen aus dem Lebensstrom der Erde, der Evolution, hervorgegangen sind und daß in unserem Erbgut nachweislich die Vergangenheit der Entwicklungsstufen des Lebens steckt. Der Mensch kam nicht von einem fremden Stern, sondern wurde von dieser Erde hervorgebracht, deren Lebensfülle er nun im Begriff ist zu vernichten. Raup (1991) diskutiert als Paläontologe dieses nicht unwahrscheinliche Einwirken des Menschen auf die Erde und den weiteren Weg des Lebens. Sein Vergleich mit »Nemesis«, dem Todesstern, klingt jedoch sehr übertrieben. Aber ist ein Massensterben von Arten in unserer Gegenwart damit abzutun, daß man über aussterbende Arten, die man gar nicht kennt und deren Vorhandensein nicht zu beweisen ist, besser schweigen sollte, um seriös zu bleiben?

Prognosen und Projektionen gibt es allenthalben, und ihnen wird ohne kritische Überprüfung weithin geglaubt, zumal wenn sie Schlimmes verkünden. Trifft dieses dann doch nicht ein, schweigt man still darüber. Besser zuviel Bedrohliches an die Wand malen, als mögliche Gefahren verharmlosen, so meinen auch viele Fachleute sich verhalten zu müssen, um Verantwortungsbewußtsein zu zeigen. Falsche Propheten hatten es zu allen Zeiten leicht. Unsere Zeit bildet da keine Ausnahme (Reichholf 2002). Doch anders als bei nicht überprüfbaren Prophezeiungen, die sich erst weit in der Zukunft bewahrheiten sollen, gibt es zum Ausmaß der Vernichtung der Tropenwälder verläßliche Satellitenmessungen. Sie erlauben es keinem Staat mehr zu verheimlichen, was mit dem Land gemacht wird. Daher können sich die Hochrechnungen zum wahrscheinlichen und möglichen Artenreichtum der Erde auf die unabhängigen Befunde zur Vernichtung der Tropenwälder und anderer naturnaher, artenreicher Gebiete der Erde stützen.

Es muß auch nicht mehr nach »Zahl der Brände« wie in den 1980er Jahren aufsummiert werden, welche Flächen betroffen (gewesen) sein könnten, weil den Satellitenbildern direkt entnommen werden kann, wo wieviel abgeholzt oder abgebrannt worden

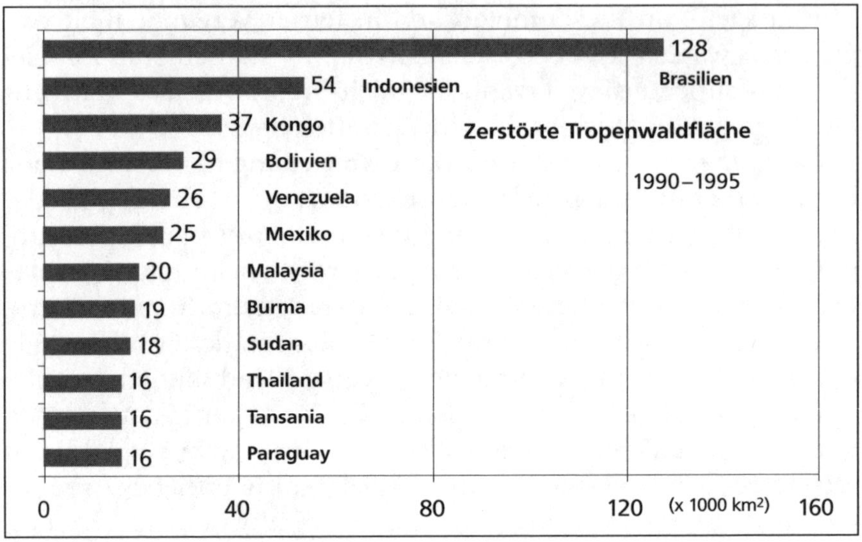

Abbildung 16: Die 12 Länder mit den größten durch Brandrodung und Abholzung zerstörten Flächen (km²) an Tropenwald nach Auswertungen von Satellitenbildern für die Zeitspanne von 1990 bis 1995.
(Quelle: Umweltstiftung WWF Deutschland)

ist. Für die erste Hälfte der 1990er Jahre, als die Entwicklung einem Höhepunkt zustrebte, weil nach dem Umweltgipfel von Rio 1992 in vielen Staaten befürchtet worden war, es käme nun doch womöglich zu echten Maßnahmen und es bliebe nicht nur bei Absichtserklärungen, gibt Abbildung 16 Aufschluß über das Ausmaß der Tropenwaldvernichtung. Sie enthält die Befunde für die zwölf am stärksten betroffenen Staaten. Zusammengenommen wurden global zwischen 1990 und 1995 tropische Waldflächen von mehr als der Größe Deutschlands und Österreichs vernichtet. Allein für Brasilien wurde mit 128.000 Quadratkilometern ein Gebiet mit der Ausdehnung der deutschen Bundesländer Hessen, Baden-Württemberg und Bayern ermittelt, das mehr als die Waldfläche von ganz Deutschland ausmacht. Nun ist zwar Brasilien mit über 8,5 Millionen Quadratkilometern als fünftgrößtes Land der Erde rund 24mal so groß wie Deutschland (Nummer 61 im globalen Größenvergleich mit 357.000 km²), aber nur doppelt so groß nach der Zahl der Menschen (161 Millionen 1996). Dies nährt Zweifel, ob Brasilien tatsächlich dem

Urwald so viel neues Land abringen mußte, um Raum für die wachsende Bevölkerung zu schaffen. Doch die genauere Betrachtung dieser Frage wird Gegenstand des übernächsten Kapitels sein.

Hier ist zusammenfassend festzuhalten, daß tatsächlich beträchtliche, eigentlich kaum vorstellbar große Flächen an Tropenwäldern in den letzten Jahrzehnten vernichtet und in andere Landnutzungsformen überführt wurden. Die Hauptbereiche waren und sind die zugleich besonders artenreichen Regionen der Erde: Amazonien und die südostasiatische Inselwelt (Abbildung 16): Brasilien, Bolivien, Venezuela und Paraguay (Peru würde unmittelbar an die Reihung dieser zwölf Länder mit Tropenwaldvernichtung anschließen!) bilden den einen großen Block mit zusammen rund 200.000 km² (= 49,5 %), Indonesien, Malaysia, Burma und Thailand mit knapp 110.000 km² (= 27,2 %) den zweiten, südostasiatischen Block, während Afrika mit gut 70.000 km² (= 17,5 %) an dritter Stelle folgt. Da Mexiko mit der tropischen Regenwald tragenden großen Halbinsel Yukatan eigentlich auch zum von der amazonischen Artenvielfalt geprägten Block der sogenannten Neotropis zu rechnen wäre, macht der gesamte Block gute 50 % aus. All diese Länder und Gebiete ragen aus der übrigen Tropenwelt durch besonders hohen Artenreichtum hervor. An der Spitze liegt bei Vögeln und anderen Wirbeltieren Indonesien mit der höchsten Artendichte weltweit (770 Vogelarten pro Million km²), gefolgt von Amazonien (300 Vogelarten pro Million km²). Europa und Nordasien sowie Nordamerika haben im Vergleich dazu lediglich ungefähr ein Zehntel der Arten-

Artendichte (Vogelarten pro Million Quadratkilometer)

	% Anteil Tropenwald-vernichtung	Artendichte
Amazonien	49,8	300
Indonesien	18,3	770
trop. Afrika	17,5	80
trop. Südasien	8,7	50

Tabelle 13: Ausmaß der Tropenwaldvernichtung (1990–1995) und Artendichte (Vogelarten pro Million Quadratkilometer). (Quelle: Eigene Berechnungen)

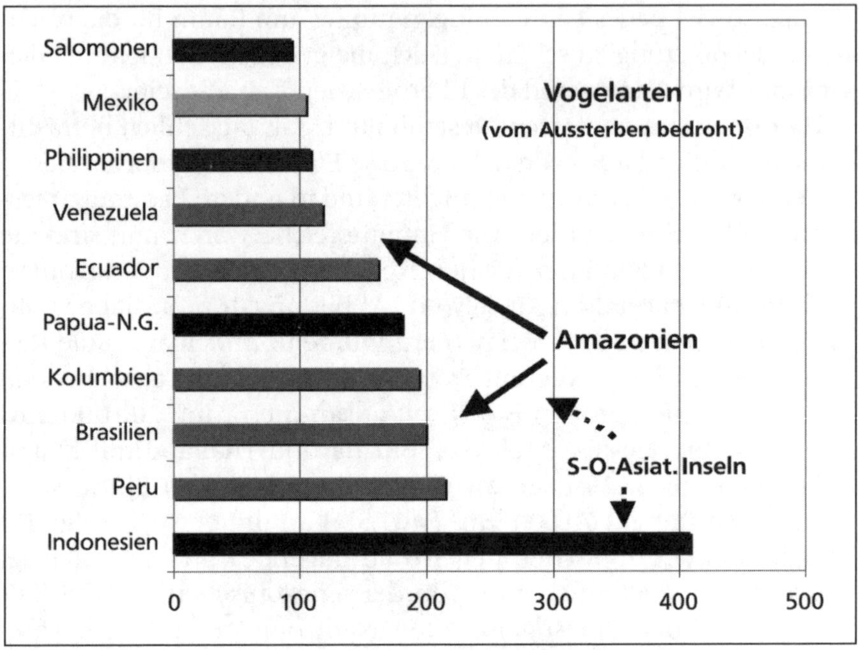

Abbildung 17: Die Hauptvorkommen der vom Aussterben bedrohten Vogelarten liegen hauptsächlich in der südostasiatischen Inselwelt und in Amazonien (siehe Text). (Quelle: Bird Life International 2000)

dichte (33–35 pro Million km²), und auch das tropische Afrika liegt mit 80 Arten pro Million km² weit unter den Werten der beiden Zentren der Artenvielfalt (Reichholf 2003). Die Vögel können als die am besten bekannte und hinsichtlich Verbreitung und Häufigkeit global untersuchte Tiergruppe hier stellvertretend für die übrige Artenvielfalt stehen. Somit trifft eine weitere Bedingung für die Kalkulation der Aussterberaten zu: Die Tropenwaldvernichtung traf die Zentren der Vielfalt besonders stark (Tabelle 13).

Die beiden Hauptgebiete der Tropenwaldvernichtung decken sich also mit den beiden Hauptzentren der Artenvielfalt. Abbildung 17, in der nach der Zahl der vom Aussterben bedrohten Vogelarten untergliedert wird, zeigt dies sogar noch deutlicher. Die Angaben sind der neuesten Zusammenstellung von Bird Life International (2000) entnommen. Sie teilen sich in genau dieselben beiden Hauptregionen auf, nämlich Amazonien mit Peru, Brasilien, Kolumbien, Ecuador,

Venezuela, Mexiko und die südostasiatische tropische Inselwelt mit Indonesien, Neuguinea, den Philippinen und den Solomoninseln.

Allein diese geographische Deckungsgleichheit zwischen Schwerpunkten der Artengefährdung und den größten Tropenwaldzerstörungen berechtigt zu der Annahme, daß die Artenvernichtung und die Waldvernichtung zusammenhängen. Daß es dafür auch konkrete ökologische Gründe gibt, geht aus der genaueren Betrachtung der Verteilung und Häufigkeit der Arten in den Tropenwäldern hervor. Die Kalkulationen von Terry Erwin und die Hochrechnungen zum Artensterben von Dobson (1997) beziehen sich nämlich auf die Verbreitungsmuster der Arten.

13. Tropische Seltenheit

In historischer Zeit wurden in Deutschland und Europa die Wälder weithin gerodet, um Acker- und Weideland zu schaffen. Vor etwa zwei Jahrhunderten gab es in Deutschland nur noch wenige Baumbestände, die als »Wälder« zu bezeichnen waren. Eine klare Trennung von Wald und Weideland war nicht gegeben (Küster 1995). Erst mit der Einführung der Forstwirtschaft und der rechtlichen Trennung von Wald und Weide wuchsen wieder Wälder auf. Das Ergebnis ist, daß es in Mitteleuropa gegenwärtig wieder gut 30 % Waldbedeckung gibt. Doch ein verschwindend geringer Bruchteil davon ist in strengem Sinne Urwald. Als naturnah oder natürlich können auch nur wenige Prozent der Waldfläche eingestuft werden. Der große Rest ist Forst und gepflanzter Zweck-Wald. Demnach wäre zu vermuten, daß in Deutschland viele, wenn nicht die meisten der ursprünglich die Wälder bewohnenden Tier- und Pflanzenarten verschwunden seien, verblieb doch fast nichts mehr an ursprünglichen Wäldern. Tatsächlich sind aber nur sehr wenige Arten nachweislich ausgestorben. Das einzig geläufige Beispiel ist der Ur oder Auerochs *(Bos primigenius)*, die Stammart des Hausrindes. Er wurde ausgerottet, weil er zu lange zu intensiv bejagt worden war und nicht weil ihm sein Lebensraum entzogen worden wäre. Man könnte sogar die Ansicht vertreten, daß fast alle seine Gene in den Hausrindern weiterleben und der Ur also eigentlich gar nicht ausgestorben ist. Er lebt in züchterisch veränderter Form weiter.

Welche Käfer oder Schmetterlinge vielleicht doch in den letzten tausend Jahren seit der großen Rodung der Wälder in Mitteleuropa ausgestorben sein könnten, wissen wir nicht. Die Zahl wird jedoch als nicht sehr hoch geschätzt, schließlich gibt es so gut wie alle Arten Mitteleuropas großräumig in Nord- und Zentralasien. Die europäische Fauna und Flora hat ihr Hauptverbreitungsgebiet in Asien, weil Europa kein eigenständiger Kontinent, sondern lediglich eine stark gegliederte Halbinsel Asiens ist. Die andere große Halbinsel, der indische Subkontinent, würde es weit mehr als Europa verdienen, für eigenständig gehalten zu werden: Es gibt ungleich mehr Arten, die nur auf dem indischen Subkontinent vorkommen, als in Europa »rein europäische Arten«. Zweitens erzeugen Klima und Landschaft einen zusammenhängenden Großraum von Westeuropa bis Ostasien, über den sich viele Arten ziemlich ungehindert ausbreiten konnten.

Warum rechnet man aber im gegenwärtigen Naturschutz mit so großen Artenverlusten in Südamerika oder Südostasien, obwohl bislang erst weit kleinere Flächen aus dem Naturzustand in kultiviertes Land überführt worden sind als in Europa und Nordamerika? Panikmache und maßlose Übertreibungen werden von seiten der »Erschließer« und »Entwickler« sowie von den Tropenländern selbst geargwöhnt oder regelrecht unterstellt. Denn wenn die Geschichte der Erschließung Europas durch den zivilisierten Menschen keine Naturkastastrophe gewesen ist, kann doch derselbe Vorgang in anderen Regionen nicht anders beurteilt werden. Manche Tropenländer befürchten sogar, die von den entwickelten Ländern der sogenannten Ersten Welt angestrebte Sicherung der Biodiversität wäre nichts anderes als verkappter Kolonialismus. Damit solle lediglich verhindert werden, daß sich die Kluft zwischen Arm und Reich verringert oder gar schließt, obwohl die moderne Technik die Möglichkeiten zur umfassenden Nutzung der Landreserven bieten könnte.

Daß es sich tatsächlich anders verhält, drückt der ungeheure Artenreichtum der Tropennatur aus. Die dortige Vielfalt geht aus dem

Mangel hervor, und sie existiert, weil die meisten Arten selten bis sehr selten sind. Eine paradoxe, eine kaum glaubhafte Feststellung?

Die Fakten sprechen für sich. So kommen in Amazonien etwa 1.500 verschiedene Vogelarten auf einer Fläche von rund 5 Millionen Quadratkilometern vor. Auf der gleichen Fläche leben in Europa nicht einmal 380 verschiedene Vogelarten. Ein Blick auf den Atlas zeigt, um wie vieles differenzierter Europa geographisch ist und daß es mehr Klimazonen umfaßt als das einheitliche Amazonien. Würde nur der den amazonischen Regenwäldern entsprechende europäisch-westasiatische Laubwaldgürtel betrachtet, so fiele der Vergleich noch deutlicher aus, weil dieser kaum 200 verschiedene Vogelarten enthält. Amazoniens Wälder erweisen sich als siebenmal artenreicher an Vögeln als Europa. Um so merkwürdiger fallen aber die Ergebnisse für kleinere Flächen aus. So gibt es in Zentralamazonien auf einer Fläche von 300 km² nur etwa 150 Vogelarten, also nur 40 mehr als im gleich großen Stadtgebiet von München und etwa so viele wie in Berlin. Für besonders artenreiche Gebiete, die auch als Nationalparks ausgewiesen sind, wie den Manu-Nationalpark im peruanischen Amazonasgebiet, hat man 215 Vogelarten ermittelt. Das ist nur rund die doppelte Artenzahl an Vögeln, die in München vorkommt. Die so hohe Artenzahl Amazoniens insgesamt, die ein Sechstel aller Vogelarten der Erde ausmacht, scheint in krassem Widerspruch zu den Befunden vor Ort zu stehen.

Aber es scheint nur so, denn in Wirklichkeit hat es, sowohl mit dem hohen Artenreichtum insgesamt als auch mit dem nur mäßig erhöhten lokalen seine Richtigkeit. Viele Arten kommen nämlich mosaikartig in geographisch kleinen Gebieten vor. Die Vogelwelt Oberamazoniens unterscheidet sich in der Zusammensetzung des Artenspektrums stark von jener Zentral- oder Unteramazoniens und von anderen Regionen des Großraumes. Die Vorkommensgebiete der Arten, die Areale, fügen sich wie Teile eines Mosaiks oder Puzzles aneinander und schieben sich nicht übereinander. In Europa verhält es sich ganz anders. Da trifft man in Hamburg wie in Wien, in Paris wie in München, im Spessart wie im Wienerwald und von den Vogesen bis zu den Karpathen fast das gleiche Artenspektrum an. Unterschiedliche, nur im jeweiligen Gebiet vorkommende Arten machen, so es sie überhaupt gibt, lediglich einen winzigen Bruchteil der Vogelwelt aus. Die europäische Landvogelwelt

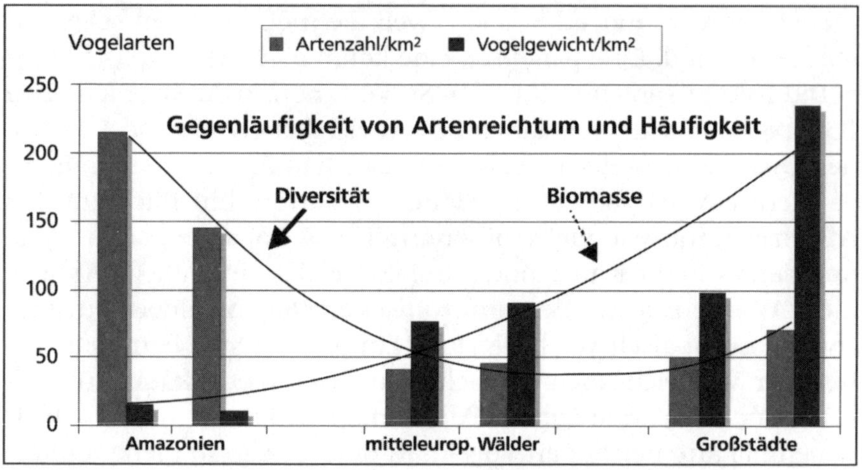

Abbildung 18: Die artenreiche Vogelwelt Amazoniens kommt dort in durchschnittlich sehr geringer Häufigkeit vor. Als artenärmer, aber häufiger nach Lebendgewicht (Biomasse), erweist sich die Vogelwelt mitteleuropäischer Wälder, und viel häufiger kommen die Vögel in den Großstädten vor. Die Kurven zeigen die Gegenläufigkeit der Trends von Artenvielfalt (Diversität) und Häufigkeit (Biomasse).
(Kombiniert aus verschiedenen Datenquellen; vgl. Tabelle 14 und Reichholf 1990)

ist recht einheitlich entwickelt, und sie breitet sich mit nur langsamen Veränderungen (in geringem »Artenumsatz« oder »Turnover«) bis über den Ural hinweg nach Sibirien und bis Ostasien, zum Teil sogar bis Japan und Alaska aus. Die große Mehrzahl der Vogelarten in den Laub- oder Nadelwäldern lebt miteinander (»sympatrisch« oder sogar im selben Waldstück, das heißt »syntop«). Dieses Miteinander drückt aus, daß die Arten untereinander verträglich sind. Sie können gemeinsam vorkommen, also koexistieren.

Anders verhält es sich in den Tropenwäldern. Die mosaikartigen Areale weisen darauf hin. Arten, die solche Verbreitungsmuster aufweisen, sind untereinander »ökologisch nicht verträglich« (kompatibel). Sie weichen einander aus. Ihre Areale sind parapatrisch, nebeneinander angesiedelt, und nicht sympatrisch, sich überlagernd. Was heißen muß, daß nicht genug für alle da ist.

Das geht wiederum aus der Häufigkeit der einzelnen Vogelarten auf der Fläche, also ihrer Siedlungsdichte hervor. Diese fällt in Amazonien nicht nur weitaus geringer aus, als der hohen Artenzahl nach anzunehmen wäre, sie liegt auch weit unter den Siedlungsdichten der Vögel in Mitteleuropa. In Zentralamazonien stellten Bierregard & Lovejoy (1989) für die 145 Arten nur 362 Brutpaare pro Quadratkilometer fest. Das ergibt lediglich 2,5 Paare jeder Art im Durchschnitt pro Quadratkilometer, und allein 84 (= 58%) der 145 Brutvogelarten waren sogar in nur einem einzigen Brutpaar pro Quadratkilometer oder weniger festgestellt worden. So selten ist dort der größere Teil des Artenspektrums.

Für Auwälder an der Donau beträgt der Vergleichswert hierzu aber 1.200 Brutpaare pro km² oder 26 Paare jeder Art. In den Donauauen sind die Vögel also zehnmal so häufig wie in den unberührten Urwäldern Amazoniens. Gleiches gilt für die Vogelhäufigkeit in mitteleuropäischen Großstädten. Im Stadtgebiet von Köln gab es auf verschiedenen Untersuchungsflächen von Stadtbiotopen, wie Friedhöfen, Parkanlagen oder Wohnsiedlungsbereichen, zwischen 640 und 1.150 Brutpaare pro km², was zwischen 12,5 und 22,5 Brutpaaren pro Art entspricht: Das fünf- bis zehnfache Zentralamazoniens! Noch größer werden die Unterschiede, wenn nicht nur die Arten, sondern auch ihre Lebendgewichte (Biomassen) vergleichend betrachtet werden. Dann schneiden die 11 bis 16 kg Vögel pro km² Amazoniens gegenüber den 90 kg im Auwald und den bis zu 380 kg pro km² in den Großstädten besonders schlecht ab. Abbildung 18 enthält den Häufigkeitsvergleich der Vögel auf die Gewichte bezogen und Tabelle 14 die Angaben zu den Artenzahlen. Sogar die mitteleuropäische Agrarlandschaft schneidet nach Bezzel (1982) in dieser Hinsicht besser ab als der tropische Regenwald Amazo-

Gebiet	Artenzahl	Bp/km²	kg/km²	Quelle
Zentralamazonien	145	362	11	Bierregaard & Lovejoy (1992)
Oberamazonien (Peru)	215	537	16	Terborgh (1986)
Agrarlandschaft (Donau)	22		20–80	Bezzel (1982)
Wälder (Mitteleuropa)	41		70–82	Mulsow (1980)
Auwald (Donau)	46	1200	90	Vidal (1975)
Köln	51	640–1150	65–130	Kahl-Dunkel (1994)
Hamburg	70		90–380	Mulsow (1980)

Tabelle 14: Artenreichtum, Siedlungsdichte und Biomasse der Vögel (Bp = Brutpaare). (Quelle: Reichholf 1995)

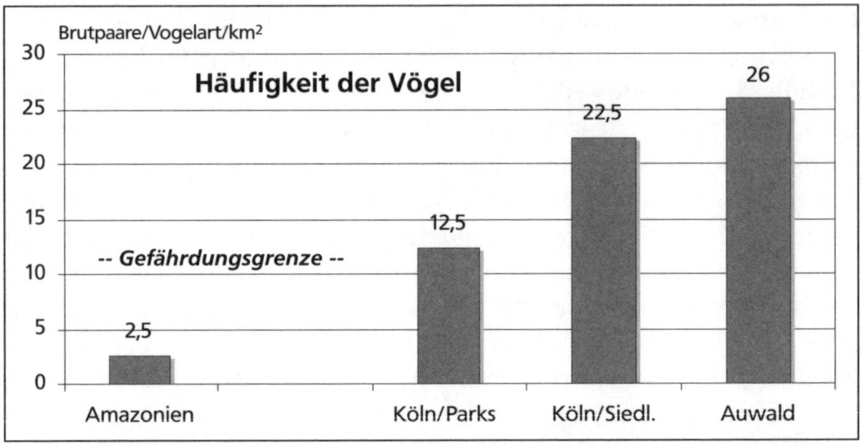

Abbildung 19: Die geringe Häufigkeit (Siedlungsdichte pro Quadratkilometer) der Vögel Amazoniens bedeutet zwangsläufig eine erhöhte Gefährdung. Mit deutlich bis erheblich mehr als 10 Brutpaaren pro Quadratkilometer sind die Arten von Stadtparks und Auwäldern im Vergleich dazu auf der sicheren Seite. Arten mit sehr geringer Häufigkeit benötigen für erfolgreiches Überleben entsprechend große Flächen; in Amazonien ist dies das Zehn- bis Hundertfache der kritischen Flächengrößen in Mitteleuropa. (Datengrundlage: Tabelle 14 und Abbildung 18)

niens. Kein Wunder also, daß man als Besucher darin kaum Vögel zu sehen bekommt. Was aber so arm an Vögeln wirkt, ist dennoch reich an Arten, wie ebenfalls aus Abbildung 18 hervorgeht. Häufigkeit und Seltenheit sind die jeweiligen Kehrseiten von Artenarmut und Artenreichtum.

Damit ist klar, weshalb auch in Amazonien so viele Vogelarten vom Aussterben bedroht sind (Abbildung 17, Seite 98): Viele Arten kommen dort nur selten bis sehr selten vor. Wenn aber ihre Siedlungsdichte, zumal bei Kleinvogelarten, nur wenige Paare pro Quadratkilometer beträgt, können keine großen produktiven Bestände zusammenkommen. Bei flächig ausgebreiteten Vorkommen, die nicht stark verinselt sind, kann für Vögel mit weniger als einem Kilogramm Körpergewicht von einer kritischen Grenze von etwa 10 bis 15 Brutpaaren pro km² ausgegangen werden (Abbildung 19). Die amazonischen Werte erreichen nur ein Viertel des kritischen Wertes. Auwälder in Mitteleuropa liegen wie auch Großstädte auf der »sicheren Seite«, während die Vögel des landwirtschaftlichen Kulturlandes nach Tabelle 14 (siehe Bezzel) schon vor etwa 25 Jahren erheblich darunter lagen. Auf ihre starken Rückgänge in Deutschland ist bereits hingewiesen worden. Zwischen zwei Drittel und drei Viertel der Arten in den Fluren sind inzwischen gefährdet (Bauer & Berthold 1996, Berthold 2003). So fügen sich scheinbar lokale Befunde durchaus global zusammen, und die Vorgänge in Mitteleuropa unterscheiden sich nicht so grundsätzlich von denen in den Tropen.

Die vergleichbare Artengefährdung, die nach Abbildung 17 für die südostasiatische Inselwelt und für den Großraum Amazonien festgestellt wurde, bedeutet, daß im größten und geschlossensten Tropenwald der Erde viele Arten so vorkommen, als lebten sie auf Inseln. Daß der Gefährdungsgrad in Südostasien nicht noch höher ausfällt, läßt sich auf der Grundlage der Ausführungen über Häufigkeit und Mangel begründen und verstehen: Die meisten kleinen Inseln im Indo-Westpazifik haben einen vulkanischen Untergrund. Dieser ist so nährstoffreich, daß – vergleichbar der Serengeti mit ihren Großtieren – auf Inseln wie Java oder Bali seit vielen Jahrhunderten eine intensive Landwirtschaft (vor allem Reisanbau) betrieben werden konnte, ohne daß die Böden erschöpft wurden. Entsprechend können auch Tierarten in höherer Bestandsdichte leben als in den extrem mageren Weiten Amazoniens. Letztlich entscheiden die Größe des Bestandes und seine Produktivität (an Nachwuchs) darüber, ob die Art überlebt oder ausstirbt. In Amazonien konnten in wenigen Jahrzehnten sogar Kaimane und kleine Hirsche weitgehend ausgerottet werden, obgleich die Abschußquoten weit unter denen von Rehen in Deutschland lagen. Die Bestände sind zu schwach, um Verluste gleich wieder ersetzen zu können. Viele Arten tropischer Wälder leben daher auch erheblich länger als ihre außertropische Verwandtschaft. Das trifft selbst auf die zarten Schmetterlingen zu. Manche von ihnen, wie die so herrlich blau schillernden Morphos, leben als Falter ein halbes Jahr lang oder länger, ohne daß, wie bei uns, Winter oder Sommerhitze Ruhepausen erfordern, die scheinbar das Leben verlängern, in Wirklichkeit aber nur die aktive Lebenszeit aussetzen. Der vielfach so bezeichnete »Gigantismus« tropischer Insekten hängt ebenfalls damit zusammen. Die Käfer oder Falter, die Zikaden oder Wanzen müssen lange überleben, um sich erfolgreich fortpflanzen zu können. Viele verteilen ihre Eier oder ihren Nachwuchs einzeln oder in kleinen Gruppen an sorgsam ausgewählten Orten. Außertropische Insekten hingegen pflegen sich, sobald die Verhältnisse passen, gleich in Massen zu vermehren. Geschieht das an Kulturpflanzen, gelten sie als Schädlinge. Manche tropische Art wurde nur deshalb zum Schädling, weil sie auf einen anderen Kontinent in eine andere, für sie günstigere Natur verfrachtet wurde. Sie konnte sich dort rasant vermehren, weil der Mangel, der sie bisher bremste, behoben war. Mangel ist Zwang. Wird er behoben, dann können tropische Arten genauso schnell zur »Pest« werden wie außertropische oder heimische. Ausgedehnte Brennessel- oder Ampferfluren hielt man auch vor dem Vordringen des Drüsigen Springkrautes aus dem subtropischen Himalaya-Gebiet hierzulande überall für zu bekämpfendes Unkraut. Die Wasserpest aus den kalten Gewässern Kanadas, die über Urgestein fließen, das arm ist an Nährstoffen, und die schön blühende Wasserhyazinthe *(Eichhornia crassipes)* aus dem tropischen Amazonien, die in die nährstoffreichen Gewässer Afrikas und Südasiens gelangte, verbindet so die gleiche Voraussetzung. Sie kommen mit verhältnismäßig großem Mangel zurecht. In den Überfluß an Nährstoffen verfrachtet, vermehrten sie sich exzessiv, und sie wurden beide zur »Pest«, ob mit schönen Blüten oder ohne.

Gerade so verhält es sich auch mit der Ausbreitung von Malaria-Mücken *(Anopheles)* oder den Wasserschnecken, die Bilharziose übertragen. Eine Nährstoffanreicherung in den Gewässern macht sie zur Gefahr, weil ihre Häufigkeit dadurch gewaltig ansteigt. Auf dem extrem nährstoffarmen Rio Negro, dem größten Nebenfluß des Amazonas, braucht sich niemand vor Malaria zu fürchten, weil es so gut wie keine Mücken gibt. Gefährlich werden die Randbereiche von Siedlungen oder, wie in Afrika, sehr nährstoffreiche Gewässer, zu denen viele warmblütige Großtiere kommen. In dieses allgemeine Bild fügen sich auch die Tropenkrankheiten. Wo Mangel herrscht, sind die Gefahren gering; wo er zum Überfluß gewendet wird, werden sie bedrohlich. Wo Mangel herrscht, bewältigt Vielfalt die Armut, und es ist der Mangel, der die Vielfalt auch aufrechterhält. Artenvielfalt ist nicht Luxus, nicht einfach verzichtbar, sondern die gespeicherte Fähigkeit, mit den Widrigkeiten des Lebens fertig zu werden. Diversität ist Überlebensprogramm! Und daran wären auch ethische Betrachtungen zu knüpfen.

14. Tropenwaldvernichtung – für wen?

Die Vernichtung von Tropenwäldern vermindert die Lebensvielfalt auf der Erde. Dieser Raubbau ist zweifellos anders zu bewerten als die Nutzung von gepflanzten und forstwirtschaftlich gehegten Forsten. Wem dient die »Erschließung der letzten Landreserven«? Stellt sie nicht einfach eine unausweichliche Folge des Bevölkerungswachstums dar? Die Millionen Menschen, um die Jahr für Jahr die Menschheit wächst, brauchen Raum zum Leben. Das sei im Grunde genommen nichts anderes als die frühmittelalterliche Rodung der europäischen Urwälder, in denen Auerochs und Wisent lebten und deren ursprüngliche Vielfalt heute wieder ein Ziel des »Rückbaus« der Forste auf naturnähere Zustände und Zusammensetzungen darstellt. So argumentieren mitunter Brasilianer und Vertreter anderer Tropenländer. Wälder zu erhalten oder vermehrt wachsen zu lassen können sich schrumpfende Bevölkerungen, wie in den Ländern Mitteleuropas, leisten, nicht aber die vor Menschen überquellenden Tropenregionen.

Eine derartige Argumentation, wie sie bei den internationalen Konferenzen zur Entwicklung immer wieder vorgetragen wird, scheint die Menschlichkeit auf ihrer Seite zu haben. Sie ist geeignet, die Bemühungen um Erhaltung der Vielfalt des Lebens zurückzudrängen. Der Mensch genießt den Vorzug, und ganz besonders wenn es sich um Menschen handelt, denen es am Nötigsten fehlt. Naturschutz, auch Tropenwaldschutz, sei eine Angelegenheit der reichen Staaten. Ein Luxus, den sie sich leisten sollen, aber nicht auf Kosten der Armen. Wo es um das tägliche Überleben geht, kommt das Essen vor der Moral. Bei den Reichen hingegen kommt das schlechte Gewissen auf. »Debt for Nature Swap«, der Schuldenerlaß zugunsten der Naturerhaltung, schien der Weltbank wie auch den weltweit tätigen Naturschutzorganisationen in den 1980er und 1990er Jahren die Lösung des Problems, daß die Artengefährdung dort am größten ist, wo das Durchschnittseinkommen der Bevölkerung am niedrigsten liegt. Die Ergebnisse der wenigen konkreten Aktionen in dieser Richtung blieben dürftig und, wie die neueste Bilanz zur Artengefährdung von 2004 (vom World Conservation Monitoring Centre, England) zeigte, auch ohne nennenswerte

Schutzerfolge. Die Vernichtung der Tropenwälder ging wie gezeigt ungebrochen weiter (Abbildung 16, Seite 96).

Allerdings war abzusehen, daß noch vor dem Jahrtausendwechsel die Menschheit die Grenze von sechs Milliarden Erdenbürgern überschreiten würde. Damit war für viele die Unmöglichkeit des Unterfangens endgültig klar, die Tropenwälder mit ihrer Lebensvielfalt vor der Zerstörung zu schützen. Nur wer die Menschen geringer schätzt als unscheinbare Käfer und nutzlose Wanzen, wird die Tropenwälder gegen die Menschen verteidigen. Raum für die wachsende Menschheit und Flächen zum Überleben für die bedrohte Artenvielfalt haben zu wollen, das scheint nicht miteinander vereinbar zu sein. Die Wurzel allen Übels sei und bliebe die Bevölkerungsexplosion der Menschheit (Steiner 1982). Solange die Massenvermehrung der Menschen nicht entsprechend gebremst werde oder zum Stillstand komme, werde Natur geopfert werden müssen. Der Kreis schließt sich: Den Luxus der Naturerhaltung können sich nur die Reichen leisten – so, wie sie sich in früheren Zeiten prächtige Gärten, Wildgehege oder eigene, von angestellten Jäger überwachte und nötigenfalls verteidigte Wälder mit ihrem Getier geleistet hatten, während die Bauern arm und hungrig waren. Diese Zeit liegt in Europa noch gar nicht lange zurück. Das Gefühl von Verantwortung gegenüber der Natur ist auch in den reichen Industrieländern gerade erst ein durchschnittliches Menschenleben alt. Wachset und mehret Euch, und macht Euch die Erde untertan! Nach diesem Auftrag handelte die Christenheit, und so verhielt sich auch der überwiegende Rest der Menschheit. Vieles spricht dafür, daß diese Aufforderung zu Wachstum und Vermehrung keiner besonderen Einsicht entspricht, sondern schlicht und einfach das Prinzip des Lebens ausdrückt. Jede Art versucht es mit den ihr zur Verfügung stehenden Mitteln – auch ohne Aufforderung oder Lehre, etwa durch die Bibel. Rücksicht auf andere Arten wird im Reich des Lebendigen nur genommen, wenn man selber davon profitiert. Kooperation ist dann gut, wenn sie Vorteile bringt. Das wird später im Zusammenhang mit der Betrachtung von Parasitismus und Symbiose noch näher ausgeführt, wenn es darum geht, die Globalisierung als Chance zu einer neuen (und hoffentlich auch besseren) Partnerschaft der Menschen und Völker darzulegen.

Bedeutet dies, daß die Erhaltung der tropischen Lebensfülle so lange keine Chancen haben wird, bis die Zunahme der Weltbevölkerung aufgehört hat? Müssen wir warten und bangen, bis die Menschheit zwölf oder 15 Milliarden erreicht hat? Wie wenig wird dann von all den anderen Lebewesen noch übrig sein? Düstere Zukunftsszenarien werden für diesen Fall verbreitet: Verlust von der Hälfte oder gar von zwei Dritteln aller Arten von Tieren und Pflanzen, erhebliche Störungen des Erdklimas mit schlimmen Katastrophen, die mit den Kräften der Natur dem entarteten Menschen die Grenzen des Wachstums aufzeigen. Apokalyptische Visionen!

Nun, da sich mehr als ein Jahrzehnt nach Rio so gut wie nichts geändert hat, die Listen der ausgestorbenen Arten und der vom Aussterben bedrohten immer länger werden und der »ökologische Fußabdruck« der Menschheit immer mehr niedertritt, scheint diese pessimistische Weltsicht durchaus verständlich zu sein – und in die Resignation zu führen. Oder soll man etwa auf das Wunder hoffen, daß die Menschheit doch noch rechtzeitig vernünftig wird und den Kurswechsel schafft? Wer das hofft, ist kein »Öko-Optimist« (Maxeiner & Miersch 1996), sondern ein hoffnungsloser Phantast.

Dennoch hat der Öko-Optimismus eine reelle Chance, wenn er sich auf die Realität, auf die wirklichen Verhältnisse, und nicht auf Wunschbilder oder vorgefaßte Meinungen richtet. Die selbstverständliche Verknüpfung von Artenrückgang und Zunahme der Menschen stellt einen solchen Fall eines offenbar gewollten Mißverständnisses dar. Denn schon ohne genauere Analyse müßte auffallen, daß die beiden Hauptvernichter von Tropenwäldern, Brasilien und Indonesien, ganz und gar nicht zu den übervölkerten Ländern der Erde zählen. Auch der Kongo, Bolivien und Venezuela sind nicht gerade dicht besiedelt, verglichen etwa mit Bangladesch oder Deutschland. So leben in Deutschland doppelt so viele Menschen auf dem Quadratkilometer wie in Indonesien, und in Bangladesch gar achtmal so viele. Brasilien gehört mit nicht einmal 20 Menschen pro Quadratkilometer zu den dünn besiedelten Ländern. Jedem Brasilianer steht im Durchschnitt über zehnmal soviel Fläche wie einem Deutschen zur Verfügung. Indonesien nimmt mit gut 100 Menschen pro Quadratkilometer eine mittlere Position ein. In Brasilien wurden aber 13mal mehr Waldfläche pro Mensch zwischen 1990 und 1995 vernichtet als in Indonesien. Abbildung 20

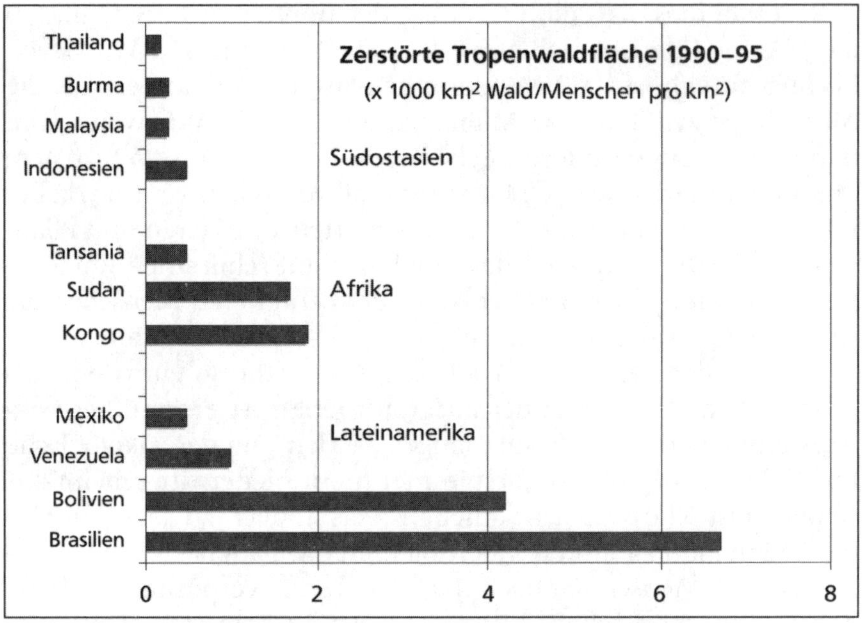

Abbildung 20: Im dicht besiedelten Südostasien wurde erheblich weniger Tropenwald pro Mensch zerstört als im vergleichsweise dünn besiedelten Lateinamerika. Afrika nimmt eine mittlere Position ein. Angaben in 1000 km² zerstörte Tropenwaldfläche bezogen auf die Siedlungsdichte der Menschen pro km². (Daten aus Abbildung 16 zum Tropenwald und Fischer Weltalmanach zu Bevölkerungsgröße und Landfläche der Länder)

zeigt zudem, daß sich die Tropenwaldvernichtung klar in drei Gruppen gliedern läßt, während Tabelle 15 statistisch keinen Zusammenhang zwischen der Siedlungsdichte der Menschen im Land und dem Ausmaß der Tropenwaldzerstörung erkennen läßt. Es muß auch nicht um so mehr Wald geben, je weniger Menschen im betreffenden Land leben. Das zeigt zum Beispiel Deutschland mit seinem knappen Drittel Waldanteil bei hoher Siedlungsdichte der Bevölkerung. Doch das könnte vielleicht mit einer besonderen Beziehung der Deutschen zu »ihrem Wald« zusammenhängen, wie ein Blick auf England vor Augen führt. Bleiben wir daher bei den Tropenwäldern. Tabelle 15 ermöglicht eine einfache statistische Überprüfung, ob es denn einen – wie auch immer gearteten – Zusammenhang zwischen der Siedlungsdichte der Menschen (also

Land	Menschen/km² M	zerstörte Waldfläche (Z) 1990–95 (x 1.000 km²)	Z/M
Brasilien	19	128	6,7
Indonesien	104	54	0,5
Kongo	19,3	37	1,9
Bolivien	6,9	29	4,2
Venezuela	25	26	1,0
Mexiko	48	25	0,5
Malaysia	62	20	0,3
Burma	68	19	0,3
Sudan	10,9	18	1,7
Thailand	117	16	0,2
Paraguay	12,2	16	1,3
Tansania	32	16	0,5
Korrelation M ⟷ Z r = – 0,118 nicht signifikant (= kein Zusammenhang)			
Zum Vergleich			
Deutschland	229		
Bangladesch	825		

Tabelle 15: Tropenwaldzerstörung und Lebensraumbedarf von Menschen (Z/M = Verhältniszahl).
(Quellen: WWF-Deutschland (Abbildung 16) und Fischer Weltalmanach 1999).

dem Bedarf an Lebensraum) und der Größe der im Erhebungszeitraum zerstörten Waldfläche gibt. Das Ergebnis ist klar: Es gibt keinen. Weder kommt eine positive Korrelation zustande – je größer die Bevölkerungsdichte, desto mehr vernichteter Wald –, noch eine negative – je größer die Bevölkerungsdichte, desto weniger zerstörter Wald, weil kaum noch etwas übrig ist.

Vielmehr sieht es ganz danach aus, als hätte das Ausmaß der Tropenwaldzerstörung direkt nichts mit der Bevölkerung zu tun. Besonders merkwürdig fällt der Vergleich in Tabelle 15 für Brasilien und den Kongo aus. In beiden Ländern findet sich großflächig geschlossener Tropenwald, der größten und zweitgrößte in zusam-

Land	Millionen Rinder (R)	Zerst. Wald (Z)	Z/M (Tabelle 15)
Brasilien	165	128	6,7
Indonesien	11,9	54	0,5
Mexiko	28,1	25	0,5
Venezuela	14,6	26	1,0
Burma	10,1	19	0,3
Sudan	23,5	18	1,7
Paraguay	9,8	16	1,3
Tansania	13,3	16	0,5

Korrelationen

(1) R ⟷ Z r = 0,934***

(2) R ⟷ Z/M r = 0,973***

Tabelle 16: Zerstörte Tropenwaldfläche (entsprechend Tabelle 15) und Größe des Rinderbestandes 1997, soweit Zahlen verfügbar.

menhängender Fläche und mit fast gleicher Siedlungsdichte der Menschen von knapp 20 pro Quadratkilometer. Beide Tropenwaldländer sind also gleichermaßen dünn besiedelt. Aber in Brasilien wurde dreimal soviel Tropenwald zwischen 1990 und 1995 wie im Kongo vernichtet. Dabei sind bekanntlich in den Tropenwäldern Zentralafrikas internationale Firmen, die Tropenhölzer nutzen, weit umfangreicher tätig als im amazonischen Regenwald.

Warum bilden die »Südamerikaner« mit durchschnittlich 3,3 eine Gruppe, die afrikanischen Länder mit 1,4 eine zweite und Südostasien eine dritte Gruppe mit 0,3, die sich voneinander klar absetzen (Abbildung 20)? Die Gruppenbildung deutet an, daß es andere Gründe geben muß für das so ungleiche Verhältnis von Tropenwaldzerstörung und Siedlungsdichte der Menschen. Und warum ragt Brasilien so ganz besonders hervor?

Die Tropenwald-Problematik war allerdings bereits in Brasilien und Amazonien akut geworden, als für die Jahre 1980 bis 1985 eine zerstörte Waldfläche von etwa 80.000 Quadratkilometer kalkuliert worden war (Killer 1989). Die Erfassungsmethoden waren zwar

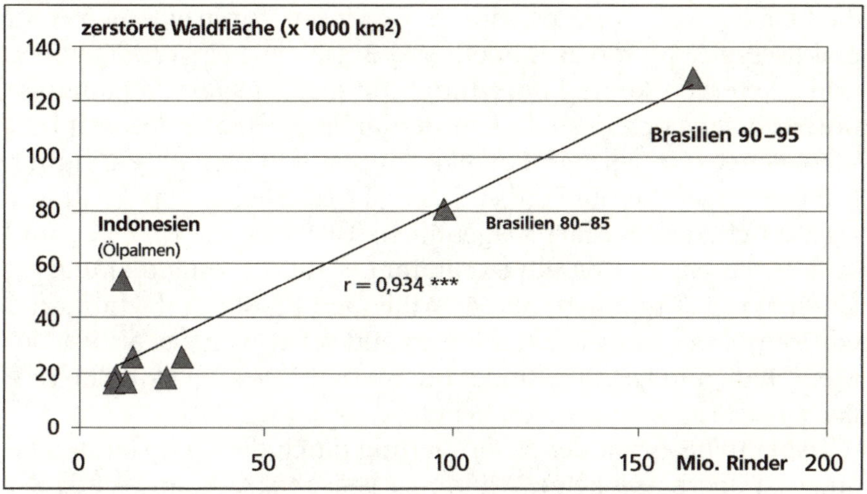

Abbildung 21: Zerstörte Tropenwaldflächen und Größe der Rinderbestände (vgl. Tabelle 16) unter Einbeziehung der Werte für Brasilien 1980–85. (Quelle: Killer 1989)

weniger genau als ein Jahrzehnt später, doch die Größenordnungen stimmten. Die Tropenwaldvernichtung nahm demnach in den 1990er Jahren in Brasilien noch zu – und die Hauptursache war seit Anfang der 1980er Jahre bekannt: die Umwandlung von Tropenwald in Rinderweiden und Anbauflächen für Futtermittel (Soja). Das legt einen Vergleich zwischen dem Ausmaß der Tropenwaldvernichtung von 1990 bis 1995 und der Größe des Rinderbestandes im betreffenden Land nahe. Tabelle 16 enthält das Ergebnis, und Abbildung 21 zeigt den statistischen Zusammenhang unter Einschluß der Daten für das Brasilien der 1980er Jahre.

Das Ausmaß der zerstörten Tropenwaldflächen korreliert also signifikant mit der Rinderzahl und dem Verhältnis zwischen zerstörter Waldfläche und Siedlungsdichte der Menschen, nicht aber mit den Menschen selbst.

Das heißt, die größten Tropenwaldvernichtungen wurden nicht getätigt, um direkt Lebensraum für Menschen zu schaffen, sondern um Flächen für Rinder und zum Anbau von Futtermitteln zu gewinnen. Daß dabei der größte Rinderbestand, nämlich der von Indien, nicht erscheint, liegt auf der Hand: Dieser ist »umweltneutral«. Für die heiligen Kühe Indiens wird im Gegensatz zur inzwischen wohl praktisch gleich großen Rinderherde Brasiliens kein Wald gerodet, und es werden keine Futtermittel für sie angebaut. Südamerika unterscheidet sich deshalb von den anderen Regionen, weil dort vergleichsweise geringe Bevölkerungszahlen mit extrem hohen Rindermengen kombiniert sind. So gibt es erheblich mehr Rinder als Menschen in Brasilien, Argentinien, Uruguay und Paraguay, und in Bolivien wie in Kolumbien nimmt der Rinderbestand kräftig zu. Lateinamerika hat mehr als 350 Millionen Rinder und damit rund ein Viertel des globalen Rinderbestandes bei weniger als 9% der Menschen, also fast drei Rinder pro Mensch! Diese gigantische Rindermasse braucht Land zum Leben.

Dabei hatte es vor der Kolonisierung durch die Europäer in Südamerika überhaupt keine Wildrinder gegeben. Auf den Weiten der Pampa weideten nur kleine, schlanke Verwandte der Kamele, die Guanakos. Aus ihnen hatte die indianische Urbevölkerung des Kontinents zwei Haustierformen gezüchtet, nämlich das vornehmlich zum Transport von Lasten über die Hochflächen der Anden eingesetzte Lama und das kleinere, kurzbeinigere Alpaka der feinen Wolle wegen. Doch beide Haustierformen leben heute wie damals auf den Hochlagen und nicht im Tiefland, wohin die Europäer schon bald nach der Eroberung Südamerikas Rinder, Pferde und andere Haustiere eingeführt hatten. Sie setzten damit die erste große Europäisierung eines ganzen Kontinents in Gang, Südamerika wurde ein »Neo-Europa« (Crosby 1986). In einem halben Jahrtausend veränderte diese Europäisierung die Natur des artenreichsten Kontinents ähnlich grundlegend wie dreihundert Jahre später den am stärksten von der übrigen Welt isolierten Kontinent Australien. Dazwischen kam es zu einer entsprechenden, in den Auswirkungen jedoch nicht ganz so weit gehenden Europäisierung Nordamerikas. Bis ins 18. Jahrhundert hinein grasten dort noch riesige, kaum überschaubare Herden amerikanischer Wildrinder, Bisons oder Indianerbüffel auf den Prärien. Im 20. Jahrhundert, kaum 200 Jahre nach ihrer weitgehenden Vernichtung, nahm eine insgesamt noch viel größere Menge an europäischen Hausrindern ihren Platz ein. Hausrind hatte Wildrind im Prinzip »ersetzt«!

In Australien hingegen gerieten die aus europäischer Sicht so merkwürdigen großen Känguruhs, die ähnlich wie die Rinder von

Gras leben, durch die neu eingeführten Haustiere in Bedrängnis. Die Gegebenheiten dieses Kontinents brachten es aber mit sich, daß sich vor allem eine andere Haustierart verbreitete, das Schaf. Australien wurde zum »Kontinent der Schafe«. Für das Jahr 1990 gab die FAO, die »Food and Agricultural Organization« der UNO, die Zahl von 170 Millionen Schafen an. Diese größte »Herde« der Welt übertraf die Zahl der Menschen dieses Kontinents fast um das Zehnfache! Die Mengen gingen im folgenden Jahrzehnt deutlich zurück, weil der Weltmarkt die Schafwolle nicht mehr in dem Umfang benötigte und Schaffleisch nicht mehr mit der Massenerzeugung von Rindfleisch in der Europäischen Union konkurrieren konnte. Auch Argentiniens riesige Schafherden im Süden, in Patagonien, begannen aus demselben Grund zu schrumpfen, während das nach besserer Selbstversorgung strebende China seinen Schafbestand auf 127 Millionen (1996) steigerte und damit Australien vom ersten Platz verdrängte.

Schafweideland wird zwar nicht wie Weideland für Rinder aus Tropenwäldern gewonnen, aber dennoch hat es ganz erhebliche Auswirkungen auf den Zustand der Erde. Denn um des jungen Grases auf den Weiden willen brennt man das Land regelmäßig ab, wo immer es möglich ist. Auch auf dieses Problem wird noch näher eingegangen werden müssen, tragen doch die Schafe dadurch ähnlich massiv zu Änderungen in der Erdatmosphäre bei wie der Autoverkehr in den Industrienationen. Der Weltbestand an Schafen liegt seit wenigstens einem Vierteljahrhundert bei mehr als einer Milliarde – und entspricht damit in seiner ökologischen Auswirkung mindestens einer Milliarde Menschen.

Doch zurück zu den Rindern. Auch davon leben in Australien mehr als 26 Millionen. Da sie je nach Rasse und Alter das Fünf- bis Siebenfache eines Schafes wiegen, kommt die Gesamtheit der Rinder Australiens in ihrer Auswirkung auf die Natur in etwa den Schafen gleich. Südafrika als ein weiterer »Ableger Europas« hatte 1997 knapp 13,5 Millionen Rinder. Dort kann man sie jedoch als Ersatz für die ursprünglich vorhandenen Herden von Wildtieren betrachten, die den Rindern verwandt sind, also den Gnus, Büffeln und großen Antilopen. Wie viele solcher Huftiere, Zebras eingeschlossen, in Südafrika vorkamen, bevor die Europäer das Land am Kap in Besitz nahmen und kultivierten, läßt sich nur grob schätzen. Es mag gut die Hälfte gewesen sein; vielleicht auch weniger, weil die Buren mit Buschfeuern das Land zu Weiden umgestalteten, wo lichter Wald oder dichter Busch vorhanden gewesen war. Wahrscheinlich verhält es sich ähnlich wie mit Nordamerika. Die Haustiere ersetzten nicht nur einen Großteil der Wildtiere, ihre Bestände wurden auch nach und nach größer, als der früheren Umweltkapazität entsprach, weil Land für das Vieh bereitgestellt wurde.

Daß dennoch weit mehr ursprüngliches Land in Südafrika erhalten blieb als in Nordamerika und Australien, liegt an den Umweltbedingungen. Klima und Bodenverhältnisse erschwerten es den Europäern, afrikanische Erde ähnlich gründlich zu europäisieren wie das Land der Indianer in Nordamerika. Dort entsprechen die großräumigen Naturbedingungen weit mehr denen Europas als irgendwo sonst auf der Erde. In etwa zwei Jahrhunderten vernichteten die Europäer in Nordamerika beides nahezu vollständig: die Grasländer der Prärien und die Wälder der klimatisch gemäßigten Zonen zwischen Florida und dem Süden von Kanada, zwischen der Atlantikküste im Osten und den Rocky Mountains im Westen. Von den einst riesigen Wäldern in diesem Großraum, die zusammengenommen größer waren als alle Wälder Europas, blieben nur noch wenige Prozent übrig (Dobson 1997). Verglichen mit den USA blieb Zentraleuropa geradezu ein bewaldetes Land. Der größte Teil dieser Umweltveränderung kontinentaler Dimensionen wurde in der Zeit zwischen etwa 1720 und 1920 vollzogen. Die Vernichtungsrate betrug damals mehrere Prozent pro Jahr, und sie übertraf jene Brasiliens in der zweiten Hälfte des 20. Jahrhunderts um rund das Doppelte.

Das zeigt, worum es damals in den USA ging und worum es gegenwärtig bei der Vernichtung der Tropenwälder geht. Nur ein geringer Teil der Waldvernichtung diente tatsächlich dazu, Land für die wachsende Bevölkerung zu gewinnen, von dessen Produktion an Getreide, Gemüse oder Obst die Menschen direkt lebten. Es ging, wie Rifkin (1994) eindrucksvoll gezeigt hat, primär um die Rinder. Der nordamerikanische Kontinent wurde vom Büffelland zum Rinderland umgewandelt. Die heutigen fast 105 Millionen Rinder der USA übertreffen die rund 270 Millionen Menschen ebenfalls erheblich an Lebendgewicht, etwa um das Dreifache. Zum Vergleich: China hat nahezu die fünffache Zahl an Menschen, aber die gleiche an Rindern; Rußland, Weißrußland und die Ukraine gut die Hälfte an

Einwohnern bei etwa gleicher Rinderzahl. Allein aus solch groben Vergleichen geht hervor, wie unterschiedlich die Verhältnisse zwischen Rindern und Menschen global ausfallen. Für Rinder waren im russisch-ukrainischen Bereich anders als in Amerika in den letzten Jahrhunderten kaum Wälder gerodet oder niedergebrannt worden. Sie haben bei weitem nicht die Bedeutung wie im westeuropäischen Kulturraum. Das verdeutlicht auch folgende Reihe von Verhältniszahlen (Tabelle 17):

Offenbar gibt es im Verhältnis von Menschen zu Rindern ein klares Gefälle von Ost- und Südostasien in Richtung Südwesteuropa und darüber hinaus nach Amerika. Es weist auf kulturelle Unterschiede hin, denn am bloßen Fleischbedarf und -verbrauch allein kann es nicht liegen. Auch die natürlichen Gegebenheiten bieten keine hinreichende Erklärung. Man mag einem Pampa-Land wie Uruguay zubilligen, daß Rinder am besten zu seinen natürlichen Verhältnissen passen. Doch das weitgehend tropische Brasilien mit dem zweitgrößten (wahrscheinlich inzwischen schon größten) Rinderbestand eines einzelnen Landes hat nur im äußersten Süden, vor allem im Staat Rio Grande do Sul, natürliche Pampa. Der weitaus größte Teil seiner Rinder weidet auf Flächen, die vorher von Tro-

Japan	< 0,01
Indonesien	0,06
China	0,08
Türkei	0,18
Deutschland	0,19
Indien	0,20
England	0,20
Mexiko	0,30
Frankreich	0,35
USA	0,40
Brasilien	1,05
Australien	1,44
Argentinien	1,45
Uruguay	3,3

Tabelle 17: Rinder pro Mensch in unterschiedlichen Ländern.

penwäldern bedeckt waren. Wenn man natürliches Weideland zugrunde legt, sollte es eigentlich höchstens ein Fünftel seines tatsächlichen Rinderbestandes haben. Und es sind genau jene Länder mit dem besonders ausgeprägten Übergewicht der Rinder im Verhältnis zur menschlichen Bevölkerung, in denen in so besorgniserregendem Ausmaß in der zweiten Hälfte des 20. Jahrhunderts Wälder in Weideland umgewandelt worden sind. Es sind die in Tabelle 17 angeführten Länder Amerikas sowie Kolumbien, Venezuela, Paraguay und Bolivien. Ausnahmslos handelt es sich bei ihnen nicht um sehr dicht besiedelte Länder. Die Feststellung, daß ein Großteil der Tropenwaldvernichtung nicht dazu dient, Lebensraum für Menschen zu erschließen, wird dadurch bestätigt. Als notwendig im Wortsinn, also um die Not von den Menschen abzuwenden, läßt sich daher die Vernichtung von Tropenwäldern für Rinderweiden nicht pauschal rechtfertigen. Sicherlich trifft es in vielen Einzelfällen zu, daß bitter arme Menschen Wald roden müssen, um überleben zu können. Dabei geht es jedoch um Flächen in Größenordnungen von Quadratkilometern oder weniger pro Familie. Für die Rinder hingegen werden gleich Hunderte von Quadratkilometern Tropenwald im Stück niedergemacht und zumeist verbrannt. Tausende von Quadratkilometern brennen Jahr für Jahr, um das Weideland zu verbessern. Wie wirkt sich das alles auf die globale Gesamtbilanz aus?

15. Rinderwelten

Gegenwärtig leben in der Welt der mehr als sechs Milliarden Menschen etwa 1,5 Milliarden Rinder (einschließlich der Hausbüffel), jeweils etwa eine Milliarde Schafe und Schweine, rund 700 Millionen Ziegen, 61 Millionen Pferde, 14 Millionen Maultiere, fast 20 Millionen Kamele und 5,5 Millionen Lamas und Alpakas. Was bedeuten diese Zahlen für die Erde und das Leben?

Zunächst einmal könnte man ganz naiv meinen, die Haustiere summieren sich, bezogen auf ihr Lebendgewicht, zu einem Gleichwert von etwa 15 Milliarden Menschen auf. Von ihm kann die Menschheit in dem Umfang »abziehen«, in dem sie weiter anwächst. Die großen Haustiere könnten also so etwas wie eine »Verfügungsmasse« darstellen: Je nach Bedarf werden sie durch Menschen ersetzt. Sollten die Hochrechnungen der Vereinten Nationen zutreffen, daß sich die Menschheit noch bis auf 15 oder 20 Milliarden vermehren wird, ehe die Bevölkerungsexplosion zum Stillstand kommt und in eine langsame Abnahme übergeht, würde diese Verfügungsmasse an Haustieren gleichsam die Sicherheit dafür abgeben, daß die Menschheit ohne allzu schlimme Krisen überleben kann. Das ist ein interessanter Ansatz, den näher zu verfolgen lohnt. Doch vorweg ist eine klare Einschränkung angebracht: Menschen und Haustiere leben zwar von derselben Erde, aber nicht vom selben Land. Wo Ziegen noch mit spärlichstem Bewuchs an hitzedürrem Gras zurechtkommen und überleben, müßte der Mensch verhungern, weil solches Land nicht das hervorbringt, was wir als Nahrung brauchen. Auch vom frischen Gras, das Rinder oder Pferde verzehren, können wir nicht leben, geschweige denn von den Abfällen, die den Schweinen genügen. Rinder, Schweine und Schafe lassen sich selbstverständlich nicht einfach durch Menschen ersetzen.

Also scheint die Alternative darin zu bestehen, daß Land, das fruchtbar genug ist, um darauf Getreide anzubauen, für Menschen erschlossen oder in Kultur gehalten wird, während den Haustieren eigenes Land zur Verfügung gestellt wird. In diesem Fall wären sie allerdings gänzlich eine Zusatzbelastung für die Produktivität der Erde. Vor einem Vierteljahrhundert schon zehrten sie bereits rund dreimal mehr als die Menschheit davon, nämlich 2,2 Milliarden Tonnen. Auf die Menschen entfielen 0,8 Milliarden Tonnen der sogenannten »Netto-Primärproduktion«. Dieses ist die Gesamtmenge an organischen Stoffen, die von den Pflanzen auf der Erde pro Jahr erzeugt und nicht von diesen als Erzeugern selbst wieder verbraucht werden. Um 1980 wurde sie auf 132 Milliarden Tonnen geschätzt (Kalusche 1996). Nur ein geringer Anteil davon kann jedoch von Menschen und Haustieren direkt verwertet werden, unter bestmöglicher Ausnutzung der Produktivität kaum mehr als

5 %. Mit 3 % näherte sich die Menschheit mit ihren Haustieren schon dieser kritischen Grenze, die auch die »Grüne Revolution« mit stark verbesserter Agrarproduktion nicht wesentlich verschieben konnte. Denn was verbesserter Anbau von ertragreicheren Nutzpflanzen bringen konnte – und tatsächlich auch in den letzten Jahrzehnten des 20. Jahrhunderts erbracht hatte –, mußte teilweise dem Weideland für Vieh weggenommen werden. Wirklich ungenutzte, gleichwohl aber produktive Flächen ließen sich weltweit nicht mehr in nennenswertem Umfang erschließen. Mehr Land für mehr Menschen urbar zu machen erwies sich als ziemlich unrealistisch. Doch auch die Umschichtung von Weideland zu Ackerland gestaltet sich schwierig. Dort, wo Schafe und Ziegen ihr Auskommen fiden, können Rinder und Schweine in aller Regel nicht mehr überleben. Solches Weideland gibt zu wenig her. Als direkte Nahrungskonkurrenz für Menschen können Schafe und Ziegen also nicht gelten.

Anders bei den Rindern und Schweinen: Gerade letztere verzehren »hochwertige« Nahrungsstoffe, die in Art und Zusammensetzung denen der Menschen entsprechen. Wie sehr, das zeigt auch die skurrile Gegebenheit, daß Schweineorgane mit Erfolg Menschen eingepflanzt werden und funktionieren – in bescheidenem Umfang zwar, aber immerhin. Da Menschen und Schweine als Säugetiere einander nicht gerade nahestehen, liegt das an der ähnlichen Ernährung, die auch Übereinstimmungen im Stoffwechsel bewirkt. Rinder funktionieren innerlich anders. Sie sind Wiederkäuer und setzen nährstoffarme, qualitativ eher minderwertige Nahrung in (aus unserer Sicht) bessere um. Schweine könnten von der Rindernahrung nicht leben, aber es gibt, so furchtbar das ist, immer noch unzählige Menschen, die sich wie Schweine von Abfall ernähren müssen.

Diese Hinweise sollen dazu dienen, die Verbindung zur Umwelt herzustellen, von der Rinder und Schweine leben. Ganz grob vereinfacht läßt sich festhalten, daß Schweine bei ähnlicher Nahrung auch ähnliche Ansprüche an Entstehungsweise und Herkunft ihrer Nahrung stellen wie Menschen. Das Futter muß reich an Kohlehydraten und Eiweiß sein, damit Schweine Fleisch und Fett ansetzen. Schweine waren ursprünglich so etwas wie Mit-Esser der Menschen, sie wurden mit Abfällen gefüttert und schlossen damit die Nahrungskette zum Kreislauf.

Ganz anders die Rinder. Sie brauchen von Natur aus Grasland, das sie beweiden können. Wie ihre Verwandten, die Büffel und Gnus in der Serengeti, ziehen sie grasend weit umher. Sie sind »Nomaden«, während die Schweine weitaus ortsgebundener leben. Schweine passen ihrer Natur nach zu den seßhaften Ackerbauern, die Rinder, Schafe und Ziegen zu den Wanderhirten, den Nomaden. Und in genau diesen unterschiedlichen Funktionen sind sie auch vor acht bis zehn Jahrtausenden domestiziert, also zu Haustieren gemacht worden. Die Schweine können dabei neben Küchenabfällen und Futtergetreide auch so ergiebige Nahrung nutzen wie Eicheln und Bucheckern.

Rinderhaltung kann sich auf solches zeitweilig verfügbares Kraftfutter nicht einstellen. Sie setzt das weite Umherschweifen voraus, das dem Grasland immer wieder die Möglichkeit gibt, sich von der Beweidung zu erholen. Nur dann schadet diese dem Weideland nicht. Als »Haus«-Tiere im unmittelbaren Sinn des Wortes waren Rinder weder ursprünglich vorgesehen noch ihrer Lebensweise nach geeignet. Wie für die Schafe und Ziegen bedurfte es des freien Weidelandes und seiner geregelten Nutzung. Es hat seinen guten Grund, daß das ursprünglich griechische Wort für Gesetz und Ordnung, »nomos«, das »Gesetz der Weidenutzung« war. »Nomaden« hatten sich an das (Natur-)Gesetz der nachhaltigen Nutzung von Weideland zu halten. Taten sie das nicht, waren letztendlich Überweidung und Katastrophen für Mensch und Vieh die Folge.

Was sich hier andeutet, ist der biblische Urkonflikt zwischen der seßhaften, auf den »Früchten der Felder« begründeten Lebensweise, die Kain verkörperte, und der nomadisch-ungebundenen der Hirten mit ihrem Stammvater Abel. Daß dessen Tieropfer Gott gefiel, erzürnte Kain so sehr, daß er seinen Bruder Abel erschlug. Der Konflikt schwelte weiter durch die Jahrtausende und wechselte Formen wie Ausdrucksweisen. Er spiegelt den Konflikt zwischen Brot und Fleisch, zwischen Pflanze und Tier als Hauptquelle der Nahrung des Menschen.

Warum konnte dieser Konflikt nicht durch ein friedliches, kooperatives Neben- und Miteinander gelöst werden? Vielleicht können wir die Tiefe der Landwirtschaftskrise erst dann einigermaßen verstehen, wenn wir diesen Grundkonflikt begriffen haben. Es geht um die Frage nach der Wertigkeit des Fleisches.

Das läßt sich zunächst ganz schlicht mit Fakten aus der Natur darlegen. Um ein Kilogramm Rindfleisch zu erzeugen, wird die zehn- bis hundertfache Fläche benötigt, auf der ein Kilogramm Weizen oder Reis heranwächst. Fleisch frißt, überspitzt formuliert, zuerst Fläche, bevor es selbst gegessen werden kann. In der Ökologie wird auf den »Verlust« verwiesen, der mit jedem weiteren Schritt in der »Nahrungskette« aufwärts zustande kommt: pro Verwertungsstufe ungefähr eine Größenordnung. Wenn also grüne Pflanzen mit Hilfe von Sonnenenergie aus Wasser und Kohlendioxid pflanzliche Biomasse (und Sauerstoff) erzeugt haben, gehen bereits bei der Nutzung dieser Biomasse durch Tiere etwa 90% »verloren«. Unterliegen diese Tiere einem weiteren Nutzungsschritt, kommt ein ähnlich großer Verlust zustande. Die Verlustrate nimmt zwar ab, je konzentrierter die Nahrung anfällt, aber sie bleibt hoch. Der Seeadler, der einen großen Fisch fängt, hat mit diesem gleichsam Hunderte kleinere und in ihnen Tausende noch kleinerer oder anderer Wassertiere verzehrt, die selbst wieder von vielen Kleinsttieren lebten, deren Nahrung Algen im Wasser gewesen waren. »Nahrungspyramiden« nennen Ökologen diese Kette. Je höher die Spitze, um so größer muß die Basis ausfallen. Bei der Fleischverwertung durch den Menschen verhält es sich grundsätzlich gleich. Von den etwa drei Rindern, die jeder US-Amerikaner pro Jahr im Durchschnitt verzehrt, hätten mehrere Hundert Menschen leben können, wenn Getreide auf den Flächen produziert worden wäre, von denen die Rinder lebten. Die Nahrungskette, die zum Fleisch führt, ist sehr verschwenderisch – zumindest aus der Sicht der Hungernden.

Nicht nur Rindfleisch ist so zu betrachten, sondern in zunehmendem Maße auch Schweinefleisch. Denn längst wird in der modernen Schweinefleischerzeugung nicht mehr mit Küchenabfällen und dergleichen gewirtschaftet, sondern mit hochwertigem Kraftfutter aus Mais und Sojaschrot. In wenigen Monaten statt Jahren sollen Schweine herangemästet werden. Gute Futterverwerter sind sie nur, wenn das Futter reichhaltig ist. Die eiweißreichen Kadaver toter Tiere, die Wildschweine mit ihrem ausgezeichneten Geruchssinn aufzuspüren wissen, ersetzt man mit entsprechend eiweißreichem Kraftfutter in der Stallhaltung. Der Mit-Esser Schwein gerät damit immer mehr in eine direkte Nahrungskonkurrenz zu den Menschen. Weil Futter, das für Schweine angebaut und erzeugt wird, auch für Menschen geeignet wäre, zum Beispiel als Getreide oder Körnermais. Nicht für die Menschen in den Industrieländern, denn die haben sogar einen (Export-)Überschuß an Getreide, sondern für die Menschen dort, wo Hunger herrscht, aber Futtermittel für Europas Schweine und Rinder angebaut werden müssen.

16. Wälder zu Weiden machen?

Wälder sind ihrer Natur nach arm an Großtieren. Das liegt daran, daß der weitaus größte Teil der jährlich neuen Pflanzenproduktion oben in den Kronen der Bäume heranwächst. Dorthin können größere Tiere nur unter Schwierigkeiten gelangen und große gar nicht, wenn die Bäume hoch gewachsen sind. Selbst den langhalsigen Giraffen ist mit etwa sieben Metern eine Grenze gesetzt. Den Kronenraum der Wälder nutzen daher vornehmlich die Insekten. Verglichen mit den grasenden Weidetieren der Serengeti und anderer ostafrikanischer Steppen und Savannen nutzen die Insekten das Blattwerk der Bäume jedoch offenbar nur in geringem Umfang. Kommt es tatsächlich einmal dazu, daß Insekten oder ihre Larven ganze Bäume kahlfressen, empfinden wir dies als eine Katastrophe, die in der Wald- und Forstwirtschaft als »Kalamität« bezeichnet wird. Im Normalfall verzehren die Insekten lediglich einige Prozent der Blattmasse, in Tropenwäldern sogar erheblich weniger. Die Tiere erreichen in Wäldern nur Promille-Anteile, verglichen mit dem Lebendgewicht der Pflanzen.

In der Savanne ist das anders. Wie am Beispiel der Serengeti erläutert, beweiden die Großtiere das tropische Grasland so intensiv, daß scheinbar kaum noch etwas davon übrigbleibt. Doch das unterirdisch verbliebene Wurzelwerk ermöglicht einen raschen Neuanfang, sobald die Niederschläge der neuen Regenzeit gekommen sind. Nach wenigen Wochen bedeckt üppiges Grün den Boden. Ein neuer Nutzungszyklus kann beginnen. Werden in unseren Regionen im Dauergrünland die Wiesen gemäht, kommt eine ähnliche Wirkung zustande. Gräser und Kräuter treiben aus den unterirdischen Wurzelstöcken rasch aus, und wenige Wochen später grünen die Wiesen schon wieder so, als ob vorher nichts geschehen wäre. Jungwuchs von Bäumen verträgt so etwas nicht.

Das scheint zwar selbstverständlich, doch in den Tropen und Subtropen funktionieren diese europäischen Nutzungsformen oftmals nicht. Das hängt mit der Natur tropisch-subtropischer Böden zusammen. Wie schon ausgeführt, gewinnen tropische Regenwälder ihr üppiges Wachstum nicht aus entsprechend fruchtbaren Böden, sondern weil sie wie ein Schwamm das Wenige an Nährstoffen aus dem Niederschlag aufnehmen und ergänzen, was durch Auswaschung verlorengeht. Da der Wald einen Großteil der umgesetzten Nährstoffe in einem recht gut geschlossenen Kreislauf hält, gehen die Nährstoffe verloren, wenn er abgeholzt und verbrannt wird. Aus den extrem ausgewitterten Böden kommt praktisch nichts mehr nach. Konkret bedeutet dies, daß an die Stelle eines Waldes mit einer Biomasse von 100.000 Tonnen pro Quadratkilometer dürftiger Graswuchs tritt, der nur einige wenige Kühe dauerhaft ernähren kann. Gute, für üppig grünes Weideland geeignete Böden sind selten. Sie beschränken sich auf Zonen vulkanischen Ursprungs. Tropische Rinderfarmen müssen, um überhaupt einigermaßen wirtschaftlich sein zu können, auf dem wenig ertragreichen Land riesige Flächen in Anspruch nehmen. Hunderte von Quadratkilometer pro Farm sind etwa im Innern von Brasilien keine Seltenheit. Rechnet man etwa einen Hektar pro Stück Vieh, so nehmen die Rinderweiden schon mehr als ein Fünftel der Gesamtfläche dieses fünftgrößten Landes der Erde ein. Jedes Rind braucht rund zehnmal mehr Fläche als hierzulande bei der Freilandhaltung. Ein Stück Vieh kostet daher mindestens den »ökologischen Gegenwert« von 1.000 Tonnen Tropenwald!

Extensive Rinderhaltung in den Tropen und Subtropen bedeutet großflächiges Wirtschaften mit hoher Inanspruchnahme der Weiden und nicht etwa, wie man meinen könnte, weitläufig mit geringer Nutzungsintensität. Darin steckt ein bedeutsamer Unterschied zu den natürlichen Grasländern gemäßigter Breiten, wie etwa der argentinischen Pampa oder den Steppen Asiens. Dort verträgt das Grasland ähnlich wie die Serengeti die Nutzung, weil die Steppenböden die Speicher darstellen, aus denen sich der Graswuchs immer wieder regeneriert. Bis zu 80 %, stellenweise sogar mehr, der gesamten Biomasse der Vegetation befindet sich dort in den Wurzeln (Breckle 1992). Auch die Wachstumszonen der Gräser bleiben unterirdisch geschützt vor dem Verbiß durch das weidende Vieh. Dieses regt das Wachstum sogar an – wie bei der landwirtschaftlichen Nutzung von Dauergrünland, wenn gemäht wird. Und so wie ertragreiches Grünland in Mitteleuropa mehrfache Mahd verträgt und dabei in der Jahresbilanz mehr Gras und Heu produziert als ungemähtes, verhält es sich auch mit den natürlichen Steppen und Savannen. Es muß also deutlich unterschieden werden, um welchen Typ von Weideland es sich handelt. Ursprünglich natürliches Grasland kann mit hohen Nutzungsraten von Weidetieren der Menschen durchaus verträglich sein, während abgeholzte, zu Viehweiden umgewandelte Tropenwälder das von der Art ihrer Böden nicht zulassen, zumindest nicht auf Dauer. Somit sind 50 Millionen Rinder auf Argentiniens Pampa etwas anderes als dieselbe Zahl im tropischen Brasilien auf ehemaligen Regenwaldflächen. Rindfleischproduktion in Südamerika sollte deshalb differenziert betrachtet und gewertet werden.

Auf die Großviehhaltung in Mitteleuropa bezogen könnte man auch vereinfachend feststellen: Was hier die massive Zusatzversorgung mit Futtermitteln leisten muß, um so außerordentlich hohe Erträge und Mengen zu erzielen, das müssen dort auf den innertropischen Weiden entsprechend große Flächen hergeben. Gegenwärtig dürfte Brasilien gerade noch etwa soviel Fläche an Tropenwald haben wie Rinderweiden. Dazu versorgt es aber auch noch hohe Anteile des europäischen Rinderbestandes mit Futtermitteln. Das schmälert einem Riesenland wie Brasilien zwangsläufig die Möglichkeiten für die eigene Bevölkerung. 1990 produzierte Brasilien nach FAO-Angaben 6,4 Millionen Tonnen Fleisch; das meiste davon in Form von Rindfleisch. 1996 war die Menge bereits fast auf elf Millionen Tonnen angestiegen. In dieser Zeit war eine Tropenwaldvernichtung von 128.000 Quadratkilometern festgestellt worden (Abbildung 16, Seite 96). Im statistischen Durchschnitt ergibt das den Gegenwert von 36 Tonnen Fleisch pro Quadratkilometer Wald oder 360 Kilogramm pro Hektar – das Gewicht einer mageren Kuh also für 1.000 Tonnen Wald. Das kann man nicht als ertragreiche Produktion einstufen, weder betriebswirtschaftlich noch volkswirtschaftlich, zumal die brasilianischen Fleischerzeugnisse, so sie exportiert werden sollten, auf dem Weltmarkt mit der europäischen Produktion zu konkurrieren haben. Die EU erzeugte 1996 brutto 8 Millionen Tonnen Rindfleisch. Dafür setzte sie im Folgejahr »Marktordnungsausgaben« von 12,5 Milliarden DM ein. Diese subventionierte Fleischproduktion sorgte auch dafür, daß das noch viel stärker als Brasilien auf den Export von Rindfleisch angewiesene Argentinien seine Wirtschaftskrise nicht mit guten Weltmarkterlösen mildern oder gar lösen konnte. Allein Deutschland erzielte 1997 »hohe Überschüsse an Rindfleisch, die nur teilweise exportiert werden konnten« (Fischer Weltalmanach 1999). Es übertraf mit 5,8 Millionen Tonnen produziertem Fleisch 1996 Argentinien um 2,37 Millionen Tonnen und damit um fast 70 Prozent.

Zusammen mit Frankreich liegt Deutschland wie anfangs dargestellt in der Spitzengruppe der Fleischproduzenten hinter China und den USA und deutlich vor Rußland, dem flächenmäßig größten Land der Erde. Flächenreiche Länder mit geringer Bevölkerungsdichte wie Brasilien, Argentinien und auch die USA müssen daher in ihrer Rindfleischproduktion mit dicht besiedelten, kleinen Ländern konkurrieren. Ganz abgesehen von der Weltwirtschaft hat das Konsequenzen für die Natur der Erde. Denn dieses Konkurrenzsystem zwingt die Erzeugerländer Südamerikas, »in die Fläche zu gehen«, während sich die Riesen der europäischen Fleischerzeuger in der Intensität der Produktion für diesen Konkurrenzkampf rüsten: Frankreich, Deutschland, Italien, Spanien, Großbritannien und die Niederlande erzeugten 1996 zusammen 26,3 Millionen Tonnen Fleisch. Das entspricht dem 1,6fachen von Brasilien, Argentinien und Kolumbien. Deren Landesflächen machen zusammen 12,5 Millionen Quadratkilometer aus, während die aufgeführten Mitgliedsstaaten der EU nicht einmal zwei Millionen Quadratkilometer Fläche aufweisen. Auf der 6,3fach größeren Fläche Südamerikas werden aber mit 16,4 Millionen Tonnen nur knapp zwei Drittel der europäischen Fleischmenge erzeugt. Der Unterschied steigt somit auf das 9,6fache oder rund das Zehnfache zugunsten Europas. Und während hier versucht wird, die Rindfleischproduktion zu vermindern, vergrößern Brasilien, Kolumbien und andere Länder Lateinamerikas die Flächen für die Rinderhaltung. Die weltwirtschaftliche Bedeutung dieser Entwicklungen kann hier nicht vertieft aufgezeigt werden. Der Hinweis mag genügen, daß die Agrarexporte aus der EU und den USA das wohl größte Hindernis bei den GATT-Verhandlungen der WTO bildeten. Und diese Problematik ist bis heute ungelöst.

Es soll statt dessen hier um die Folgen für die ganze Erde, für Europa und Deutschland gehen. Die Ausweitung der Rinderhaltung in Südamerika oder Australien »verbrauchte« Land, das sich im Naturzustand befand oder noch sehr naturnah und artenreich war. Doch die Bedrohung der Lebensvielfalt der Erde durch die Umwandlung riesiger Flächen von Tropenwäldern in Weiden und zum Anbau von Futtermitteln für den Export in die EU stellt nur eine Seite dessen dar, was auf dem Erdgipfel von Rio 1992 zum Kernstück des Zukunftsprogramms der Vereinten Nationen erklärt und in der sogenannten Biodiversitätskonvention in Verbindung mit »nachhaltiger Entwicklung« festgelegt worden war.

Die andere Seite stellt die Problematik der Klimaveränderung als Teil des umfassenderen »globalen Wandels« dar. Die Welt ändert sich und wird sich weiter verändern, wahrscheinlich sogar zunehmend rascher. Eine Schlüsselrolle wird dabei dem Klima zukommen, dessen weltweite Erwärmung inzwischen als anerkanntes Faktum gilt, wie auch das Artensterben. Als Hauptverursacher wurde der Mensch ausgemacht. Beides hängt sehr eng miteinander zusammen, wie das nächste Kapitel zeigen wird.

17. Weideland und Klimaänderung

Die gegenwärtige Änderung des Klimas erfüllt viele Menschen mit Sorge. Sie gilt als eine Hauptbedrohung für die Stabilität der wirtschaftlichen und sozialen Entwicklung und als globale Herausforderung für die Zukunft der Menschheit. Schwankungen des Klimas gab es allerdings immer wieder in der jüngeren und ferneren Vergangenheit. So herrschte in Europa zwischen etwa dem 15. und dem 18. Jahrhundert die sogenannte »Kleine Eiszeit«. Die Winter waren in diesen Jahrhunderten erheblich kälter als in der zweiten Hälfte des 20. Jahrhunderts, in der es in Deutschland und Mitteleuropa nur noch einen einzigen »Jahrhundertwinter« gegeben hat, nämlich 1962/63. Seit etwa 1850 stieg die Durchschnittstemperatur in Mitteleuropa um etwa ein Grad Celsius an. Der Anstieg verlief besonders ausgeprägt in den letzten beiden Jahrzehnten des 20. Jahrhunderts mit einer außergewöhnlichen Häufung überdurchschnittlich warmer Jahre. Unter ihnen waren die wärmsten seit Beginn der regelmäßigen Wetteraufzeichnungen vor gut 250 Jahren. Zahlreiche direkte Messungen und indirekte Methoden, die Rückschlüsse auf Wetter und Klima früherer Jahrzehnte und Jahrhunderte zulassen, führten in der internationalen Klimaforschung übereinstimmend zu der Feststellung, daß sich seit rund 150 Jahren das Klima der ganzen Erde deutlich erwärmt. Dieser Befund kann als gesichert gelten, und zwar unabhängig von der umstrittenen Frage, was in welchem Umfang nun letztendlich für diesen Klimawandel verantwortlich zu machen ist: natürliche Vorgänge, der Mensch oder beides.

Diese Seite der Problematik einer derzeit laufenden Klimaänderung soll hier nicht erörtert werden. Es geht auch nicht darum, ob überhaupt und wenn ja, inwieweit die Klima-Modelle zutreffen und sich für Zukunftsprognosen eignen. Ob etwa die Rolle des Wasserdampfes in der Atmosphäre hinreichend gut verstanden und darin berücksichtigt ist oder auch die gegenwirkenden Mechanismen, die in der Natur der Erde vorhanden sind. Der derzeitige Stand der Kenntnisse stellt mit Sicherheit noch längst nicht der Weisheit letzten Schluß dar. Neue Daten und Fakten werden die Einsichten verbessern, die Modelle verfeinern und »reaktiver« machen, vor allem aber auch die Möglichkeit eröffnen, die bisherigen Voraussagen einer kritischen Überprüfung zu unterziehen. Umstritten sind aber nach wie vor die notwendigen Maßnahmen, etwa im Hinblick auf das Kyoto-Protokoll oder die bisherige Weigerung der USA, diesen Vereinbarungen (und Zielsetzungen) beizutreten.

Hier soll ein pragmatischer Standpunkt eingenommen werden, der erstens davon ausgeht, daß an der gegenwärtigen Klimaerwärmung Wirkungen des Menschen maßgeblich beteiligt sind, die korrigiert werden könnten beziehungsweise sollten, und zweitens, daß dabei der Belastung der Erdatmosphäre mit den sogenannten »Treibhausgasen« eine Schlüsselrolle zukommt. In deren Minderung, insbesondere in der Freisetzung von CO_2, sollte der »richtige Weg« zur Stabilisierung des Klimas liegen. Sie sollte verhindern, daß die Durchschnittstemperatur weiter ansteigt. Das Kyoto-Protokoll und die Maßnahmen, die davon abgeleitet worden sind, stützen sich auf diese Annahmen. Sie werden daher auch den nachfolgenden Erörterungen zugrunde gelegt. Dabei geht es ausschließlich um die im Rahmen des Kyoto-Protokolls und der Welt-Klimakonferenzen festgelegten negativen Konsequenzen einer sich fortsetzenden Erwärmung der Erde. Mögliche – und sicherlich auch zu erwartende – positive Folgen, wie etwa verbesserte landwirtschaftliche Produktionsbedingungen für den Ackerbau in heutigen Randlagen, werden mit voller Absicht nicht berücksichtigt. Das soll keine Wertung sein, sondern lediglich die konkrete Umsetzung von Vorgaben aus den internationalen Klimakonferenzen kennzeichnen. Die daraus abgeleiteten Wertungen der bisherigen – vorgeschlagenen oder schon durchgeführten – Maßnahmen zum Klimaschutz berücksichtigen dementsprechend auf der Basis dieser Vorgaben auch keine möglichen Alternativen. Andere Sicht- und Projektionsweisen werden gar nicht mehr zugelassen (Reichholf 2002). Zum näheren Verständnis ist eine Übersicht der »klimawirksamen Gase« nötig. Tabelle 18 faßt sie anhand der in den internationalen Klimakonferenzen üblichen Angaben zusammen und fügt die Mitte der 1990er Jahre verwendeten Anteile am »Treibhauseffekt« hinzu.

Aus dieser Übersicht gehen mehrere wichtige Gesichtspunkte hervor. Erstens steht das Kohlendioxid als Hauptverursacher fest, denn es trägt mit mehr als der Hälfte zum Temperaturanstieg bei. Zweitens hingegen verlieren die FCKWs, die Fluorchlorkohlenwasserstoffe, zunehmend ihre Bedeutung, weil ihre Herstellung stark eingeschränkt worden ist. Mittelfristig können sie den derzeitigen Verhältnissen zufolge unberücksichtigt bleiben. Drittens sind die beiden verbleibenden Gase Methan und Lachgas mit ihrem derzeitigen Beitrag zur Erwärmung der Erdatmosphäre schon etwa halb so bedeutend wie das Kohlendioxid, und sie übertreffen die FCKWs um das Doppelte. Und viertens muß besonders hervorgehoben werden, daß Methan in den 1980er und 1990er Jahren eine fast doppelt so hohe Anstiegsrate pro Jahr aufwies wie das Kohlendioxid (Europäische Akademie für Umweltfragen 1997).

Gasart	Gehalt in der Luft (ppm)	jährliche Anstiegsrate	Anteil am Treibhauseffekt
CO_2 Kohlendioxid	350	0,5 %	55 %
CH_4 Methan	1,7	0,9 %	20–22 %
N_2O Distickstoffmonoxid (»Lachgas«)	0,31	0,3 %	5 %
FCKW Fluorchlorkohlenwasserstoffe	0,0004	(→ 0)*	12 %

* stark abnehmend und allmählich verschwindend wegen Einstellung der Produktion dieser als Kühlmittel verwendeten Stoffe (die wohl Hauptverursacher des sogenannten »Ozonlochs« über den Polen sind)

Tabelle 18: Globalübersicht der klimawirksamen Gase in der Erdatmosphäre (ppm = parts per million = Teilchen pro Million Luftteilchen). (Quelle: Schönwiese 1995)

Während aber die Zunahme des CO_2-Gehaltes der Atmosphäre vornehmlich der Verbrennung von fossilen Energieträgern, insbesondere von Erdölprodukten und Kohle, zugeschrieben und damit dem Menschen direkt angelastet wird, läßt sich der nahezu doppelt so schnelle Anstieg des Methans nicht damit erklären, daß mehr Erdgas verbraucht wird, zumal dies ja gerade aus Gründen des Klimaschutzes als höchst wünschenswert gilt. Denn bei der Verbrennung von Methan entstehen pro Molekül CH_4 zwei Moleküle Wasser (H_2O) und nur eines von CO_2, das freigesetzt wird. Je größer der Gehalt an Kohlenstoff (C) in den Verbindungen (Kohlenwasserstoffe), um so mehr wird im Verhältnis CO_2 erzeugt und um so stärker nimmt das freigesetzte Wasser ab. Verbrennt man reine Kohle, gibt es überhaupt keinen Wasseranteil mehr, dafür aber, wenn die Verbrennung bei entsprechend hohen Temperaturen abläuft, neben dem Kohlendioxid auch das sehr giftige Kohlenmonoxid (CO).

Methan (Erdgas) zu fördern und zu nutzen gilt daher als »gut« im Sinne einer Verminderung der Belastung der Erdatmosphäre mit Kohlendioxid, auch wenn bei der Förderung nicht unerhebliche Mengen entweichen. Gelangt es in die Atmosphäre, erzeugt es aber eine weit stärkere Treibhauswirkung als das Kohlendioxid; den ppm-Anteilen zufolge rund das 80fache und pro Molekül gerechnet etwa das 20fache. Somit kann der jährliche Anstieg von fast 1% beim Methan die Wirkung der Abnahme der FCKWs möglicherweise nicht nur aufheben, sondern sogar überkompensieren. Allein aus diesen Gründen ist es nötig, die Quellen von Methan, das in die Erdatmosphäre gelangt, zu berücksichtigen. In der Hauptsache handelt es sich um fünf Quellen: die genannte Förderung von Erdgas, bei der Verluste nicht ganz zu vermeiden sind, die Freisetzung von Methan aus Mooren in kühlen und kalten Regionen, wo es sich bei der langsamen Zersetzung von Pflanzenstoffen unter Luftabschluß bildet (»Sumpfgas«); die Verdauungssysteme von Wiederkäuern sowie Großtermiten und schließlich letztens Reiskulturen in den Tropen und Subtropen, wo Methan auf ähnliche Weise wie in den Mooren entsteht. Die letzten beiden Quellen hängen eng zusammen. Rinder (Wiederkäuer) atmen als Nebenprodukt ihrer Vorverdauung der Nahrung in den komplizierten Mägen Methan aus, und Großtermiten (*Macrotermes*-Arten) produzieren auf eine gleichartige Weise Methan. Die eigentlichen Verursacher sind in beiden Fällen Mikroorganismen, die in den Verdauungssystemen der Rinder und anderer Wiederkäuer sowie der Großtermiten leben. Sie stellen das Methan als Nebenprodukt ihrer Verwertung ansonsten unverdaulicher Pflanzenstoffe her. Für die Tiere, in denen sie als sogenannte Symbionten leben, sind sie zur Nutzung der extrem eiweißarmen Nahrung unentbehrlich.

Durchaus vergleichbar verhält es sich mit der Erzeugung von Methan in den Reiskulturen sowie mit der Freisetzung von Lachgas. Die chemischen Vorgänge, die dazu führen, hängen mit der Bindung von Luftstickstoff zusammen. Der größere Teil der Freisetzung von Methan steht daher in Zusammenhang mit Formen der Landwirtschaft. Eine besondere Rolle kommt dabei den Rindern zu, ihrer großen Zahl und Biomasse wegen, die, wie ausgeführt, das Lebendgewicht aller Menschen der Erde um ein Mehrfaches übertrifft, zum anderen aber auch wegen ihrer »Verknüpfung« mit den

Termiten in den Tropen und Randtropen. Denn es ist das Rinderweideland, das Ausbreitung und Vermehrung der Großtermiten so entscheidend und nachhaltig gefördert hat, daß sie heute als eine der beiden Hauptquellen von Methan angesehen werden müssen. Die Großtermiten leben im Prinzip wie die Rinder von dürren, wenig ergiebigen Pflanzenstoffen, von dürrem Gras und Resten der Wurzelstöcke der Bäume abgeholzter, zu Rinderweiden umgestalteter Wälder. Tropische Rinderweiden kennzeichnen daher in ähnlicher Weise Massen von Termitenhügeln, wie humusreiche, viele Regenwürmer enthaltende Böden in unseren Breiten von den Maulwurfshaufen charakterisiert sind. Die Ausbreitung der Rinderwirtschaft in den Tropen begünstigte die Ausbreitung der Termiten. Wohl niemals zuvor waren sie so verbreitet wie heute. Auf den meisten tropischen Weideflächen übertrifft ihr Lebendgewicht pro Hektar das der Rinder ganz erheblich, schätzungsweise mehrere Hundert Kilogramm im Durchschnitt.

Rinder und Termiten lassen sich im Hinblick auf Methan daher in den Tropen gemeinsam betrachten. Denn letztendlich geht es um die Verwertung der an Nährstoffen armen, raschwüchsigen und schnell verdorrenden Tropengräser. Was sie pro Wachstumszyklus an Biomasse aufbauen, geht nicht wie im Grasland außertropischer Regionen in die Humusbildung des Bodens – und damit in ein langfristiges Depot – ein, sondern es gelangt anstelle von Kohlendioxid, das vorher beim Wachstum der Pflanzen aufgenommen worden war, als Methan in die Luft zurück – Methan, das die Treibhauswirkung pro Molekül im Vergleich zum Kohlendioxid um rund das 20fache verstärkt (siehe Tabelle 18)! Tropisches Grasland wirkt daher im Gegensatz zu den Böden der Pampas, Prärien und Steppen außertropischer Regionen nicht als Speicher für Kohlendioxid, sondern als Quelle von Methan. Das macht die Umwandlung von Tropenwald in Weideland aus der Sicht der Klimaveränderung so problematisch.

Hinzu kommt, daß wegen ausgeprägter Dürrezeiten im tropischwechselfeuchten Klima und mangelnder Bodenbildung und -bindung gerade die Weideflächen in den Tropen Jahr für Jahr teilweise mehrmals abgebrannt werden, um neuen Graswuchs zu stimulieren und zu verhindern, daß ungenutztes altes, dürr gewordenes Gras sich anhäuft und das Nachwachsen unterdrückt. Die solcherart in den Tropen und Subtropen jährlich abgebrannten Flächen sprengen die Vorstellungskraft, entsprechen sie doch mit zusammen etwa 700 Millionen Hektar etwa der Größe Australiens. Die Erde wird vor allem auf ihrer Südhalbkugel so sehr unter Feuer gehalten, daß sie durchaus auch der »flambierte Planet« genannt werden kann. Die Wärmemenge, die dabei jährlich gänzlich ungenutzt freigesetzt wird, entspricht mit 500 Millionen Tonnen Steinkohleeinheiten fast genau der Gesamtmenge an Energie, die Deutschland als drittgrößte Industrienation der Erde pro Jahr umsetzt.

Diese bereits Anfang der 1990er Jahre vom Umweltprogramm der Vereinten Nationen (UNEP) ermittelten Werte führen die globale Dimension des Problems wohl deutlich genug vor Augen. Dabei gehen diese 500 Millionen Tonnen Steinkohleeinheiten direkt als Wärme und zusätzlich als schnelle und sehr kurzfristige Rückführung von Kohlendioxid in die Atmosphäre. Letzteres wirkt dann zusätzlich aufwärmend. Es ist kaum zu glauben, daß ein Teil der weltweiten eineinhalb Milliarden Rinder auf diese Weise so unfaßbar viel Energie »verschleudert« und dabei gleich in dreifacher Weise auf das Klima der Erde wirkt: über die von den Bränden freigesetzte Wärme, über das zu schnell in die Atmosphäre zurückgeschickte, nicht mehr ins Depot der Böden gelangende Kohlendioxid und über das Methan, das bei ihrer Verdauung ausgeatmet wird.

Ein vierter Effekt ergibt sich auf etwas weniger direkte Weise. Wenn man davon ausgeht, daß für das tropisch-subtropische Weideland großflächig Wälder gerodet worden sind, fehlt es damit an der von den Wäldern erzeugten Verdunstungskühlung. Offenes Weideland erwärmt sich tagsüber während der Sonneneinstrahlung ungleich stärker als geschlossener, feuchter Wald. Das hat zur Folge, daß unter der Einwirkung dieser trockenen Hitze auch die angrenzenden Ränder des Regenwaldes so weit austrocknen, daß sie angezündet werden können. In großem Umfang verschiebt sich das innertropische Feuchtklima. Wo etwa in Mato Grosso in Brasilien der geschlossene Wald auch während der regenärmeren Monate feucht genug geblieben war, um nicht in Brand gesetzt werden zu können, ist das In-Brand-Setzen inzwischen leicht möglich. Die mit 1.800 bis 2.000 Millimeter Regen pro Jahr üblicherweise angesetzte Grenze tropisch dauerfeuchter Wälder (»Regenwälder«) gegenüber den Saison- oder Monsunwäldern mit richtigen Trockenzeiten (Laubabwurf der Bäume) verschiebt sich damit bis ins Herz der Tropen hinein. Denn die bis zu zehn Meter Niederschlag pro Jahr entstammen in Amazonien und dem Kongo-Regenwald in Afrika um so mehr dem sogenannten kleinen Wasserkreislauf, je weiter entfernt sie vom Atlantik liegen, der Quelle des Niederschlagswassers. Zentral- und Oberamazonien setzen die Niederschläge im Jahreslauf gleich mehrfach um, bevor das Wasser über den Amazonas zum Südatlantik zurückfließt. Der Wald verdunstet das, was später wieder als Regen niedergeht. Der geschlossene Wald verzögert den Abfluß, doch wo die Wälder vernichtet sind, verläßt das Wasser viel zu schnell das Land. Daher können auch die inneren, die »feuchten Tropen« austrocknen, wenn ihr kleiner Wasserkreislauf unterbrochen wird. »Klein« bezieht sich dabei nur auf die Entfernungen, die das Wasser zurücklegt, und nicht auf die Stärke der Niederschläge. Erzeugen die Wälder selbst die sich zum Tropengewitter verdichtenden Wolkenmassen, hat das Wasser eigentlich nur eine Aufwärts- und dann gleich wieder eine Abwärtsbewegung im Gebiet selbst gemacht. Der große Kreislauf dagegen führt es vom Meer heran und über Hunderte oder Tausende von Kilometern wieder zum Meer zurück. Wenn es also in Oberamazonien, in Peru und Kolumbien östlich der Anden pro Jahr die weitaus größten Niederschlagsmengen verglichen mit Zentral- und Ostamazonien gibt, so liegt dies an der besonderen Art der Wasserkreisläufe. Das dem Atlantik, von wo der Niederschlag mit den Passatwinden kommt, nächstgelegene Teilgebiet Amazoniens erhält die geringste Niederschlagsmenge, das meerfernste Oberamazonien die größte. Fehlen die wasserverdunstenden Wälder, nehmen auch die Niederschläge entsprechend ab. Weite Bereiche können damit in der kurzen Zeit von einigen Jahrzehnten unter die kritische Grenze fallen, ab der noch Regenwald wächst und gedeiht. Die Folge ist, daß auch die aus Gründen des Naturschutzes übriggelassenen Waldflächen austrocknen, weil sie zu kleine Inseln in ihrer weithin entwaldeten Umgebung geworden sind.

Somit hängen die Verluste an Artenvielfalt in den Tropenwäldern nicht an deren direkten Flächenverlusten allein, sondern auch an den durch Rodungen und Flächenumwandlungen ausgelösten Klimaveränderungen. Nur dort, wo nahezu das gesamte Niederschlagswasser direkt vom Meer kommt, können auch kleine Restflächen überleben und ihren Charakter als (artenreiche) Regenwälder beibehalten. So etwa in Mittelamerika, in Costa Rica, Panama und

Nicaragua, weil die Niederschläge direkt aus der Karibik zur schmalen Landbrücke zwischen Nord- und Südamerika gelangen, ohne daß die dortigen Wälder selbst in nennenswertem Umfang Wasser verdunsten müssen, um die Niederschlagstätigkeit aufrechtzuerhalten. Die Waldreste im Landesinneren unterliegen daher einer doppelten Einschränkung: Ihre Fläche muß groß genug sein, um den in ihnen enthaltenen Artenschatz zu sichern, aber auch um zu garantieren, daß sie sich selbst genug Regen liefern, wobei für die Erzeugung richtiger Tropenregen weit größere Waldflächen notwendig sind als etwa für die Erhaltung überlebensfähiger Bestände bestimmter Tier- oder Pflanzenarten.

In fataler Weise treffen hier gleich zwei frühere Fehleinschätzungen von Weltbank und Entwicklungshilfe-Organisationen zusammen. Die erste hängt mit der eben geschilderten Situation zusammen, daß kleine Tropengebiete zwischen oder inmitten von warmen Ozeanen, wie die mittelamerikanische Landbrücke oder Inseln in Südostasien, stets auch die Hauptmasse ihres Niederschlags direkt und so gut wie ausschließlich vom Meer bekommen. Das weckt den Eindruck, auch kleine Flächen könnten weiterexistieren, auch wenn sie wie Inseln im Kulturland liegen. Die zweite Fehleinschätzung hängt mit der Qualität der Böden zusammen. Sind sie, wie im Falle der genannten mittelamerikanischen Landbrücke, erdgeschichtlich jungen, vulkanischen Ursprungs, zeichnen sie sich durch für Tropenverhältnisse (mit der starken Auswaschung von Pflanzennährstoffen durch die heftigen Tropenregen) große Fruchtbarkeit aus. An sich seltene, weil geographisch nur kleinräumig vorkommende Arten können deshalb überleben, weil ihre Bestände groß genug sind. In den erdgeschichtlich alten, großflächigen Tropenregionen hingegen entstammt das Niederschlagswasser zu einem mehr oder minder großen Anteil aus der Eigenverdunstung der Wälder. Nur die Verluste, also all das, was die Flüsse dem Meer wieder zuführen, werden dabei von diesem her ergänzt und ausgeglichen. Die Artenvielfalt ist groß, aber – wie ausführlich dargelegt in Kapitel 12 – weist sehr kleine Bestandsgrößen (geringe Siedlungsdichte) auf. In den inselartigen Restflächen können viele Arten nicht überleben, weil sie in zu kleinen isolierten Beständen vorkommen. Gute Böden und direkte Wasserversorgung vom Meer her machen jedoch erheblich weniger als 10% der Gesamtheit der

Tropenwälder aus. Damit hängt das Überleben der Artenvielfalt wie auch der Wälder selbst daran, ob die verbleibenden Flächen hinreichend groß ausfallen, um sich selbst erhalten zu können.

Die Ausweisung von Schutzgebieten oder Vorrangflächen für die Erhaltung der Tropennatur hat beides zu berücksichtigen. In Amazonien wie im westafrikanischen Tropenwaldgebiet nähern sich inzwischen die gerodeten und anderweitigen Nutzungen zugeführten Flächen der Größe und Verteilung nach diesen kritischen Grenzwerten an. Spielraum gibt es kaum noch. Auf den großen Inseln Südostasiens scheint die kritische Grenze bereits überschritten zu sein. Das zeigte sich an den gigantischen Waldbränden auf Borneo Ende der 1990er Jahre, deren Rauch- und Aschewolken den Himmel über Singapur verdunkelten.

Doch auch in Südamerika ereignen sich jedes Jahr Großbrände. Dann liegt bleierne bis düster gelbliche Luft über dem Zentrum des Kontinents. Und über dem zweitgrößten tropischen Feuchtgebiet der Erde, dem Pantanal in Mato Grosso und den angrenzenden Bereichen des Gran Chaco von Bolivien, Paraguay und Nordargentinien, taumeln im Juli und August, der Trockenzeit des Südwinters, unablässig grauweiße Ascheflocken wie geisterhaftes Schneegestöber aus dem wolkenlosen Himmel nieder. Wochenlang landen Flugzeuge im Innern des Kontinents nur nachts, weil am Tag die Positionslichter der Start- und Landebahnen nicht zu sehen sind, als handelte es sich um Zeiten sehr dichten Nebels.

All dies geschieht, um schlechte Weiden für mageres Rindvieh ein wenig zu verbessern, um ein wenig Zeit zu gewinnen bis zur endgültigen Aufgabe der Weiden. Der Preis für diese geradezu absurde Viehwirtschaft ist viel zu hoch, um sich auch nur kurzfristig zu lohnen. Nicht ohne guten Grund kam diese Entwicklung erst in unserer Zeit mit Hilfe internationaler Finanzmittel in Gang. Brasilien, länger als Nordamerika von Europäern besiedelt, hielt sich fast ein halbes Jahrtausend lang an die natürlichen Vorgaben. Regenwald in Weideland umzuwandeln kam niemandem in den Sinn – bis von außen die Möglichkeiten dazu geboten (und finanziert) wurden.

Die »Energiesteuer« in Deutschland stellt einen Teil jenes Preises dar, den man uns zu zahlen gezwungen hat, weil sich das Klima der Erde nachweislich verändert. Ob das gerechtfertigt ist und ob sie dazu beiträgt, die Klimaveränderung abzumildern, darauf wird noch einzugehen sein. Hier geht es darum festzuhalten, daß das Kohlendioxid aus Motoren und Heizkraftwerken keineswegs der alleinige Verursacher der Erwärmung des Klimas ist. Es wird auch zu prüfen sein, ob die bisher in Gang gesetzten Gegenmaßnahmen irgendwelche Aussichten auf Erfolg haben – oder ob es womöglich bessere Ansätze gäbe, die Erde nicht weiter aufzuheizen.

Auf jeden Fall soll hier als Zwischenbilanz festgehalten werden, daß es keineswegs die sechs Milliarden Menschen der Weltbevölkerung alleine sind oder gar nur jenes Fünftel der Menschheit, das viel Energie in den wohlhabenden Ländern der Ersten Welt verbraucht, von denen die Klimaveränderung ausgeht. Die eineinhalb Milliarden Rinder sind erheblich beteiligt und einige andere Haustiere auch. Für sie ist das Antlitz des Landes global von »grün« zu »braun« verändert worden – um es plakativ auszudrücken.

18. Die Kosten der Fleischerzeugung

Soll nun aus alldem der Schluß gezogen werden, daß Fleisch, insbesondere Rindfleisch, ein Luxus ist, den sich das Fünftel der Reichen angesichts der Millionen und Abermillionen armen und hungernden Menschen nicht länger leisten sollte? Zumindest nicht im gegenwärtigen Umfang?

Diese Frage ernsthaft zu stellen und zu erörtern scheint berechtigt und notwendig. Doch sie ist sicherlich zu pauschal und etwa von derselben Qualität wie die utopische Forderung, das Auto möglichst rechtzeitig wieder abzuschaffen, bevor die ganze Menschheit motorisiert sein möchte und das auch sein könnte. Werfen wir daher zunächst einen Blick auf die Verhältnisse der Fleischproduktion. Nach den bisherigen Ausführungen liegt der Vergleich dreier höchst unterschiedlicher Länder mit (sehr) hoher Fleischproduktion nahe. Hierzu bietet Tabelle 19 die Grunddaten; das aufrüttelnde Buch von Rifkin (1994) bietet eine umfassende Darstellung der Lage vor gut einem Jahrzehnt. Seine Daten mag im einzelnen die Zeit überholt haben,

Land	Millionen Rinder	Rinder/km²
Indien	196	59,6
Brasilien	165	19,3
USA	103,5	10,6
Argentinien	50,8	18,2
Rußland	39,7	2,3
Sudan	23,5	9,4
Frankreich	20,5	37,7
Deutschland	15,7	44 (!)
Uruguay	10,7	59
Österreich	2,3	27,4

Tabelle 19: Rinderbestände ausgewählter Länder am Ende des 20. Jahrhunderts mit Bezug zur Landesfläche. (Quelle: Fischer Weltalmanach 1999)

nicht aber seine grundlegenden Befunde und Schlußfolgerungen. Daher bilden sie die Grundlage für die folgenden Überlegungen.

Die Angaben zeigen erneut die höchst ungleiche Häufigkeit der Rinder pro Quadratkilometer Landesfläche. Doch läßt sich die Auswahl besser gliedern und gruppieren. So kann Indien mit voller Berechtigung als Sonderfall ausgegliedert werden, weil der weitaus größte Teil seines damals sicherlich weltgrößten Rinderbestandes von den Heiligen Kühen gestellt worden ist, die weder zubereitete Weideflächen zur Ernährung gestellt bekommen noch in für die Bestandsgröße relevantem Umfang verzehrt werden. So ist der Rinderbestand Indiens ähnlich neutral zu werten wie die gut eineinhalb Millionen Großtiere der Serengeti. Das Fleisch, das entsteht, kostet nichts. Doch einschränkend muß nun nach den Ausführungen in Kapitel 16 betont werden, daß selbstverständlich auch diese fast 200 Millionen Rinder Indiens Anteil an der von den Rindern global abgegebenen Methanmenge haben – etwa ein Siebtel, und das ist gewiß nicht wenig.

Die übrigen ausgewählten Länder bilden drei Gruppen. Die eine hat der bloßen Zahl nach viele Rinder, aber eine geringe Zahl pro Fläche. Dazu gehören Rußland und der Sudan mit weniger als zehn

Rindern pro km². Die zweite Gruppe mit Rinderzahlen zwischen zehn und 20 pro km² kann als »Mittelgruppe« bezeichnet werden (USA, Argentinien und Brasilien). Die Gruppe der Länder mit sehr hohen Rinderzahlen zwischen knapp 30 und fast 45 pro km² bilden keineswegs typische »Grasland-Staaten«, sondern sie gehören zum Kernbereich der Europäischen Union und sind mit Menschen so dicht besiedelt, daß landwirtschaftliche Nutzflächen nur etwa die Hälfte des Landesfläche oder weniger (wie in Österreich mit hohem Anteil an Gebirge) ausmachen. Der einzige so gut wie vollständig als »Rinderland« zu bezeichnende Staat, Uruguay, fällt mit 60 Rindern pro km² und 10,7 Millionen Rindern insgesamt nicht wirklich aus dem Rahmen der Europäer, denn Deutschland hat sogar, auf die landwirtschaftliche Nutzfläche bezogen, mit über 90 pro km² noch um die Hälfte mehr. Ähnlich verhält es sich mit Frankreich und Österreich. Doch das gesamte Uruguay hat weniger Einwohner als Berlin, und die dortigen zehn Millionen Rinder weiden das ganze Jahr über – ohne Zufütterung – auf der Pampa; in der EU kommen dagegen große Anteile des Rinderbestandes überhaupt nicht mehr auf Weiden hinaus. Sie werden ausschließlich in Ställen als Mastvieh gehalten.

Rußland und die USA unterscheiden sich sehr stark in der Fleischmenge, die pro Kopf der Bevölkerung verzehrt wird. Rußland hatte, Rinder und Schweine zusammengenommen, 1997 etwa 62,3 Millionen, die USA hingegen 100 Millionen mehr. Dennoch bleiben beide auf ihre Landesflächen bezogen im niedrigen Bereich. Für Rußland errechnen sich lediglich 1,3 Schweine pro km², für die USA sechs, aber für Deutschland 66,5 Schweine pro km² – das Zehnfache der USA und das mehr als 50fache im Vergleich zu Rußland.

In diesem reinen Mengenvergleich bleibt die »Qualität« die Tiere unberücksichtigt, also wieviel Fleisch tatsächlich pro Jahr erzeugt wird. Unterschiede lassen sich am Vergleich Deutschlands (»Stallfleisch«) mit Argentinien (»Freilandfleisch«) aufzeigen, wobei beide Länder gezielt Überschüsse für den Export erzeugen und damit auf dem Weltmarkt konkurrieren.

Tabelle 20 enthält die Gegenüberstellung: Intensität und Flächeninanspruchnahme zur Produktion von Rindfleisch in Deutschland und Argentinien verhalten sich wie 15:1. Für jedes Kilogramm Rindfleisch wird in Deutschland also etwa der 15fache Aufwand wie in Argentinien betrieben. Im Preis verkehrt sich das jedoch geradezu ins Gegenteil, denn argentinisches Fleisch wird in Supermärkten zu »Sonderpreisen« angeboten, so daß es etwa gleich viel wie das deutsche Rindfleisch kostet und der Eindruck erweckt wird, es müßte eigentlich teurer sein, weil es von so weit her kommt. Zu den Erzeuger- und wirklichen Transportkosten hat der Ladenpreis jedoch praktisch

	Millionen Tonnen Rindfleisch	Millionen Rinder	kg/Rind
Argentinien	2,55	50,8	50,2
Deutschland	1,54	15,7	98,2

	Fläche	Verhältnis Fläche	Verhältnis Produktion
Argentinien	2.780 Mio km²	8	1
Deutschland	357.000 km²	1	2

Der flächenbezogene Unterschied von Rinderzahl und Fleischproduktion beläuft sich daher im Vergleich Deutschland : Argentinien auf etwa 15:1.

Tabelle 20: Vergleich der Intensität der Rindfleischproduktion in Argentinien und Deutschland (1997). (Quellen: Fischer Weltalmanach 1999 und eigene Berechnungen)

keinen Bezug, denn die Preisgestaltung beruht auf einem hochgradig komplexen, nahezu undurchschaubaren Subventions- und Besteuerungssystem. Im Ergebnis bleibt das unvergleichlich billigere und weitaus weniger Energie zu seiner Produktion und zum Vertrieb verzehrende Rindfleisch aus der Pampa der große Verlierer; und blieb das auch, nachdem die große BSE-Krise den europäischen Rindfleischmarkt erschütterte, langfristig jedoch nicht veränderte.

Dies erfordert einen weiteren Vergleich: den Argentiniens mit Brasilien. Die Rinderhäufigkeiten fallen für beide mit 19,3 und 18,3 Rinder pro km² nahezu gleich aus. Doch in Brasilien erfaßt die Rinderhaltung mit mindestens einem Fünftel des ganzen Landes (siehe

Kapitel 16) ein Vielfaches des natürlichen Graslands. In Argentinien beschränkt sie sich hingegen auf das für Weidevieh hochproduktive natürliche Grasland der Pampa. Das geht aus dem Nebenvergleich mit Uruguay hervor. Die dortigen 60 Rinder pro km² entsprechen guten »Pampa-Verhältnissen«, und sie liegen dreimal so hoch wie in Brasilien. Da Brasilien mit dem Pampa-Anteil in Rio Grande do Sul, dem traditionellen Rinderzucht-Gebiet der brasilianischen Gauchos, direkt an Uruguay grenzt und entsprechend gute, seit Jahrhunderten auch so genutzte Weideflächen hat, stellt nicht dieses, sondern das neue, das gerodete Rinderland im tropischen Brasilien das global ausgreifende Umweltproblem dar. Argentinien erzeugt wie auch Uruguay und der Süden Brasiliens auf natürlichem Grasland das (hochwertige) Rindfleisch. Ein bloßer Bezug auf die gesamte Landesfläche reicht zur Beurteilung der ökologischen Auswirkungen nicht aus. Daher muß auch für Deutschland der viel höhere Wert von über 90 Rindern pro km² landwirtschaftliche Nutzfläche zugrunde gelegt werden. Gleiches gilt für Frankreich, Österreich und die anderen Staaten der EU mit großen Rinderbeständen. Für die Beurteilung der »globalen Öko-Kosten« der Fleischproduktion ist diese Klarstellung höchst bedeutungsvoll. Tabelle 21 stellt die Daten der »globalen Öko-Kosten«, wiederum für 1997, zu den Hauptproduzenten von Sojabohnen vergleichend zusammen.

Brasilien verstärkte also ähnlich wie das hinsichtlich der Bevölkerung fast zehnmal größere China die Sojaproduktion um mehr als ein Drittel auf das Doppelte der Produktionsmenge Chinas, während in Argentinien die Menge abnahm. Daraus läßt sich die Quantität der Sojaprodukte ablesen, die als Futtermittel auf den Weltmarkt und nach Europa gelangen. Weltmarktführer sind nach wie vor die USA. Dort wächst Soja nicht auf Fluren in tropischen Breiten wie in Brasilien, das nur 1,5 Millionen Tonnen Schweinefleisch (USA 7,6 und Deutschland 3,6 Millionen Tonnen pro Jahr) erzeugt. Brasilien produzierte dazu noch über 36 Millionen Tonnen Körnermais als Viehfutter – also zehnmal mehr als Deutschland. Die tropisch-brasilianischen Flächen werden also doppelt mit Rindern und Futtermitteln belastet, im Gegensatz zu Argentinien (und dem außertropischen Süden Brasiliens).

Erneut ist zu betonen, daß diese Feststellungen keine Wertungen darstellen. Die Weltmarktverhältnisse zwangen Brasilien auf diesen

	1990	1997	Zunahme in %
USA	59,8	74,1	24
Brasilien	19,1	26,1	37
China	9,7	13,3	37
Argentinien	11,3	11,0	– 4

Tabelle 21: Jährliche Sojabohnen-Erzeugung in Millionen Tonnen. (Quelle: Fischer Weltalmanach 1999)

Weg, und sie bereiten größte Schwierigkeiten beim Absatz hochwertigen Rindfleisches. Das davon vollständig abhängige Uruguay wurde von einem der reichsten Länder Südamerikas (vielfach mit der Schweiz verglichen) zu einem verarmten, wirtschaftlich ums Überleben kämpfenden Land. Daß die meisten Länder Südamerikas nun insbesondere in der Tropenzone so massive Veränderungen in ihrer Natur vornehmen, beruht mit Sicherheit nicht darauf, daß ihre Bevölkerung (zu) stark angewachsen ist. Die Verursacher des Problems sind Europa und die anderen reichen Staaten der Ersten Welt – Verursacher auch im Hinblick auf die globalen Folgen für Klima und Biodiversität. Wälder und tropische Savannen brennen für Europa insbesondere in jenen Teilen der Erde, die Ableger Europas sind: die »Neo-Europas«, wie Crosby (1986) sie genannt hat. Es fällt schwer, dies nicht als »Öko-Kolonialismus« zu empfinden.

IV. Brot und Fleisch

19. Die Gier nach Fleisch

Erschütternde Bilder gingen während der großen Dürre in der Sahel-Zone Afrikas in den frühen 1970er Jahren um die Welt. Kinder, zu hautbespannten Skeletten abgemagert, hohläugig und mit Bäuchen voller Würmer, aber ohne richtige Nahrung, lösten Wellen von Mitleid und Hilfsbereitschaft aus. Das damals noch junge Fernsehen trug Hunger und Elend unvergleichlich näher an die im Überfluß lebenden Menschen heran, als das die eindrucksvollsten Schilderungen zu leisten vermocht hätten. Die Saheldürre, verursacht von einer Reihe biblisch anmutender magerer Jahre, wurde zum warnenden Vorzeichen der sich anbahnenden globalen Änderungen in Wetter und Klima. Als sie sich auch im Rückgang einiger Zugvogelarten bemerkbar machte, wurde die Klimaänderung als gegeben angesehen, auch von den nationalen und internationalen Organisationen für Entwicklungshilfe. Der ganze Südrand der Sahara war betroffen, die Wüste breitete sich aus.

Die Ursachen wurden alsbald gefunden: die Bevölkerungsexplosion, Überweidung durch das Vieh und künstliche Staatsgrenzen, die von den früheren Kolonialmächten gezogen worden waren. Noch war das weltweite Wirken eines »Wettermachers« unentdeckt, nämlich des Wechsels zwischen kaltem und warmem Wasser an der Westküste Südamerikas im Pazifik. Und weil dort, so fernab von Afrika, das kalte Wasser üblicherweise um die Weihnachtszeit eintrifft, erhielt der Wasserwechsel von der peruanischen Küstenbevölkerung die Bezeichnung »el niño«, das Christkind. Ein mehr oder weniger regelmäßiger Wechsel zwischen (starken) Warmwasser- und normalen Kaltwasserjahren im Ostpazifik bringt in davon so weit entfernten Regionen wie den südostasiatischen Inseln und sogar für die südlichen Randbereiche der Sahara je nach Phase wenig oder reichlich Regen. Die biblischen »sieben fetten und sieben mageren Jahre« Ägyptens gehen wohl auf dieses Phänomen zurück. Daß sich seit zwei bis drei Jahrzehnten solche El-Niño-Ereignisse häufen, wird als weiteres Anzeichen für die Klimaerwärmung gewertet. Das Leben von Millionen von Menschen hängt davon ab.

Sollte es tatsächlich so sein, daß die vom Menschen verursachte Erwärmung des Klimas die Ursache auch hierfür ist, machen wir uns mit unserem exzessiven Energieverbrauch mitschuldig. Überschüsse an Nahrung, die bei uns erwirtschaftet worden sind, rasch und wirkungsvoll in die Hungergebiete zu bringen, gebietet die Humanität. Hungerhilfe ist Überlebenshilfe und nicht etwa »Hilfe zur Selbsthilfe«, als die die Entwicklungshilfe zunehmend deklariert wird. Niemand kann – und wird – etwas dagegen haben, den armen Hungernden jenes Almosen zukommen zu lassen, das sie am Leben erhält. Diese Nächstenliebe braucht nicht gelehrt oder gar mit guten Argumenten begründet zu werden. Nach Ursachen fragt sie in aller Regel nicht, weil es ums nackte Überleben geht. Kann dieses einigermaßen gesichert werden, bis der nächste Regen kommt und den Hungergebieten wieder Ernten bringt, scheint das Richtige getan und alles (wieder) in Ordnung zu sein. Daß manche, die sich vor Ort genauer mit dieser Problematik auseinandersetzen, zu anderen Ansichten und Schlußfolgerungen kommen (Datta 1984), wird bei uns so gut wie nicht zur Kenntnis genommen. Die Menschen haben sich eben zu stark vermehrt und nicht begriffen, daß die von der Ersten Welt zur Verfügung gestellte medizinische Versorgung auch bedeuten sollte, die Kinderzahl entsprechend zu senken, weil die Kindersterblichkeit zurückgegangen ist.

Nun wurde zwar in den Kapiteln 13 und 14 bereits versucht zu begründen, daß die großflächige Vernichtung tropischer Wälder nicht primär dazu gedient hat, Lebensraum und Versorgungssicherheit für hungernde Menschen zu gewinnen, sondern die Bestände an Vieh, vor allem an Rindern, weiter vergrößern zu können. Aber diese Feststellung erklärt als solche noch nicht, warum es dazu überhaupt gekommen ist. Warum werden Rinder so hoch geschätzt, auch wenn sich ihr Fleisch auf dem Markt oder dem Weltmarkt längst nicht mehr preisgerecht verkaufen läßt? Warum empfand die Bevölkerung während der europäischen BSE-Krise die Notschlachtung einiger hunderttausend Rinder als Katastrophe, wo doch ein Mehrfaches von ihnen alljährlich geschlachtet wird, weil wir ihr Fleisch verzehren wollen? Es war ja dadurch nicht einmal zu einer

Verknappung gekommen. Neugierige und Experimentierfreudige durften sogar zusätzlich zum schon etwas bekannteren Straußensteak auch australisches Känguruhfleisch zu einem »guten Preis« probieren. Sie wurden wohl in aller Regel nicht enttäuscht. Einen Markt für Känguruhfleisch eröffnete dies jedoch nicht. Leider, denn Zehntausende großer Känguruhs werden alljährlich in Australien abgeschossen und irgendwie zu verwerten versucht, weil sie den Schafen auf den dürftigen Weideflächen im Innern dieses Halbwüstenkontinents zu große Konkurrenz machen. Ein Fleisch übrigens, das unseren »Bio«-Kriterien völlig entspricht.

Nun scheinen die Saheldürre, die BSE-Krise und das Känguruhfleisch auf den ersten Blick nicht gerade zusammenzupassen. Erschwerend für das Verständnis der Zusammenhänge kommt hinzu, daß während der BSE-Krise keineswegs Rindfleischmangel geherrscht hatte, weil so viele Rinder geschlachtet werden mußten, sondern eine regelrechte Rindfleischschwemme! Ein Teil von diesem für ein paar Monate nicht mehr verkäuflichen Überangebot ließ sich immerhin nach Nordkorea »entsorgen«. Den Südamerikanern, die auf den Pampas Fleisch höchster Qualität und garantiert ohne BSE erzeugten, kam die Krise auch nicht erkennbar zugute. Offenbar hatten die Mitteleuropäer keine Probleme, etwas zurückhaltender mit dem Rindfleischkonsum zu sein. Viele stiegen um auf Schwein, Huhn und Pute. Bio boomte, aber nicht lange genug. Nach kaum einem halben Jahr war alles wieder wie vorher. Die Medien berichteten nicht mehr über BSE und zu »mad cows«, also zu wahnsinnigen Kühen gewordene Menschen. Die abschreckende Wirkung, die von ihrem Elend hätte ausgehen müssen, verschwand aus den Medien. Rückstände winzigster Mengen von Stoffen, die der Mensch künstlich erzeugte und die über den Pflanzenschutz in die (pflanzliche) Nahrung gelangt sind, werden dagegen akribisch, mit genauesten, in ihrer Winzigkeit fast von niemandem nachvollziehbaren Messungen »überprüft« und bei Überschreitung der Grenzwerte fast kommentar- und kritiklos aus dem Angebot genommen. Biogemüse verkauft sich besser als erstklassiges Fleisch, selbst wenn letzteres nicht einmal teuer angeboten wird.

Aus diesem reichlich obskuren Nebeneinander von Fakten und Ereignissen in jüngerer Vergangenheit läßt sich zumindest zweierlei entnehmen. Unser Fleischkonsum ist nicht rational gesteuert. Sich auf eine halbwegs vernünftige Menge zu beschränken fällt offenbar ähnlich schwer wie bei den süchtig machenden Süßigkeiten oder dem Alkohol. Noch merkwürdiger ist aber unsere extreme Wertschätzung der Rinder, obwohl sie gar nicht die Hauptlieferanten des Fleisches sind, das wir verbrauchen. Mit mehr als 3,5 Millionen Tonnen Schweinefleisch deckte Deutschland 1996 knapp den Eigenbedarf, während der größere Teil der über eineinhalb Millionen Tonnen Rindfleisch, die im selben Jahr produziert worden waren, in den Export ging. Milch und Milchprodukte wurden in der Relation erheblich teurer als Rindfleisch. Wie unterschiedlich die Verhältnisse bei der Nutzung hier sind, geht daraus hervor, daß der mit über 5 Millionen Tonnen drittgrößte (gegenwärtig wohl bereits zweitgrößte) Produzent von Rindfleisch, Brasilien, bei Butter nicht einmal unter den ersten zehn zu finden ist. Das liegt keineswegs allein an der tropischen Natur dieses Landes, denn auch Argentinien ist darunter nicht zu finden, obwohl es die 1,5 Millionen Tonnen deutscher Rindfleischproduktion bei weitem übertrifft. Dafür nimmt Deutschland bei Butter knapp hinter den USA die dritte Position ein. Manchem mag auch das Reizwort »Butterberg« der 1960/70er Jahre hierzulande noch geläufig sein. Die Produktion von Milch und Butter mußte in Deutschland über »Milchquoten« stark gedrosselt werden. Die 478.000 Tonnen Butter von 1996 machen fast 90 % der amerikanischen Erzeugung aus, doch in den USA gab es im gleichen Jahr 103,5 Millionen Rinder, in Deutschland »nur« gut 15 Millionen. Die 196 Millionen Rinder Indiens lieferten 1,35 Millionen Tonnen Butter (und »ghee«) und somit lediglich das 2,8fache Deutschlands bei 12,5facher Rinderzahl. In Fleisch oder Milch wird also in den unterschiedlichen Ländern und Kulturen sehr unterschiedlich »investiert«.

An dieser Stelle soll nun zurückgegriffen werden auf den Sudan, auf die regelmäßig wiederkehrenden Hungersnöte in dieser Region zwischen Wüste und Tropen in Afrika. Denn im Sudan, dessen 2,5 Millionen Quadratkilometer Landfläche zu mehr als der Hälfte aus Wüste bestehen, leben fast so viele Rinder wie Menschen. 23,5 Millionen werden für 1996 angegeben bei 27 Millionen Einwohnern. Rindfleisch ist weder für den mohammedanischen Norden des Landes tabu noch für den von schwarzafrikanischer Bevölkerung besiedelten Süden. Mehr noch: Auch 23 Millionen Schafe gab es 1996 im Sudan. Der Export von lebenden Tieren machte einen Anteil von 13 % der 600 Millionen US-Dollar (also 78 Millionen) am Bruttoinlandsprodukt des Sudan aus. Wie kann ein Land hungern, in dem es beinahe doppelt so viele Rinder und Schafe wie Menschen gibt (die statistisch nicht erfaßten Ziegen gar nicht berücksichtigt)?

Es hungerte in der Hauptsache, weil die Herden von Rindern, Schafen und Ziegen primär ein Statussymbol sind. Selbstverständlich trug der seit 1983 anhaltende Bürgerkrieg maßgeblich zur Verschärfung des Hungers bei, als sich 1997 die erneute Dürre katastrophal auszuwirken begann. Der auch religiös motivierte Konflikt zwischen dem Islam im Norden und dem katholischen Süden wird gewöhnlich als einer der Hauptgründe für Hunger und Elend in diesem zehntgrößten Land der Erde angesehen. Doch wichtiger als diese auf Unterschieden zwischen Völkern, Religionen und Kulturen begründeten Dauerkonflikte dürfte die Haltung der Menschen zum Vieh sein. Diese Haltung stammt aus tiefer Vergangenheit. Mit Sicherheit reicht sie weit über jenen Zeitraum hinaus, den wir als Geschichte zu bezeichnen pflegen. Das Wanderhirtentum ist die älteste Form von Landbewirtschaftung der Menschen. Ein Großteil der Misere Afrikas zwischen der großen Wüste, dem großen Wald und dem tropischen Hochland im Osten hängt mit dem Nomadentum der Menschen zusammen, das von den künstlichen Grenzen zu stark eingeschränkt oder unterbunden worden war. Die Hirten können mit ihren Herden oftmals nicht mehr den alten Routen folgen, um die Natur so zu nutzen wie die Großtiere in der Serengeti – im Wechsel der Jahreszeiten, die dort von den Regen- und Trockenzeiten bestimmt werden. Wasserstellen und Brunnen entscheiden darüber, wie groß die Herden werden können und wieviel von der Vegetation sie abweiden. Äußere, stark schwankende Umweltbedingungen setzten über die Jahrtausende die Grenzen Jahr um Jahr aufs neue. Sie stellten die richtige Größe der Herden automatisch ein.

Dabei verhinderten sie auch eine allzu starke, den Lebensgrundlagen nicht mehr angemessene Vermehrung der Menschen. Grob vereinfacht läßt es sich so ausdrücken: Menschen und Vieh bedingten einander und hielten sich wechselseitig innerhalb der Grenzen des Wachstums. Mangel an hochwertigen Proteinen herrschte in dieser nomadischen Lebensweise nicht. Sie ließen sich nicht nur aus der Milch gewinnen, sondern zu Zeiten ohne Jungtiere auch dem Blut der Tiere entnehmen, die dafür zur Ader gelassen werden konnten. So wird das bis in die Gegenwart noch von manchen Hirtennomaden, wie den Massai in Ostafrika, praktiziert. Mangelhaft war jedoch häufig die Versorgung mit Kohlenhydraten aus pflanzlicher Kost. Bei Völkern und in Regionen, in denen es genug Proteine für die Ernährung gibt, ließ eine verbesserte Versorgung mit Getreide daher die Geburtenrate stark ansteigen. Die Menschen, insbesondere die Frauen, die Kinder auszutragen und zu ernähren haben, brauchen beides: Proteine und Kohlenhydrate. Gibt es zur Ernährung nur Hirsebrei oder Bananen, mangelt es an Eiweiß für erfolgreiche Schwangerschaften. Mangelt es an Kohlenhydraten, fehlt den geborenen Kindern die Energie zum Wachsen und Gedeihen. Die Gier nach Fleisch drückt sich daher überall dort aus, wo es in der Nahrung zu wenig Proteine gibt; die Gier nach »Süßem«, wo Fleisch und Milch reichlich verfügbar sind.

Diese Gegebenheiten reichen bis in die Frühzeit des Menschen zurück. Der Wechsel von großen Primaten, die in den Wäldern ähnlich wie die Schimpansen und Gorillas lebten, hinaus in die gefährlich offene Savanne läßt sich gewiß nicht damit erklären, daß dort besonders schmackhafte Früchte zu holen gewesen wären. Wurzelknollen, reifende Grassamen oder Früchte an offen stehenden Bäumen laufen nicht weg. Die werdenden Menschen hätten nicht zu Läufern werden müssen, wäre Pflanzenkost das Ziel des Vordringens in die Savanne und Steppe gewesen. Der Mensch ist aber nicht nur ein ausgezeichneter, sondern der mit Abstand ausdauerndste Läufer von allen Säugetieren. Unsere Beine und Füße sind so gebaut; unsere nackte Haut gibt ein nahezu perfektes Kühlsystem für den Dauerlauf ab, und auch im Sprint ist der Mensch schnell genug, um konkurrenzkräftig zu sein. Die Menschwerdung führte über den Weg zum Läufer. Sie führte zu einer radikal anderen Lebensweise als bei unseren Verwandten unter den Menschenaffen. Sie machte uns unserer Natur nach zu Nomaden (Reichholf 1990a). Es wurde bereits darauf hingewiesen, daß sich unser Ausgangsbegriff für Recht und Gesetz und auch unser damit verbundenes Verständnis von »Norm« auf das griechische »nomos« beziehen – das ordnende Recht der Weidelandnutzung der Viehhalter, der Nomaden.

Die zunehmende Nutzung toter Großtiere stand aller Wahrscheinlichkeit nach am Anfang des Wegs, der eine den Menschenaffen zugehörige Primatenart sich zum Menschen entwickeln ließ. Der Preis muß hoch gewesen sein, der mit dem Verlassen der schützenden Wälder zu entrichten war. Das Grasland war offen und gefährlich. Doch der Gewinn muß noch viel höher ausgefallen sein, sonst wäre dieser Weg in der Evolution nicht gangbar gewesen. Nachvollziehen können wir diesen Gewinn an zwei biologischen Tatsachen. Erstens gelang es mit diesem Wechsel des Lebensraumes und der Umstellung auf die Nutzung von Fleisch von Großtieren, die Fortpflanzungsleistung zu vervierfachen. Im Vergleich zu den nächsten Verwandten, den Schimpansen und Gorillas, liegt die durchschnittliche Kinderzahl der Menschen doppelt so hoch, bei einer doppelt so langen Versorgungs- und Betreuungszeit, welche die Freiräume zum Lernen, zum Denken und zum Erreichen umfassender Überlegenheit eröffnete. Mit dem zweiten Befund verbindet sich eines der großen Probleme der Menschheit unserer Zeit. Als Art sind wir so erfolgreich geworden, daß die Menschheit an den Folgen ihres Erfolgs zugrunde zu gehen droht. Die nächsten Verwandten blieben schon auf der Strecke und sind, so sie überhaupt überleben werden, auf unser Wohlwollen angewiesen.

Der Wechsel zum Fleisch, zur Verwertung frischtoter Großtiere, der bereits vor rund fünf Millionen Jahren seinen Anfang genommen hatte, brachte jedoch einen entscheidenden Nachteil mit sich. In den Steppen und Savannen Ostafrikas, der Heimat der Menschen, wachsen wenige Pflanzen, die Menschen als Nahrung nutzen können, während es Großtiere nach wie vor reichlich gibt. Von Gras, zumal von dürrem, kann sich der Mensch nicht ernähren. Er ist darauf angewiesen, die Grasverwertung den Weidetieren zu überlassen. Erst an diesen kann er seine Bedürfnisse stillen. Die Gier nach Fleisch ist also tief in unserer Menschennatur verankert (Reichholf 1990a, 1998). »Raubaffen« nannte Raymond Dart, ihr Entdecker, die Australopithecinen als Zwischenformen von Menschenaffen und Menschen. In jenem Stadium der Evolution vollzog sich vor mehr als fünf Millionen Jahren der Übergang vom Wald in die Savanne und damit zur Nutzung des Fleisches von Großtieren. Nachdem die den Menschen so sehr kennzeichnende zweibeinige Fortbewegungsweise hinreichend perfektioniert worden war, setzte die Vergrößerung des Gehirns auf das Dreifache des Anfangszustandes ein – der Mensch wurde intelligent (Reichholf 1998). Die Voraussetzung dafür war eiweißreiche Nahrung.

Diese Feststellungen beschreiben nicht nur ein mögliches Szenario. Sie stützen sich auf die Tatsache, daß keine einzige bedeutende Nutzpflanze der Menschen aus der ostafrikanischen Urheimat stammt. Zur Ernährung direkt geeignete Pflanzen mußten außerhalb Afrikas oder im fernen Westen des Kontinents entdeckt werden, ehe sie in die Ernährung der Menschen einbezogen werden konnten. Getreide muß bei der Umwandlung zu Brot erst mit Sauerteigbakterien fermentiert werden, bevor es bekömmlich ist. Es waren wohl ursprünglich auch Gräser, die der Tiere wegen in der Nähe der Lagerplätze der Menschen angesät worden waren, aus denen in der sogenannten neolithischen Revolution die ersten Formen von Getreide gezüchtet worden sind. Der »Fruchtbare Halbmond« in Vorderasien, der sich von Palästina über die östliche Türkei und das Zweistromland nach Persien erstreckt, gilt als Herkunftsgebiet der altweltlichen Getreidesorten. Viel später erst gelangten in Amerika Mais und Kartoffeln ins Repertoire der Nutzpflanzen.

Auch die wichtigsten Haustiere, allen voran das Rind, das Schaf und die Ziege, stammen aus dem Mittelmeerraum und dem Vorderen Orient, nicht aber aus dem tropischen Afrika (Diamond 1998). Rinder einerseits und Schafe oder Ziegen andererseits wurden einander in der Folgezeit zur großen Konkurrenz; die drittwichtigste Art, das Schwein, kam in der Domestikation erst viel später. Das Pferd spielte von Anfang an keine nennenswerte Rolle als Lieferant von Fleisch, denn als es in den Weiten Innerasiens domestiziert wurde, gab es Schafe und Rinder längst in ihrer Haustierform. Die Gier nach Fleisch richtete sich nicht mehr auf das Pferd.

Damals, vor etwa 10.000 Jahren, war es den Menschen gelungen, von den Wildtieren unabhängig zu werden, die bisher ihre Lebensgrundlage dargestellt hatten. Dieser grundlegende Wandel vom Dasein als Jäger und Sammler zum Hirten und Bauern prägte das neue Beziehungsgefüge zwischen Mensch und Tier: Es kam fortan zur Beziehung Mensch und Haustier. Die wildlebenden Arten traten in ihrer Bedeutung zurück und wurden insgesamt mehr als Konkurrenten oder Schädlinge bekämpft denn als Jagdbeute geschätzt. Der »Dualismus von Fleisch und Brot« war in die Welt getreten. Das

Fleisch war nicht länger als Gabe der Natur anzusehen, für deren Erlangung die Jäger direkt zu danken hatten, wie auf den Höhlenmalereien der späten Eiszeit zum Ausdruck kommt. Sondern Fleisch bildete als eigene Leistung der Hirtenvölker eine Gabe Gottes, wofür anstelle der direkten Wertschätzung des getöteten Wildtieres das Dankopfer trat. Der Bogen ist damit gespannt und der Konflikt zwischen Kain und Abel symbolhaft ausgedrückt. Wer von beiden höher geschätzt wurde, geht aus der Darlegung im Alten Testament in aller Deutlichkeit hervor. Das Tieropfer des Hirten Abel war Gott gefälliger als das Pflanzenopfer, das der Ackerbauer Kain zu bieten hatte.

Die Folgen sind gleich nebenan bei anderen Völkern, bei den Ägyptern wie den Kretern, zu sehen. An die Stelle übermächtiger Wildtiere, wie Löwe oder Bär, trat eine viel höher eingeschätzte Gottheit mit unvergleichlich größerer Macht: der Stiergott (Baudler 1989) und der »Tanz um das goldene Kalb«. Seine letzte Verkörperung war Zeus, der als weißer Stier jene bildschöne junge Dame raubte und verführte, unter deren Namen »unser« Kontinent mit seinen Menschen und Ablegern in aller Welt bekannt ist: Europa.

20. Vergöttertes Rind

Die Konturen werden schärfer. Am Anfang, zu Beginn der Menschwerdung bereits, stand der Wechsel von Pflanzenkost zum Fleisch. Als Bedürfnis steckt diese Umstellung tief verwurzelt in uns. Sie unterliegt Zwängen und hat Folgen. Die beiden nächsten Stufen in der Entwicklung sind viel jüngeren Ursprungs. Haustiere ersetzen weitgehend die gejagten Wildtiere und angebaute Nutzpflanzen das Sammeln von Wildfrüchten. Der Mensch wandelte sich zum Viehzüchter und Bauern. Doch während die grundlegende Änderung zu Beginn der Menschwerdung tatsächlich alle Menschen betrifft, weil die gesamte Menschheit in ihrer ganzen Vielfalt Abkömmling jenes fernen Beginns vor mehreren Millionen Jahren ist, verhält es sich mit dem Doppelschritt zum Viehzüchter und Ackerbauern anders. Die Menschheit war vor 10.000 Jahren bereits fast über die gesamte Erde verbreitet. Zur Domestikation von Wildtieren und zum Anbau von Nutzpflanzen kam es Jahrtausende später. Die drei Zentren, an denen dies unabhängig voneinander geschah, waren längst eigenständig geworden (Diamond 1998): Der Vordere Orient mit dem Fruchtbaren Halbmond als bedeutendstes der drei, von wo die im Trockenanbau gepflanzten Getreidesorten (unter anderem Weizen und Gerste) sowie Rind, Ziege, Schaf und Schwein stammen, Ostasien mit der Entwicklung der Reiskulturen und Mesoamerika mit Mais und Kartoffel. Als Grundlage für die Ernährung spielen andere domestizierte Tierarten eine vergleichsweise geringe Rolle oder nahezu gar keine (unter anderem Hund, Pferd, Esel, Kaninchen und Meerschweinchen). Große Teile der Menschheit hatten zunächst und für lange Zeit keinen Kontakt zu diesen Entwicklungszentren. So etwa die Aboriginies in Australien, aber auch afrikanische Völker südlich der Sahara oder die Kaltsteppen- und Waldbewohner Nordasiens, Nord- und Südamerikas. Diese Aufgliederung, in ihrer zusammenfassenden Bezeichnung als »Kulturkreise« bekannt, reflektiert die bereits weit fortgeschrittene Differenzierzung der Menschheit, als am Ende der letzten Eiszeit vor rund 10.000 Jahren die »Neolithische Revolution« einsetzte und einem Teil der Gesamtbevölkerung der Erde zu einer ganz neuen, nie dagewesenen Existenzgrundlage verhalf. Die ostasiatischen Reiskulturen waren von Anfang an keine »Rinderkulturen« und wurden das auch dann nicht mehr, als Wasserbüffel als (außerordentlich langsame, aber kräftige) Zugtiere zum Bearbeiten der Reisfelder und als Lieferanten von Milch eingesetzt werden konnten. Bekanntlich haben viele Ostasiaten große Schwierigkeiten mit Milch und Milchprodukten, weil ihr Stoffwechsel nicht auf diese Form von Nahrung eingestellt ist.

Weite Bereiche Schwarzafrikas blieben gleichfalls von den räumlich viel näher gelegenen, aber durch die Widrigkeiten der Natur doch recht wirkungsvoll abgeschirmten Entwicklungen im nordostafrikanisch-vorderasiatischen Übergangsbereich ausgeschlossen. Hirtenvölker aus dem Norden drangen erst spät nach Zentralafrika und in den Süden vor; die Wanderung der Bantuvölker fand gar erst im letzten Jahrtausend statt. Auch Nordamerika blieb, wie Amazonien und der ganze Ostteil des Kontinents, von den unabhängigen Entwicklungen in Mittelamerika und im Andenbereich Südamerikas unbeeinflußt. Als die Europäer vor 500 Jahren dorthin gelangten, trafen sie praktisch nur auf Jäger und Sammler in Kleinkulturen, die kaum Feldbau betrieben und technisch weit zurückgeblieben waren. Die Hochkulturen der Anden und Mittelamerikas, die Inkas, Azteken und die Kulturen vor ihnen, kannten und nutzten Eisen nicht. Lama und Alpaka dienten im wesentlichen als Lastträger und Lieferanten von Wolle. Pferde gab es keine mehr. Sie waren während der Eiszeit bereits in ganz Amerika ausgestorben, obwohl die Vorfahren aller Pferde sich in Nordamerika entwickelt hatten. Daß sich insbesondere die Prärie-Indianer Nordamerikas ungemein rasch auf das Pferd einstellten und es als Reittier perfekt zu nutzen verstanden, nicht aber als Quelle von Fleisch, hängt sicherlich mit ihrer Herkunft aus Nordostasien zusammen. Vor 12.000 bis 14.000 Jahren waren sie von dort über das damals trockenliegende Gebiet der heutigen Beringsee nach Alaska eingewandert und hatten sich rasch in Nordamerika ausgebreitet. Haustiere brachten diese Vorfahren der amerikanischen Indianer nicht mit, denn solche gab es zu ihrer Zeit noch nicht. Aber das Pferd kannten sie sicherlich aus ihrer Heimat. Die Kenntnis als solche ging natürlich in den Hunderten von Generationen verloren, nicht aber die Einstellung zu den Großtieren. Die Indianer Nordamerikas jagten diese wie die großen Tiere der Eiszeitfauna in ihrer nordostasiatischen Heimat. Fast alle der als Prärie-Indianer zusammengefaßten indianischen Gruppen waren von der Nutzung eines Großrindes, des Bison, abhängig geworden. Die nahezu vollständige Ausrottung der »Indianerbüffel« durch die Europäer im 18. und frühen 19. Jahrhundert besiegelte den Niedergang der Indianer Nordamerikas. Das Hausrind, das inzwischen an Zahl und Masse die Büffel der Prärien Nordamerikas bei weitem übertrifft, kam für die Indianer zu spät und war – da nicht frei jagbar – kein Ersatz. Die Indianer Nordamerikas sind ein Beispiel für eine so weitgehende Abhängigkeit von einer einzigen Tierart, deren Ausrottung auch die Vernichtung ihrer Kultur bedeutete. Es war eine andere Rinderkultur als jene, die sich, ausgehend vom östlichen Mittelmeerraum, vor rund 8.000 Jahren entwickelte und vor gut 3.000 Jahren rasch ausbreitete. Und die heute die Erde global beherrscht.

Über die Ursachen ihres Erfolgs lassen sich beim gegenwärtigen Stand der Kenntnisse nur plausible Vermutungen anstellen. Befunde und wissenschaftlich gut abgesicherte Daten gibt es genug. Sie belegen die Muster der Ausbreitung vom Ursprung im anatolischen Hochland und den angrenzenden Regionen am Fuß jenes großen Gebirgsbogens, der vom hohen Himalaya westwärts in Form niedrigerer, passierbarer Gebirgsketten ausschwingt und sich durch folgende Kerngebiete kennzeichnen läßt: Hindukusch, Elbrus, Kaukasus, Balkan, Alpen und Pyrenäen. Nördlich davon lag die späteiszeitliche Kaltsteppe, südlich davon die subtropische und mediterrane Wärmezone. Auf der unmittelbaren Südseite dieser das ganze westliche Asien trennenden Hochgebirgskette vollzogen sich die großen Veränderungen vor 10.000 Jahren. Die Region nördlich davon entwickelte sich im Hinblick auf Völker und Kulturen eigenständig, wie auch die beiden Großgebiete im Süden und im Osten Asiens, Indien und China, einschließlich Südostasiens.

Die nördlichen Völker lebten noch Jahrtausende ohne Rinder. Ihr uralisch-altaisches Kernsiedlungsgebiet sollte Ausgangspunkt für die beiden ganz großen Wanderbewegungen werden, von denen der westliche Teil nach West- und Südwestasien bis in jene große, stark gegliederte Halbinsel Asiens vordrang, die später Europa genannt werden sollte. Der östliche führte über die Mongolei nach Nordchina, Korea und Japan (Cavalli-Sforza 2001). Getragen wurden diese Expansionen buchstäblich vom Pferd. Der westliche Teil wird üblicherweise als Indogermanen oder, moderner, Indoeuropäer zusammengefaßt. Hinsichtlich der Tierkultur blieben beide Teilbereiche Westasiens bis in die Gegenwart deutlich getrennt. Nördlich des großen Gebirgszuges dominiert die indogermanische Kultur mit höchster Wertschätzung des Pferdes, südlich davon die südwestasiatische Rinderkultur des mediterranen Raumes. Ihre wohl älteste noch existierende Form ist im Osten ihres historischen Ausbreitungsgebietes in den Heiligen Kühen Indiens verkörpert, die in gewissem Sinne nahezu den Rang einer Priesterkaste haben, und im westlichsten Teil, von Südfrankreich zur Iberischen Halbinsel, im Stierkampf. Beide Formen drücken aus, was die Kernelemente der Rinderkultur sind: Vergöttlichung und Verherrlichung. Die großartigen Fresken Kretas, auf denen mit Stieren kämpfende Jünglinge dargestellt werden, bieten ebenso den kulturhistorischen

Direktbezug für den Stierkampf wie der die Sonnenscheibe tragende ägyptische Stiergott Apis den religiös-vergöttlichenden.

Das Volk Israel mag die Gefahr bereits geahnt oder erkannt haben, die in der Verherrlichung des Rindes steckt. Sicherlich nicht ohne Grund wurde der »Tanz um das goldene Kalb« zum abschreckenden Symbol. Aber das hielt das Volk Israel nicht davon ab, den Messias als den guten Hirten zu charakterisieren, der sein Leben für seine Schafe gibt. Die christlichen Bilder stellen das Lamm ins Zentrum, rücken es als Osterlamm an die Stelle des Stieropfers und kontrastieren damit den Stier- und Rinderkult mit einem anderen, gleichwohl im Grundsatz ganz ähnlichen Tiersymbol. Die Völker Vorderasiens an der Nahtstelle zwischen Afrika, Asien und Europa blieben befangen, vielleicht sogar kulturell gefangen, in ihrer wahrlich auch großen Leistung, mit Rind und Schaf die beiden bedeutendsten Haustiere entwickelt zu haben. Sie kamen davon nie mehr los.

Die Reitervölker aus Innerasien bedrohten diese Haustierkulturen immer wieder. Man kann es als vorletzte Stufe der Degradierung des Pferdes ansehen, daß es von den Ablegern der Rinderkultur Südeuropas zuerst in Südamerika (Gauchos, Vaqueiros), dann bald darauf in Nordamerika (Cowboys) und Australien wie Hirtenhunde für die Schafe fast nur noch dazu benutzt wurde, die Rinderherden zusammenzuhalten oder zu treiben. Pferd und Hund, einst (und gebietsweise immer noch) die besten und vertrautesten Begleiter der Menschen, müssen in den Hirtenkulturen gleiche Rollen spielen. Weit über ihnen steht an Bedeutung das Vieh selbst, das Rind und das Schaf.

Eine ironische Bemerkung mag an dieser Stelle gerechtfertigt sein: Wotan und sein windschnelles Pferd Sleipnir hätten sich das nie bieten lassen dürfen, zu Dienern von Kühen gemacht zu werden! Doch wenn auch die Pferde in den Rinderkulturen »auf den Hund gekommen sind«, so blieb ihnen wenigstens das Los erspart, zu Billigfleisch gemacht zu werden. Und es waren Araber und Germanen, die mit dem »Vollblut« Edelstes aus dem Pferd züchteten in der Kombination von Leistung und Schönheit. Die »edelsten Rinder« sind Kühe, die 10.000 Liter Milch pro Jahr liefern und mit extrem vergrößerten Eutern kaum mehr richtig gehen können, und Zuchtbullen, deren einziger Lebenszweck darin besteht, Sperma zu liefern, das Eigenschaften wie »viel Fleisch« oder »viel Milch« trägt. Einigermaßen edle Zuchtstiere sterben in bestimmten Regionen einen frühen Heldentod in der Arena.

Die Zuchtstiere zeigen aber etwas, das nicht in Knochen und sonstigen Überresten aus der Zeit der Erschaffung der Haustiere belegt, aber dennoch außerordentlich wichtig ist, um Zucht und Kult um Rind und Schaf zu verstehen. Das »schwarze Schaf« gilt als sprichwörtlich, auch wenn es viele schwarze Schafe gibt und diese, etwa ihres hochgeschätzten Fells wegen (»Persianer«), gezielt gezüchtet werden. Denn die meisten Kampfstiere sind schwarz! Das »friedliche«, vergötterte Rind aber ist ganz hell oder weiß, wie die Heiligen Kühe Indiens und die »Brahma«-Zebus im tropischen Brasilien. Für die Haustierwerdung spielte die Farbe des Fells eine ganz wichtige Rolle.

Offenbar wählten die Menschen zu Beginn der Domestikation nämlich gezielt die helleren Jungtiere aus, um mit ihnen zu züchten. Die helleren sind die Friedlicheren, die Umgänglicheren. Die schwer zähmbaren, die aggressiveren Individuen sind stärker pigmentiert. Erst seit kurzem ist bekannt, woran das liegt und welche Rolle die schwarzen Farbstoffe, die Melanine, spielen. Sie schirmen keineswegs nur zu starke ultraviolette Strahlung ab, sie stehen auch in Verbindung mit Aktivität. Als »feurig« gelten Rappen, »wild« die schwarzen Kampfstiere und »störrisch« die schwarzen Schafe. Weiße Katzen verlassen, auch wenn sie frei laufen dürfen, Haus und Hof kaum, schwarze streunen am weitesten umher und so weiter (Clutton-Brock 1981, Hemmer 1983, Reichholf 1983). Das rosafarbene, fast unpigmentierte Hausschwein drückt dies im Kontrast zum schwärzlichen Wildschwein am augenfälligsten aus, aber bei allen Haustieren ist festzustellen, daß die Entwicklungstendenz zu hellen oder gefleckten Typen ging. Das Temperament mußte ruhig genug sein für die Haltung in der Obhut des Menschen und um mit den Tieren umgehen zu können. Vergegenwärtigt man sich die Kraft des Stieres, des Hengstes oder Widders, aber auch die Wildheit, mit der weibliche Tiere ihre Jungen zu verteidigen pflegen, werden die Gründe dafür verständlich.

Noch deutlicher wird auch die Rolle, welche die Kastration der männlichen Tiere für die Haustierbildung sicherlich schon früh gespielt haben dürfte. Noch bis heute überlebte das fast kultische

Verzehren von Stierhoden. Daß gerade der Stier in so besonderem Maße und in so herausragender Weise das Symbol der Fruchtbarkeit geworden ist, hängt gewiß auch mit den Erfahrungen zusammen, die im Verlauf der Domestikation des Rindes gesammelt worden sind. Ein einziger Stier kann für Kälber in der ganzen Herde sorgen. Das Wildrind war ein Herdentier. Die Stiere scharten anders als beim Pferd der Hengst eine ganze Gruppe von Kühen um sich, die nicht in Familien gegliedert sein mußten. In dieser Hinsicht glich das Wildrind den großen Hirschen. Die Herde der Kühe ließ sich anfänglich leicht vergrößern, ohne daß weitere Stiere mit aufgenommen (und gebändigt) werden mußten, denn sie hätten untereinander auf das heftigste gekämpft. Ganz ähnlich verhält es sich mit den Widdern und der Schafherde. Je mehr weibliche Tiere in der Herde waren, um so besser ließ sich diese führen und um so geringer wurde die Problematik der aggressiven männlichen Tiere. Der Stier(gott) brauchte den Harem. Patriarchalisch-polygames Verhalten beim Menschen könnte durchaus auch ein Vorbild darin gesehen haben. Das Alte Testament enthält dazu aufschlußreiche Hinweise. Es ist vielleicht auch kein Zufall, daß der Harem als menschliche Lebensform in Verbindung mit Eunuchen sich in seinem Verbreitungsgebiet mit dem Ursprungsgebiet der Herdenhaltung von Rindern und Schafen deckt. Denn »geschnittene«, also kastrierte Stiere erwiesen sich als arbeitswillige Ochsen, denen fast alles zugemutet werden konnte, was eine »gute Kuh« nicht zu leisten bereit gewesen wäre. Ihre Integration in die Herden oder ihre Abtrennung davon bereitete keinerlei Schwierigkeiten. Nirgendwo sonst in menschlichen Gesellschaften kam es auch nur annähernd wie im »Kulturkreis des Rindes« zur Kastration von Männern. Die außergewöhnlich gute »Greifbarkeit« der Stierhoden mag die Praxis des Schnitts stark begünstigt haben. Als das Resultat bekannt war, hielt die Tierhalter nichts mehr davon ab, diese Methode in großem Umfang auszuüben. Friedliche Jungbullen wurden so schon geneutert und konnten, ohne ihre männliche Aggressivität zu entwickeln, Fleisch und Kraft ansetzen und zum Ochsen werden. Wie sehr das schon in der frühen Antike praktiziert worden war, darauf verweist die von den Griechen wohl auch abfällig gebrauchte Bezeichnung »Italos« (= Ochsen) für jenes rinderhaltende Volk in Mittelitalien. Ochse gilt im Deutschen bis heute als Schimpfwort mit bestimmter Bedeutung.

Am anhaltenden Siegeszug des Rindes änderten auch solche neuternden Eingriffe nichts. Bullen wurden stets gebraucht, und »Bullenmast« wurde ein spätes Ziel unserer Zeit – nicht um Samen oder Hoden zu gewinnen, sondern um saftiges Rindfleisch unter den Bedingungen der Dauerstallhaltung erzeugen zu können. Mit Ochsenkarren zogen noch vor ein paar Jahrhunderten die Siedler in Amerika gen Westen, wie ein Jahrtausend vorher während der asiatisch-europäischen Völkerwanderung die Menschen nach neuem Siedlungsland suchten. Über freies Land, das noch keine Straßen hatte, ging es in Nordamerika »westwärts«. Die Ochsenpeitsche wurde bis ins 20. Jahrhundert hinein zum Symbol für koloniale Unterdrückung und Sklaverei. Und wiederum waren es besonders die Rinderkulturen, die sich Sklaven hielten; angefangen von der Vorbilddemokratie des Abendlandes, den Griechen, bis hin zur Vorbilddemokratie von heute, die die Sklavenhaltung vor gerade erst zwei Menschenaltern in einem großen Bürgerkrieg überwand und abschaffte.

Zusammengefaßt läßt sich festhalten, daß aus der uralten Gier nach Fleisch die viel jüngere Vorzugsstellung des Rindes in der Kultur eines Großteils von Europa hervorgegangen ist. Der »Tanz um das goldene Kalb« ist längst noch nicht zu Ende. Er dreht sich nur in neuen, in veränderten Formen weiter. Dafür bezahlen wir alle sehr viel – im übertragenen Sinn, aber auch pekuniär. Was »pekuniär« ursprünglich übrigens bedeutete, geriet in Vergessenheit. Selbst im Lateinunterricht wird kaum noch darauf hingewiesen. »Pecunia«, so ist in entsprechenden Lexika zu lesen, heißt »Vermögen, Geld oder Geldwert«. Sein Ursprung war »pecus(-udis)« und das bezeichnete ein Stück Vieh; das verwandte »pecus(-oris)« stand für Kleinvieh und die Herde. So zahlen wir heute unsere Schulden, wozu auch die »Ablaßzahlungen« gehören, die angeblich dem Klimaschutz dienen sollen, pekuniär und damit in der alten Weise. Und wir verwechseln dabei die Folgen mit den Ursachen.

21. Krankheiten

Das enge Zusammenleben mit den Haustieren blieb nicht ohne Folgen. Vorteile zu erlangen hieß Gefahren in Kauf nehmen. Das gejagte Wild der Steinzeit blieb stets auf Distanz. Ein Überspringen von Parasiten und Krankheitserregern war daher weit weniger wahrscheinlich als bei dauerhaftem Zusammensein mit den großen Säugetieren. Sie sind uns als Lebewesen zu ähnlich, um durch ihre Andersartigkeit eine Schranke für den »Wirtswechsel« darzustellen. Je näher verwandt, um so leichter kommt ein Wechsel zustande. Die jüngsten Fälle dieser Art erleben wir gegenwärtig mit AIDS, dessen Erregervirus (HIV) von einem für Affen harmlosen abstammt, und mit dem Ebola-Fieber. Verwandtschaftliche Nähe stellt die eine Quelle neuer Infektionskrankheiten dar, die Enge des Zusammenseins die andere. Auch das erlebten wir gerade mit der Vogelgrippe, die im Winter 2003/04 in Ostasien grassierte und die Tötung von Millionen Hühnern und Enten erzwang.

Von den Haustieren, speziell von Rind und Schwein, gingen die bedeutendsten Infektionskrankheiten aus, welche die Menschen heimsuchten (Diamond 1998). Tuberkulose war bis über die Mitte des 20. Jahrhunderts hinaus eine Geißel der Bevölkerung; BSE ist die momentan rätselhafteste Erkrankung und noch unbewältigte Gegenwart. Nicht rätselhaft im Sinn des Wortes, aber ganz und gar unverständlich für wohl alle Menschen, die am Vorgang nicht beteiligt gewesen waren, dürfte ihr Hintergrund gewesen sein. Schafgehirne und anderes aus Körpern toter Tiere war zu Futter für Rinder verarbeitet worden, um deren Leistungsfähigkeit zu steigern. Gras war schon lange nicht mehr gut genug als Nahrung für das Hochleistungsvieh, das bittere Wort von den »Turbo-Kühen« machte die Runde. Es zählte der Profit und nicht die Gesundheit der Menschen. Genetisch veränderte Nutzpflanzen erregen unvergleichlich mehr Widerstand als das, was mit dem Vieh geschah und in Varianten immer noch geschieht. Das zeigen die Giftrückstände im »Bio-Fleisch«, weil auch dieses in großem Umfang mit Hilfe von künstlichen Futtermitteln erzeugt wird. »Bio« ist nicht gleichzusetzen mit Tieren, die das freie Land ernährt, auf dem sie leben, und die sich darauf suchen, was sie brauchen. Seit ein paar Jahrzehnten gilt zwar der

Satz: »Alles öko, alles o.k.« Doch in diesem »Glaubenssatz« steckt bereits ein festes Vorurteil.

Tiere akkumulieren bei ihrer Ernährung Schad- oder Giftstoffe weitaus stärker als die allermeisten Nutzpflanzen. Sie tun das um so mehr, je schneller sie wachsen und Masse ansetzen müssen, weil entsprechend größere Anteile der aufgenommenen Nahrung in ihren Körpern abgelagert – besser: festgelegt – wird. Den hohen energetischen Verlusten (Kapitel 16) bei der Fleischproduktion entsprechen die Mengen an Schadstoffen, die dabei konzentriert (akkumuliert) werden. Die Größenordnung liegt jeweils bei einem Faktor 10. Große Körpermasse verstärkt über längere Lebenszeiten diesen Anreicherungseffekt. Die Dosis macht nicht allein das Gift aus, wie bei den Pflanzen. Auf deren Gifte sind wir Menschen seit der Vorzeit unserer Entstehung eingestellt. Unsere Abstammung geht auf Primaten zurück, die sich im wesentlichen von Pflanzen und vor allem von Früchten ernährten. Unser Magen und unser Verdauungssystem ist noch immer auf diese Verhältnisse eingestellt. Auf die kennzeichnenden Gift- und Abwehrstoffe in den Pflanzen reagiert der Magen sofort mit Erbrechen. Von fast allem kann man nötigenfalls probieren, ob Genießbarkeit gegeben ist oder Giftigkeit vorliegt. Denn bei den Pflanzen macht die Dosis direkt die Giftigkeit aus. Anreichern könnten wir sie nur über langfristig wiederholte Einnahme geringer Dosen, die ohne Wirkung bleiben. Wie beim Nikotin. Oder wie das in früheren Jahrhunderten absichtlich mit Dauergiften, wie dem Arsen, gemacht worden war, um sich gegen Vergiftungsversuche abzuhärten und zu schützen. Auf verdorbene Pflanzen reagiert unser Geschmacksempfinden in aller Regel auch sehr genau. Wir können die genießbaren Bakterien und Pilze von den schlechten ziemlich leicht unterscheiden. Die guten vergären Getreidebrei zu Brot, Traubensaft zu Wein oder Gerstensaft zu Bier. Sie machen aus Milch Käse, Joghurt oder Kefir und aus Kraut vitaminreiches Sauerkraut. Auf all das und mehr sprechen unsere Geruchs- und Geschmacksempfindungen an.

Bei Fleisch und den Keimen, die dabei sind, es zu verderben, ist das hingegen weitaus weniger der Fall. Unsere Magensäure wirkt nicht scharf genug, sie unschädlich zu machen, wie bei den echten Fleischverwertern, den Raubtieren. Wir tun in der Regel gut daran, Fleisch zu braten und es nicht roh zu essen. Sogar in getrocknetem, lederartig hartem Zustand macht es unserer Verdauung weniger zu schaffen als rohes Fleisch. Daran können wir ermessen, daß der Mensch als Art und Gattung höchstwahrscheinlich niemals ein echter Fleischesser war. Er blieb anfällig für die speziellen Krankheitskeime, die das Fleisch enthält oder begünstigt. Frische Fische und andere Meeresfrüchte verträgt unsere Verdauung besser. Die Grenzen der Verträglichkeit liegen zwar nicht starr fest, sind aber auch nicht zu leicht zu verschieben. In unserem Innern sind wir Mischköstler und im Vergleich zu anderen Säugetieren außerordentlich empfindlich. Das machte sich besonders stark bemerkbar, als Nahrung und Umwelt zunehmend mit den neu entwickelten Fremdstoffen belastet wurden und diese über die Nahrungskette auch zu uns und in uns hinein gelangten. Die Dosis allein reichte nun nicht mehr aus für die Beurteilung der Wirkung.

Denn geringe, als unbedenklich anzusehende Dosen im Futter reichern sich über die Nahrungskette zu gefährlichen Konzentrationen an, zumal wenn es sich um Stoffe handelt, die eher ins »Fettdepot« gehen, als daß sie ausgeschieden werden. Als Faustregel gilt: Je größer und je komplizierter gebaut die Moleküle der betreffenden, potentiell giftigen Stoffe sind, um so eher werden sie irgendwo im Körper abgelagert, statt auf dem üblichen Weg des Stoffwechsels abgebaut und ausgeschieden zu werden. Die sehr komplex gebauten, das Wachstum anregenden Hormone oder die Antibiotika landeten deshalb in so erschreckenden Mengen in der Nahrungskette oder in den küstennahen Meeren, wohin sie von den Abwässern getragen wurden. Gegenwärtig ist fast vergessen, daß das hoch gelobte, umfassend wirksame Pestizid DDT an vom ursprünglichen Einsatz fernstmöglich gelegenen Orten auftauchte und sich etwa in den Pinguinen der Antarktis anreicherte. Jahrelang wurde den Müttern in Schweden angeraten, ihre Babys nicht mit eigener Milch zu stillen, weil diese über die Nahrung zu belastet sei. Das DDT konnte aus allen möglichen Regionen stammen. Im südlichen Afrika waren riesige Mengen davon vom Flugzeug aus über weite Landstriche versprüht worden, um die Tsetsefliegen zu bekämpfen – der Rinder wegen! Das Fleisch der afrikanischen Wildtiere, die immun gegen die Naganaseuche sind, wurde jedoch im Vergleich zu dem der Rinder geringgeschätzt und lange Zeit fast nur von Wilderern (und den zahlenmäßig unbedeutenden Großwildjägern) genutzt.

Milzbrand, Rinderpest und Tuberkulose, um nur die häufigsten und verheerendsten Krankheiten der Rinder zu nennen, reichten nicht aus, eine entsprechend abschreckende Wirkung zu erzeugen, ebensowenig wie bei uns in Europa. Wir installierten staatliche Veterinärämter, die Fleischbeschau. Wir bauten ein hohes Maß an Hygiene bei der Verarbeitung und beim Vertrieb der Nahrungsmittel auf, die auf Fleisch basieren, aber davor gibt es eine Grauzone. Das bewies die schier unablässige Abfolge von Skandalen und groben Verstößen. Das Fleisch auf einem tropischen oder subtropischen Fleischmarkt mag uns noch so unhygienisch erscheinen, weil Fliegen darauf herumlaufen. Doch davor war es ungleich sauberer und weitaus weniger belastet herangewachsen. Die großen Fleischskandale der jüngsten Vergangenheit nahmen nicht in der unhygienischen Welt ihren Ausgang, sondern bei uns. Das sollte uns mehr als nur zu denken geben. Gegen Känguruhfleisch ereiferten sich manche, die wohl nicht ausschließlich vegetarisch leben. Auch gegen die Quälerei bei manchen Tiertransporten wird geklagt. Sicherlich zu Recht, aber wenn in fernen Ländern Schweinchen zusammengebunden auf klapprigen Bussen zusammen mit Menschen verfrachtet oder Hühner an den Beinen aufgehängt zum Markt gebracht werden, damit sie frisch bleiben, kommt angesichts der Massentierhaltung in Europa mehr Protest als angemessen bei den Besuchern aus der »zivilisierten Welt« hoch.

Dafür wird um so heftiger gegen genmanipulierte Pflanzen agitiert und protestiert. Dafür genügt der Verdacht, daß von ihnen eine wie auch immer geartete Gefahr für die Natur ausgehen könnte. Das Bekannte wird hingenommen, auch wenn es noch so schlimm ist. Die Kunstpflanze Mais ist uns so vertraut, daß die Frage gar nicht mehr gestellt wird, wo sie eigentlich herkommt und wie sie entstand. Großflächige Maisfelder dehnen sich aus, auf denen nichts mehr sonst wächst oder gar blüht außer dem Fremdling Mais: Herkunft Mexiko, ein Elternteil unbekannt, so in der Natur nirgends vorkommend – eine Kunstpflanze, genmanipuliert von Anfang an durch Hybridisierung. Seine Hauptfunktion ist es, Futter für das Vieh zu erzeugen in Form von Körnermais oder Silage, je nach Klima und Region. Die Folgen für Natur und Umwelt werden toleriert, auch wenn sie eigentlich nicht hinnehmbar sind, weil diese künstliche Pflanze das produziert, was unsere Gier nach Fleisch stillt. Was ist der »Gen-Weizen« im Vergleich dazu? Nur resistent gegen Pilzbefall. Auch er wird nichts anderes hervorbringen als nicht genmanipulierter Weizen, nämlich Körner für Brot.

So unausgewogen pflegen wir zu urteilen, weil wir aus einer emotionalen Schieflage heraus empfinden. Das dargebrachte Opfer Abels, des Viehzüchters, war schon damals Gott gefälliger als das Kains, des Ackerbauern, obwohl beide damit Gott danken wollten. Sein Zorn änderte den Lauf der Dinge nicht; Kains Totschlag war und blieb Brudermord, aber kein Menetekel für die sich anbahnende Bevorzugung des Viehs. Die Geschichte ging nicht zu Ende, sondern dreht sich in Spiralen weiter. Im Sudan verhungerten viele Tausende von Menschen, Kinder vor allem, vor den Augen der Weltöffentlichkeit (wie man im Fernsehzeitalter das auszudrücken pflegt) und angesichts des Jubeljahres der Zeitenwende zum neuen Millennium, obgleich viele Millionen Stück Vieh im Lande waren. Der afrikanische Zweig der vorderasiatisch-südeuropäischen Rinderkultur schätzte immer noch Menschenleben geringer ein als den Wert von Rindern oder Schafen, wenn es auch nicht mehr ganz so üblich ist wie noch vor wenigen Jahrzehnten, den Brautpreis in Form von Rindern oder Schafen festzulegen. An die Stelle von »Pecunia«, dem Vieh, tritt auch dort, wie in Europa, der Geldwert.

Hierzulande aber, wo der Ursprung von Pecunia vergessen worden ist und wo wir uns über eine solche Einstufung der Frauen erhaben fühlen, nehmen wir die Krankheiten und Belastungen, die uns das Vieh bescherte, mit derselben innigen Verbundenheit hin wie die Toten und Verletzten im Straßenverkehr. Diese erreichen bekanntlich in Europa einschließlich der Umweltbelastungen Jahr für Jahr die Größenordnung mittlerer Kriege. Die Ähnlichkeiten, die bei näherer Betrachtung sichtbar werden, sind so erstaunlich, daß es wohl lohnt, sich mit ihnen auseinanderzusetzen. Es scheint, daß offenbar großen Teilen der Gesellschaft unserer Zeit die Rinder und das Vieh noch näher stehen als das Auto. Dabei verdanken wir diesem so viel Mobilität, daß sich der Nomade in uns ausleben kann wie nie zuvor in der Geschichte der Menschheit. Es wird auch deutlich werden, daß wir uns bereits mitten in einem Konflikt zwischen Rindern und Autos befinden, in dem die einen die »Guten« geblieben sind, die anderen aber das Schlechte regelrecht verkörpern, das es einzugrenzen und am besten ganz abzuschaffen gilt.

22. Rind gegen Auto

Die Verknüpfung von Rind und Auto läßt sich leicht herstellen. Vonnöten ist nur ein kleiner Umweg über die Luft, genauer gesagt über die Atmosphäre, deren Zustand sich ändert. Das Ergebnis der Änderung wurde uns in den letzten Jahren mit allem Nachdruck bewußt gemacht: Das Klima erwärmt sich. »Die Erde liegt bereits im Fieber«, wie es besorgte Umweltschützer ausdrückten. Wir kochen die Erde und damit auch uns selbst zu Tode, weil wir so viel Energie verbrauchen. Unaufhaltsam steigt die Durchschnittstemperatur um Zehntelgrade pro Jahrzehnt und erreichte ein höchst alarmierendes ganzes Grad mehr zum Millenniumswechsel. Was das heißt, vermag wohl außerhalb der Computerkurven und -kalkulationen niemand so recht zu begreifen. Schließlich kann man selbst ohne Ortswechsel eine Temperaturspanne zwischen deutlich mehr als + 30 Grad Celsius und unter – 10 Grad erleben. Im Schatten, was die hohen Werte betrifft, wohlgemerkt, und nicht in der direkten Sonne am Rand des städtischen Schwimmbades im Hochsommer, wenn die Temperatur schon einmal + 40 Grad erreichen kann. Für ein Grad Abweichung vom Durchschnitt fehlt uns das »Gefühl«. Katastrophen müssen das ersetzen. Solche werden uns nahezu tagtäglich von allen Medien gemeldet – und sie gelten längst als Beweis dafür, wie katastrophal sich die Klimaerwärmung schon auswirkt. In der deutschen Öffentlichkeit ist man geneigt, computergestützten Analysen zu glauben, auch wenn all das nicht zu verstehen ist (Reichholf 2002). Sie haben auch den Hauptschuldigen dingfest gemacht und ihm zu einem ähnlichen Bekanntheitsgrad verholfen wie der chemischen Formel für Wasser, nämlich das CO_2, das Kohlendioxid. Chemielehrer haben keine Chance mehr, den chemisch richtigen deutschen Namen dafür in die Köpfe der Schüler und damit ins Volk hineinzubringen, wenn sie betonen, es müsse »Kohlenstoffdioxid« heißen. Der »Stoff« ist längst zu bekannt geworden, als daß er noch umbenannt werden könnte.

Weil dieser Pflanzennährstoff CO_2 als Hauptverantwortlicher für die Klimaerwärmung gilt, werden daraus zwei Schlüsse gezogen: Erstens schaffen es die Pflanzen der Erde offensichtlich nicht, das gasförmige Futter, das ihnen geboten wird, auch vollständig zu verwerten, und daher muß zweitens die Freisetzung von CO_2 stark vermindert werden. Da man weder uns Menschen noch den Tieren das Atmen verbieten oder auch nur ein wenig einschränken kann, läßt die Argumentationskette nur einen Schluß zu: Die Verbrennung fossiler Energieträger muß entsprechend massiv zurückgenommen werden, und zwar so weit, bis die Pflanzen auf dem Land und im Meer all das Kohlendioxid wieder aufnehmen und in Biomasse umsetzen (wobei sie Sauerstoff abgeben), das von den Tieren, den Menschen, den Pflanzen selbst und den Mikroben, die in den Böden die organischen Reststoffe abbauen, freigesetzt wird. Das würde den globalen Kohlenstoffkreislauf wieder schließen. In äußerster Vereinfachung drückt dies die chemische Gleichung für die Photosynthese aus (Seite 76): Aus dem Kohlenstoffdioxid wird mit Hilfe des Sonnenlichts der Kohlenstoff organisch gebunden (zu Zucker gemacht), und Sauerstoff kommt frei. Dieser Vorgang steuert global den Kohlenstoff-Umsatz. Andere Quellen von Kohlenstoffdioxid, wie Vulkane, spielen der Menge nach eine so geringe Rolle, daß sie in den Bilanzen für die Atmosphäre der Erde praktisch unberücksichtigt bleiben können. Davon gehen zumindest die gängigen Modelle für die Weiterentwicklung des Klimas der Erde aus.

Nur weil die Pflanzen das zusätzliche Angebot an Kohlenstoffdioxid nicht verwerten können, bildet sich ein ungenutzter Überschuß, der klimatisch wirksam wird – über den bekannt gewordenen Treibhauseffekt. Diese Klarstellung ist sehr wichtig. Denn Freisetzung von CO_2 und Wiederverwertung verlaufen nicht gleichzeitig, sondern mit Zeitverzögerungen. Man kennt das aus Gärten und Wäldern. Das Laub, das im Herbst fällt, braucht Zeit, bis es ganz zersetzt ist. Selbst im Humus steckt noch viel von den organischen Stoffen, welche die lebenden grünen Pflanzen gebildet hatten. Es kann Jahre oder Jahrzehnte dauern, bis der ganze enthaltene (gebundene) Kohlenstoff als CO_2 daraus wieder freigesetzt worden ist und der Wiederverwertung durch Pflanzen zur Verfügung steht. Bei Hartholz kann das noch viel länger dauern. Aber jeder wachsende Wald baut Biomasse auf und legt dabei in dem Maße Kohlenstoff fest, in dem er wächst und Kohlenstoffdioxid der Luft entnimmt. Wälder und humusreiche Böden bilden auf diese Weise Kohlenstoffspeicher (oder »sinks«, wie es im Fachjargon genannt wird). Äcker mit schnellen Fruchtwechseln, über denen Gülle ausgebracht wird, verkürzen diese Verzögerungszeiten. Nahezu alle Formen der Feld- und Grünlandbewirtschaftung stellen zu schnelle Rotationssysteme dar, um ähnlich wirkungsvoll Kohlenstoff speichern zu können wie Humus unter natürlichen Grasländern und insbesondere Wälder, die alt werden dürfen. Die meisten Klima-Modelle verzichten daher auf diesen biologischen Teil, weil sich in kurzen Zeitspannen Freisetzung und Wiederverwertung, also Produktion und Verbrauch, ausgleichen. Nur über Jahrhunderte weiterwachsende Wälder könnten mit ihrer Biomasse-Zunahme »sinks« für das Kohlendioxid abgeben – oder ihr Gegenstück im Kleinsten der Pflanzen, die Planktonalgen im Weltmeer. Sie wachsen so schnell und binden so große Mengen Kohlenstoffdioxid, daß ein Großteil von ihnen ungenutzt in die Tiefe absinkt, ohne in die Nahrungsketten im Meer einzugehen und darin weitergetragen zu werden. Wie lange die solcherart gebundenen Stoffe, auch der Kohlenstoff darin, am Meeresboden verbleiben und ob sie überhaupt in absehbaren (für die Computer sinnvoll kalkulierbaren) Zeiten wieder an die Oberfläche und in einen neuen Produktionszyklus gelangen, kann nicht annähernd so vorausberechnet werden wie an Land. Darin steckt einer der bedeutsamen Unsicherheitsfaktoren für die Prognosen.

An dieser Stelle mag eine ökologische Bemerkung angebracht sein, die mit dem gegenwärtigen Verständnis von »Gleichgewichten im Naturhaushalt« zusammenhängt. Solche Gleichgewichte anzustreben, wiederherzustellen oder zu erhalten gilt als eines der Hauptziele von Umweltpolitik. Eine moderne Feldwirtschaft, etwa eine intensive Reiskultur oder Maisanbau, kann mit schnellem Wechsel von Produktion und Ernte, Düngung und erneuter Produktion mit der Freisetzung von Sauerstoff und dem Verbrauch von Kohlenstoffdioxid gerade so im Gleichgewicht sein wie ein tropischer Regenwald, der seit Jahrhunderten oder Jahrtausenden nicht mehr wächst, sondern sich nur noch im »Gleichgewicht« erhält. Beide produzieren netto weder Sauerstoff, noch binden sie Kohlenstoff. Der Hauptunterschied liegt, was Produktion und Abbau betrifft, nicht einmal in der Menge der Produktion, weil die Zuwächse im Regenwald der Tropen pro Jahr auch nicht viel mehr Biomasse neu aufbauen als bei einem Maisfeld oder in einer Reiskultur, wenn die Werte auf die Produktionszeit (= Vegetationsperiode) umgelegt werden. Vielmehr liegt der Unterschied in den Verzögerungszeiten. Der

Tropenwald existiert viele Jahrhunderte ununterbrochen, das Maisfeld nur ein halbes Jahr. Das vergrößert enorm die Verluste an Mineralstoffen, die ins Grundwasser und in die Oberflächengewässer ausgewaschen werden. Wenn Bäche aus dem zentralamazonischen Regenwald reiner als Regenwasser und mit geringerer elektrischer Leitfähigkeit als dieses herauskommen, so kontrastiert dieser Befund in extremer Weise mit den Feld- und Wiesenbächen, die intensive Agrarflächen in Mitteleuropa entwässern. Als Trinkwasser betrachtet enthalten die amazonischen Bäche viel zu wenig gelöste Mineralsalze (und gleichen in diesem Mangel fast destilliertem Wasser), die mitteleuropäischen aber viel zu viel, so daß die zulässigen Grenzwerte beispielsweise für Nitrat oft bei weitem überschritten sind. Als Trinkwasser kommen sie daher noch weniger in Frage als das quasi-destillierte Wasser Inneramazoniens.

Diese ökologischen Grundgegebenheiten bilden eine der Voraussetzungen für den Vergleich von Rind und Auto und deren Belastung der Erdatmosphäre mit CO_2 (und Methan als mindestens zweitwichtigstem Treibhausgas). Denn die Umwandlung riesiger Flächen von Tropenwäldern in Weideland hat, wie in Kapitel 16 ausgeführt, ganz erhebliche Folgen für das Klima der Erde. Wo Wälder mit einer Gesamtbiomasse von 1.000 Tonnen pro Hektar, wie sie etwa für die amazonischen und südostasiatischen Regenwälder ermittelt worden sind (Reichholf 1990b), verbrannt und in Viehweiden umgewandelt wurden, entwichen die entsprechenden Gleichwerte von in 100.000 Tonnen Biomasse gebundenem Kohlenstoff pro Quadratkilometer als Kohlendioxid in die Luft. Ihr Ersatz durch 20, 30 oder mehr (oder auch weniger) Tonnen Biomasse pro Quadratkilometer Weideland zählt hierbei nicht, denn diese Menge wird nun in Jahreszyklen umgesetzt. Ansammeln kann sich hierbei nichts. Im Gegenteil: Sollte dürres Gras übriggeblieben sein, weil die Rinder und die Termiten nicht alles aufgefressen hatten, wird das Weideland in Brand gesteckt. So gelangt auch der Rest praktisch sofort wieder in die Atmosphäre zurück. Und wie gesagt, alljährlich wird eine Fläche der Größe von ganz Australien in den Tropen und Subtropen in Brand gesetzt, um Weideland zu verbessern. Den gerodeten Flächen ehemaliger Wälder und dem abgebrannten Land kommt eine stark veränderte Eigenschaft hinsichtlich der Aufwärmung zu: Das Land heizt sich ohne Kühlung durch wasserverdunstende Wälder viel stärker auf und gibt diese Wärme an die Atmosphäre weiter. Die Rußteilchen in der Luft verstärken zusammen mit dem Rauch diese Aufwärmung. Wälder kühlen, tropische und subtropische Weideflächen erhitzen. Sojafelder sind in dieser Hinsicht kaum anders zu beurteilen. Verglichen mit den Wäldern, die an ihrer Stelle vorher wuchsen, wirken sie aufheizend wie die Rinderweiden.

Von hier aus führt die Spur nach Europa und Deutschland, nämlich über den Import von Futtermitteln für die Viehhaltung. Europa wirkt auf die Tropen über diese Verbindung auch in klimatischer Hinsicht. Den Ansatz zu einer entsprechenden Betrachtung lieferte Rifkin (1994). Er stellte für die USA fest, daß schon in den 1980er Jahren die dortige Erzeugung von jedem Kilogramm Rindfleisch einen Aufwand von etwa 8 Liter Treibstoff (also »fossilen Brennstoff«) erforderte (Transportkosten, Kühlung etc., detailliert ausgeführt in Rifkins Buch!). Entsprechende Angaben für Deutschland waren nicht zu finden. Daher werden diese US-amerikanischen Werte für die nachfolgenden Kalkulationen zugrunde gelegt. Die Ergebnisse fallen mit Sicherheit viel zu niedrig aus, weil die Rindfleischerzeugung in Deutschland in weitaus stärkerem Maße auf die Stallviehhaltung und damit auf importierte Futtermittel angewiesen ist, als das für die USA im Bezugsjahr 1986 der Fall war. Die deutschen Werte müßten schätzungsweise verdoppelt werden. Doch es geht hier auch gar nicht um eine genaue Feststellung, sondern um Hintergründe und das Bereitstellen von Vergleichen, die in der Klimaproblematik weiterhelfen könnten.

Deutschland erzeugte nach den offiziellen statistischen Angaben im Jahre 1996 insgesamt 1,538 Millionen Tonnen Rindfleisch und 3,572 Millionen Tonnen Schweinefleisch. Einen dritten großen Posten stellte die Produktion von 0,626 Millionen Tonnen Geflügelfleisch dar, während Schaf- und Ziegenfleisch nur gut 40.000 Tonnen ausmachte. Dabei handelte es sich jedoch schon um kräftig verminderte Produktionsmengen im Vergleich zu 1990, als die Gesamterzeugung von Fleisch in Deutschland mit 7,2 Millionen Tonnen noch um 1,45 Millionen Tonnen (25 %) darüber lag. Die Welterzeugung von Rindfleisch belief sich 1996 auf 57,7 Millionen Tonnen oder gut ein Viertel der gesamten Fleischproduktion von 215 Millionen Tonnen.

Setzt man nun für die Erzeugung von Rindfleisch in Deutschland auch acht Liter pro Kilogramm wie in den USA ein, so ergibt das 12,3 Milliarden Liter Treibstoff. Zum Vergleich: Der Jahresbetrieb von Privat-PKWs in Deutschland kann bei einem Durchschnittsverbrauch an Kraftstoff von 7 Litern pro 100 km und 15.000 km Fahrleistung pro Jahr auf gut 1.000 Liter veranschlagt werden. Der Energie-Einsatz für die Rindfleischerzeugung käme somit dem Jahresbetrieb von 10 Millionen bis 15 Millionen Privat-PKWs gleich. Werden ähnliche Werte wie für die Rindfleischerzeugung für die Produktion von Schweinefleisch eingesetzt, kämen Gleichwerte von 28,5 Millionen PKWs hinzu. Die Gesamtzahl der in Deutschland zugelassenen PKWs verbrannte etwa die gleiche Menge an Benzin, wie sie für die Produktion von 5,8 Millionen Tonnen Rindfleisch (1996) aufgewandt werden mußte. Der private Kraftfahrzeugbetrieb in Deutschland wurde allerdings bekanntlich mit der Energiesteuer (als Öko-Steuer) belegt. Superbenzin kostet erheblich mehr als Diesel, und die landwirtschaftliche Kraftstoffnutzung war steuerlich zudem erheblich begünstigt worden. Dazu später mehr.

Sollten jedoch die amerikanischen Werte für den Kraftstoffeinsatz pro Kilogramm Rindfleisch nach Rifkin (1994) – wie stark anzunehmen ist – erheblich zu niedrig angesetzt sein, würde unter Umständen allein schon die Rindfleischerzeugung in Deutschland weitgehend dem Betrieb aller PKWs gleichkommen. Zu dem reinen Energieverbrauch für die Fleischproduktion kommt noch die Belastung der Erdatmosphäre mit Methan sowie mit den Gasen hinzu, die den Güllefluten Jahr für Jahr entweichen. Um zu wirkungsvollen Verminderungen bei den Treibhausgasen zu gelangen, müßten diese natürlich auch in vollem Umfang in den Zielvorgaben und Maßnahmen mit berücksichtigt werden.

Zurück zum CO_2 und seiner Verminderung: Zum Umweltgipfel von Rio 1992 hatte der damalige deutsche Umweltminister und heutige Chef des Umweltprogramms der Vereinten Nationen (UNEP) Klaus Töpfer das ehrgeizige Ziel präsentiert, den Kohlenstoffdioxidausstoß in Deutschland von 1990 bis 2005 um 25 % zu vermindern. Das Vorhaben schien nicht unerreichbar, schließlich wurden nach der Wiedervereinigung Deutschlands in großem Umfang unwirtschaftliche Großindustrieanlagen in Ostdeutschland geschlossen. Der Energieverbrauch in Deutschland sank dadurch von 511 Millionen Tonnen Steinkohle-Einheiten 1989 in fünf Jahren auf das Minimum von 479 Millionen Tonnen 1994, überstieg aber bereits 1996 wieder die Grenze von 500 Millionen Tonnen. Deutschland liegt damit gegenwärtig weltweit an fünfter Stelle nach Japan. Die ersten drei Plätze nehmen die USA mit dem Sechsfachen Deutschlands, China mit gut und Rußland mit knapp dem Doppelten ein.

Die globale Zunahme des Energieverbrauchs belief sich im Jahr der günstigsten Bilanz Deutschlands mit 445 Millionen Tonnen Steinkohle-Einheiten auf nahezu genau den deutschen Wert (444,8). Die Minderung von 25% in 15 Jahren hätte einen durchschnittlichen Rückgang von 1,7% pro Jahr (bezogen auf 1990) bedeuten müssen, also 8,6 Millionen Tonnen Steinkohle-Einheiten pro Jahr. 2005 wäre dann eine Minderung um knapp 130 Millionen Tonnen zustande gekommen. Sie hätten nicht einmal 30% des weltweiten Zuwachses im einzigen Jahr von 1994 auf 1995 ausgemacht – oder 1,9% pro Jahr, so es zu keiner weiteren Steigerung des globalen Energieverbrauchs gekommen wäre. Berücksichtigt man, wie grob geschätzt manche Angaben zu den globalen Mengen des Energieverbrauchs sind, so darf mit Fug und Recht angenommen werden, daß diese weniger als 2% pro Jahr im Bereich der Schätzfehler verschwinden und sich nicht wirklich fassen oder gar als wirkungsvoll nachweisen lassen.

Die zusätzliche Besteuerung des Kraftstoffs und Energieverbrauchs hatte also von vornherein nicht die geringste Chance, sich günstig für die angestrebte Stabilisierung des Weltklimas auswirken zu können. Tatsächlich wurde die Energiesteuer ja auch, wie bekannt, für gänzlich andere Zwecke eingesetzt. Sie stellte nichts anderes dar als eine partielle Steuererhöhung und blieb ohne Umweltbezug. In mancher Hinsicht gleicht sie den mittelalterlichen Ablaßzahlungen. Den Nachweis einer Notwendigkeit müssen die Vertreter dieser Umweltpolitik ja nicht führen, da ihre mögliche Wirkung ohnehin zu Lebzeiten der Eintreiber dieser Steuer nicht mehr zu erwarten ist. Sie entziehen sich damit der Verantwortung für die Gesellschaft und für die dadurch verursachten wirtschaftlichen Folgen. Auch hierauf muß zurückgekommen werden, denn die Energiesteuer stellt als Maßnahme im Sinne von »Öko« keinen Einzel- oder gar Ausnahmefall dar. Im Gegenteil.

Was aber wäre herausgekommen, wenn in diesen 15 Jahren von 1990 bis 2005 nach und nach der Import von Futtermitteln aus Übersee abgebaut und die Viehproduktion der tatsächlich vorhandenen Kapazität im Land angeglichen worden wäre? Ein Drittel der Rinder in deutschen Ställen wird ausschließlich aus Südamerika ernährt. Bei Geflügelfleisch und partiell auch bei der Schweinefleischproduktion dürften die Anteile noch höher liegen. Deutschland kann seiner Natur nach keine Super-Serengeti sein!

Berücksichtigt man wiederum nur die Rinder, nimmt ein Drittel davon heraus, also fünf Millionen, und rechnet weiter mit der amerikanischen Verbrauchszahl von 8 Litern pro Kilogramm Fleisch, so hätte sich der Vollbetrieb von fünf Millionen bis 10 Millionen PKWs durch den Abbau dieses Anteils ausgleichen lassen. Mehr noch: Wäre der Bedarf an Massenproduktion von Futtermitteln für Europas Viehställe gar nicht erst zustande gekommen, dann wäre ein Großteil der Tropenwaldflächen, die seit den 1980er Jahren gerodet und vernichtet worden sind, erhalten geblieben. Mit allen positiven Folgen für das Klima. Und es hätte wohl auch keine »Futtermittelskandale« gegeben. Nationalökonomen könnten die Frage beantworten, wie es dann um die Volkswirtschaften Argentiniens und anderer Staaten heute stehen würde, die immer stärker zur bloßen Bereitstellung von Rohstoffen für Europa degradiert wurden, wenn Europa im Wettstreit mit den USA keine Massenproduktion von Fleisch für den Weltmarkt gestartet hätte.

Was wäre aus der bäuerlichen Bevölkerung hierzulande geworden? Und was wird aus jener der so stark von der bäuerlichen Landwirtschaft geprägten neuen Mitgliedsländer der EU werden, wenn sie in das europäische Agrarproduktionssystem eingegliedert sind? Das sind nicht nur wirtschaftliche Fragen oder Denkmodelle für umweltpolitische Zielsetzungen, sondern auch soziale Probleme lokaler, nationaler und globaler Art. Der Klimaschutz aber blieb als ein parteipolitisches Lippenbekenntnis auf der Strecke. Weiterhin bekämpft wird hingegen das alte Feindbild Auto, an dem alles Übel festgemacht wird. Die Vertreter der international tätigen Umwelt- und Naturschutzorganisationen fliegen indessen von einer fernen Konferenz zur nächsten. Sie trafen sich unter anderem zehn Jahre nach Rio zu Tausenden in Johannesburg in Südafrika und leisteten dabei ihren Beitrag zum Klimaschutz durch »miles and more«.

Vielleicht kam durch den für Mittel- und Nordeuropa so überaus schönen Sommer 2003 ein besserer Beitrag zur CO_2-Verminderung zustande als durch die den Globus umrundenden, konferenzsüchtigen Klimaschützer und das, was sie auf ihren internationalen Konferenzen zuwege brachten. Denn für die Masse der Bevölkerung war von Pfingsten bis zum Ende der Sommerferien im Nahbereich genau das zu haben, wofür man sonst bis ans Mittelmeer fahren mußte: Sonne, beständige Wärme bis tief in die Nächte hinein und warmes Wasser zum Baden. Wer Kühleres vorzog, brauchte nur den kurzen Weg an Nord- und Ostsee zu nehmen. Über diesen Vorstoß mediterranen Sommerwetters durften sich die Menschen freilich nicht freuen. Der heiße Sommer 2003 mußte genauso als Teil und Beweis der in Gang gekommenen Klimakatastrophe herhalten wie die Überschwemmungen im August des Jahres davor. Die Menschen sind vergeßlich. Die wenigsten werden sich erinnert haben, daß es 1994 und noch ausgeprägter 1983 ähnlich lange und heiße Sommer gegeben hatte. Von noch weiter zurückliegenden ganz abgesehen.

Wer den Klimawandel ernst nimmt und sich von Wetterereignissen nicht verwirren läßt, kann von der Situation, die sich eingestellt hat, nur zutiefst betroffen sein. Man kann nicht einmal mehr mit dem Finger auf die USA als den Hauptschuldigen verweisen, weil sich die Amerikaner dem Kyoto-Protokoll nicht anschließen und ihren Beitrag zur Sicherung des Weltklimas nicht leisten wollen, seit hinlänglich bekannt ist, daß die großen Zuwachsraten im Energieverbrauch nicht in den USA und in Europa liegen, sondern in jenen Ländern und Regionen der Erde, die wirtschaftlich eine stürmische Entwicklung durchmachen.

Die USA legten von 1980 bis 1995 pro Kopf der Bevölkerung nicht einmal 9% beim Energieverbrauch zu, während dieser in China im gleichen Zeitraum um 75% anstieg und sich seit 1990 erheblich mehr als verdoppelt hat. In Deutschland war der Verbrauch hingegen bis 1995 bereits um 6,5% gegenüber 1980 zurückgegangen. In Indien und Pakistan stieg er gleichzeitig um mehr als 80% an, in Thailand sogar (von 371 auf 1.257 Kilogramm Steinkohle-Einheiten pro Kopf) um 240%. Die hohen Zuwächse in tropisch-subtropischen Gebieten haben zudem nichts mit Ausgaben für Heizung zu tun, wie etwa in Rußland, Kanada und großen Teilen der USA oder auch in Nord- und Mitteleuropa. Der Verbrauch für die

Erzeugung von Wärme reagiert bekanntlich sehr empfindlich auf die Milde oder Härte des Winters; ein nicht unerheblicher Gesichtspunkt für die Beurteilung der komplexen Folgen von milden Wintern, die aufgrund der Klimaerwärmung häufiger werden sollen.

Doch all das stellt global nur eine Feineinstellung dar. Letztlich entscheiden die Entwicklungen in der Weltwirtschaft über den Energieverbrauch, und von der Bereitstellung sowie den Importen von Massengütern aus fernen Kontinenten hängen die Möglichkeiten ab, wirkungsvoll zu sparen.

Um es in aller Deutlichkeit auszudrücken: Könnten wir auf die Überproduktion von Rindfleisch im Land verzichten und in angemessenem Umfang Importe aus Ländern zulassen, in denen es gleichsam »auf der freien Weide wächst«, würde dies einen wirklich bedeutsamen und nachhaltig wirksamen Beitrag zur Verminderung der CO_2-Freisetzung leisten. Das würde zudem sehr viel Gelder für Subventionen sparen. Die Mittel ließen sich umschichten und in unserer Landwirtschaft gewiß besser einsetzen.

Nach einer solchen Abkehr von den Importen von Futtermitteln und einer Orientierung an der Produktionskapazität des eigenen Landes und seiner Standortvorteile könnte auf das halbe Jahrhundert Öko-Kolonialismus eine neue Zeit partnerschaftlicher, einander ergänzender Zusammenarbeit folgen. Solche Vorstellungen wird man natürlich so lange als realitätsferne Schwärmerei abtun, bis die ökonomischen Zwänge aus dem weiteren Niedergang unserer hochentwickelten Industriegesellschaft groß genug geworden sind, eine Umorientierung zu erzwingen. Oder bis die sich verknappenden Energievorräte die langen Wege von Massengütertransporten wirtschaftlich untragbar machen.

Die Selbstversorgung bleibt auch in Zeiten der Überproduktion von Nahrungsmitteln eine Illusion, wenn die dafür benötigten Energien importiert werden müssen – und nicht etwa das Fleisch, das wir essen wollen. Wird der Ölhahn zugedreht oder versiegen die Quellen der Energie, wird sich um so deutlicher herausstellen, wie abhängig wir in Deutschland oder der EU vom großen Rest der Welt geworden sind.

Umgekehrt wirkt sich die für die Welt und ihren Fortbestand belanglose Überbesteuerung der Energie natürlich auch nachteilig auf die Arbeitskosten und Beschäftigungsverhältnisse aus. Die Arbeitnehmer müssen die dadurch gestiegenen Strom- und Heizkosten bezahlen können. Auf die Verbraucher, also die Haushalte, werden die von der Energiesteuer erhöhten Transportkosten umgelegt. Sie wirken über alle Lebensbereiche auf die Menschen zurück. Dennoch reichen anscheinend über fünf Millionen de facto Arbeitslose in unserer Gesellschaft nicht aus, Kurskorrekturen mit grundlegenden Änderungen herbeizuführen. Was haben wir aber hierzulande wirklich erreicht? Gereicht es uns zur Ehre, und eignet es sich gar als Vorbild für die Zukunft einer besseren Welt?

V. Die Landwirtschaft und der Umweltschutz

23. Umweltbelastungen

15 Millionen Rinder und 24 Millionen Schweine sind zuviel für Deutschland. Die Flächenbelastung durch 110 Großvieh-Einheiten pro Quadratkilometer fällt doppelt so hoch aus wie für Frankreich (65 pro km^2). Die übrigen Nutztiere, insbesondere die vielen Millionen Hühner, sind hierbei noch gar nicht berücksichtigt. Die Folgen zu dichter Großtierhaltung zeigen sich aber nicht wie in manchen zoologischen Gärten darin, daß die Gehege kahlgefressen werden, wenn zu viele Tiere dauerhaft auf zu kleinem Raum leben müssen. Dieses Übel wurde so gut wie überall in den Zoos abgestellt. Der Tierbestand ist den Möglichkeiten der Gehege angepaßt worden. Artgerechte Tierhaltung darf als Selbstverständlichkeit vorausgesetzt werden. Dasselbe gilt für Wild- und Vogelparks. Die Tierschutzgesetze sind gut, auch wenn sie manchem Tierschützer nicht weit genug gehen. Tiger und Löwen, Affen und Antilopen führen bei uns ein Luxusleben, verglichen mit ihren Artgenossen in der »freien Wildbahn«, in der diese Tag für Tag von Hunger, Krankheiten und Tod bedroht sind.

Für Haustiere wie Hunde und Katzen bieten die Supermärkte höchst eindrucksvolle Spektren an Nahrung, Spielzeug oder Ausstattungen für ihr Leben mit dem Menschen. Hundehalter zahlen eine spezielle Steuer für ihre Tiere. An den Millionen Ziervögeln in Käfigen und Volieren, in denen nicht selten sogar die Welt tropischer Baumkronen nachgeahmt wird, damit sie sich wohlfühlen, gleicht die Gesellschaft die unsägliche Massenhaltung von Hühnern in den Käfigen von Legebatterien gewissermaßen aus. Unser Verhältnis zum Tier ist zutiefst gespalten. Auf der einen Seite werden menschliche Maßstäbe angelegt, auf der anderen Seite wird die unmenschliche Behandlung ausgeblendet. Denn die eine Seite ist zum Vergnügen da, die andere muß billiges Fleisch liefern. Dafür lassen wir züchten, quälen und töten. Militante Tierschützer nehmen widerrechtlich für sich das Recht in Anspruch, Farmnerze (Abkömmlinge des amerikanischen Minks) zu befreien und in die Natur zu entlassen. Die landwirtschaftlichen Massentierhaltungen dagegen scheinen sie ungleich weniger zu bewegen. Das Zahlenverhältnis von Arten »befreiter Tiere« zu denen in der Massentierhaltung dürfte aber in der Größenordnung von 1:10 Millionen liegen.

Hierin drückt sich aus, wie unterschiedlich das Maß ist, mit dem an sich Gleiches gemessen und gewertet wird. Diese Spaltung des Weltbildes zwischen Tier und Mensch erreicht seinen Gipfel in der unfaßbaren Art und Weise, wie wir Mitteleuropäer uns selbst im Vergleich zu den Nutztieren einstufen lassen. Was wir so von uns geben an Abwasser und Abfall, muß auf der Basis ungemein strenger Gesetze und Verordnungen teuer entsorgt werden. Unsere »Bedürfnisse« stellen eine kostspielige Angelegenheit dar. Es ist für uns längst selbstverständlich geworden, daß unsere Ausscheidungen zwar notwendig, nichtsdestoweniger aber ein Übel sind. Dafür wurden Kläranlagen aller Größen gebaut, Abwasserkanäle eingerichtet und Abwassergebühren in Rechnung gestellt. Alle haben sie auf ihren Wohnsitz bezogen zu entrichten. Die Bezeichnung für die Abwasser-Einheiten drückt aus, worum es geht: »Einwohner-Gleichwerte« nennt man sie. Damit ist klar, daß der Mensch der Bezugspunkt ist.

Die Gebühren sind hoch. Wer auf Geld achten muß, weiß, daß sie einen festen Kostenfaktor darstellen, der nicht sinken, sondern ansteigen wird. Denn im Gegensatz zur naiven Vorstellung, teure Abwasserreinigungsanlagen müßten sich irgendwann nach Jahren, höchstens nach einem Jahrzehnt, so weit amortisiert haben, daß die Gebühren zurückgenommen werden, gehen sie weiter in die Höhe. Gerade so als ob das, was wir von uns geben, immer übler würde. Gewaltige Netzwerke von Abwasserleitungen wurden aufgebaut, um einen hohen Erfassungsgrad der menschlichen Abwässer zu erzielen. Kleine und kleinste Dörfer mußten angeschlossen werden; wie auch an die Fernwasserleitungen für Trink- und Brauchwasser. Die eigene Kleinkläranlage mußte auch an abgelegenen Orten ebenso verschwinden wie der eigene Brunnen. Das Reinwaschen des Schlechten des Menschen wurde zu einem der größten Unternehmen im letzten halben Jahrhundert.

Für die Gemeinden, die sich widersetzten, gab es eine einfache Lösung als Zwangsmaßnahme: Bauverbot. Die Erfolge von zwei bis drei Jahrzehnten Abwasserpolitik stellten die zuständigen Behörden in ausdrucksstarken Karten dar, den Gewässergüte-Kartierungen. Sie zeigten, wie sich die Farben von rot (schlimm verschmutzt) über gelb (stark belastet) zu grün (mäßig belastet) und blau (unbelastet) hin veränderten. Milliarden kostete diese Großleistung des Umweltschutzes. Sauberes Wasser stellt ein wertvolles Gut und nach wie vor ein wichtiges Ziel der Umweltpolitik dar. Die Leistung verdient in der Tat große Wertschätzung. In der kurzen Spanne eines Vierteljahrhunderts wurden die Flüsse und Seen wieder weitgehend sauber. Der Rhein wandelte sich von der Kloake Europas zu einem ordentlichen Fluß, der zur Romantik paßt, die mit ihm verbunden wird. Die Donau wurde wieder blau bis zum Zusammenfluß mit dem Inn, der ihr seine trübe, aber saubere Gletschermilch in den Sommermonaten mit auf den Weg gibt, und in der Elbe kann man wieder baden, ohne befürchten zu müssen, Hautschäden durch Chemikalien davonzutragen.

Merkwürdigerweise nahmen aber die Fischbestände nicht entsprechend zu. Im Gegenteil: Je sauberer die Flüsse wurden, um so stärker gingen die Bestände vieler Arten zurück, allen Versuchen zum Trotz, Fischpopulationen zu setzen. Auch bei Muscheln und anderem Wassergetier kam es zu starken Abnahmen. Vögel, denen der Mensch gewiß nicht nachstellt, wie der Rohrsänger und der Kuckuck, mußten in die Roten Listen der gefährdeten Arten aufgenommen werden, weil ihre Bestände im Röhricht von Seen und Stauseen zu stark abgenommen hatten.

»Sauberer« wurde nicht gleichbedeutend mit »besser«. Und wer die Entwicklungen aufmerksam verfolgte, mußte wohl feststellen, daß die größten und die offensichtlichsten Verbesserungen nicht unmittelbar mit dem häuslichen Abwasser der Menschen zusammenhingen, sondern mit der Industrie und den Waschmitteln. Die massivsten Verbesserungen ergaben sich aus der Minderung oder dem gänzlichen Stopp von industriellen Abwassereinleitungen in die Flüsse und Seen. Die augenfälligsten waren das Verschwinden der Schaumberge. Sie entstanden durch die Rückstände von Waschmitteln, den Detergenzien. Die chemische Industrie hatte rasch und wirkungsvoll reagiert. Die neuen Generationen von

Wasch- und Spülmitteln wurden biologisch abbaubar in den Kläranlagen, sie schäumten nicht mehr nach in den Gewässern draußen und ihr Gehalt an Phosphaten wurde stark vermindert.

Mit dem, was unsere Verdauung zwangsläufig ausscheidet, hat das alles nichts oder nur sehr peripher zu tun. Die körpereigenen Ausscheidungen sind im Grunde genommen weder giftig (wie viele Chemikalien, die als Abwasser ausgeleitet worden waren) noch schlechter als das, was andere Lebewesen ausscheiden, Krankheitserreger natürlich ausgenommen. Doch bleiben diese auch dann ein Problem, wenn die Kläranlagen gut funktionieren, aber durch einen plötzlichen Starkregen zum Beispiel überlaufen. Oder in Schwimmbädern, öffentlichen Toiletten und an anderen Stellen, wo sich Menschen infizieren können. Kläranlagen beseitigen Krankheitserreger nicht automatisch und vollständig. Wenn dies aber das Ziel sein sollte, müßten andere Methoden angewandt werden.

Warum diese Auslassungen über menschliche Abwässer und Kläranlagen? Es gibt zwei Gründe, sie in die Überlegungen mit einzubeziehen. Erstens stellen menschliche Abwässer wie die Ausscheidungen anderer Lebewesen auch Rohmaterial für weitere Nutzungen in der Natur dar. Die von Massen von Bakterien durchsetzten organischen Reststoffe werden in Boden und Gewässern genauso weiterverarbeitet und genutzt wie anderes organisches Material auch. Häusliche Abwässer waren lange Zeit dazu benutzt worden, ertragreiche Karpfenteiche zu betreiben, wie zum Beispiel im Ismaninger Teichgebiet bei München, dessen Karpfen vom Münchner Abwasser ein Dreivierteljahrhundert lang genährt worden waren. Die Nahrungsketten in den Flüssen hängen sogar in besonderem Maße von den organischen Stoffen ab, die eingeschwemmt werden, weil sie selbst keine nennenswerte Eigenproduktion hervorbringen. Blattwerk, Äste und andere Pflanzenstoffe geben im Naturzustand die Grundlage für die Produktivität von Fließgewässern ab. Die Kleintiere am Boden ernähren sich von den organischen Partikelchen. Von den Kleintieren leben die kleinen Fische und von diesen die größeren und großen (Raub-)Fische. Flüsse ohne organische Stoffe haben wenige Fische.

Daß im Mittelalter und bis in das frühe 20. Jahrhundert hinein die Flüsse Europas geradezu überquollen an Fischen, lag an den Einleitungen der Abwässer aus Städten und Siedlungen, die an ihnen lagen. Vor allem als die Auwälder abgeholzt und in Weideland umgewandelt worden waren, fehlte der natürliche Eintrag organischer Stoffe, aber er wurde durch die menschlichen Abwässer mehr als ausgeglichen. Wer dem früheren Fischreichtum nachtrauert, sollte dies bedenken, und auch wer höchste Reinigungsprozente in teuersten Großkläranlagen (mit öffentlichen Mitteln) anstrebt. Denn die perfekte Reinigung entzieht vor allem die organischen Reststoffe. Was sie bewirkt, entspräche der vollständigen Entfernung von Humus aus den Böden. Die Pflanzenproduktion könnte dann nur noch so wie in einer Aquakultur vorgenommen werden – eine offensichtlich absurde Vorstellung. Dennoch verhält es sich in den Gewässern nicht anders. Wer sie so sauber machen will, daß keine organischen Reststoffe mehr hineingelangen, außer den wenigen, die an begradigten, kanalisierten und regulierten Flüssen von den Baum- und Buschkulissen an den Ufern noch abfallen, muß auch in Kauf nehmen, daß sich Fische, Muscheln und Vögel rar machen. In Zahlen ausgedrückt: Wo 90% oder mehr der ursprünglichen Auen vernichtet und als Austauschgebiet dem Fluß (durch Eindämmung) entzogen werden, kommt es zwangsläufig auch zu einem 90prozentigen Verlust an Produktivität. Und zu entsprechend mehr, wenn die Veränderungen noch weiter ins Extrem der bloßen Abfuhr von Wasser aus der Landschaft vorangetrieben worden sind. Eingesetzte Fische sollten so schnell wie möglich wieder herausgefangen werden, bevor sie vor Hunger schrumpfen und gleichsam »rückwärts wachsen«. Trinkwasser sollte praktisch keine Lebewesen enthalten. Das ist klar, und daher wurden Quellen zur Entnahme von Trinkwasser genutzt oder Brunnen. Denn das gute Trinkwasser lagert in der Tiefe; gereinigt durch die Böden darüber, gefiltert durch Sand und gekühlt auf die mittlere Jahrestemperatur der Gegend.

Dies ist die andere Seite der Abwasserreinigung in Kläranlagen. Sie verbessert nicht allein die Qualität der Gewässer, so wie wir aus unserer Sicht Qualität verstehen, sondern sie verändert auch die Ernährungsverhältnisse für die Tiere in den Gewässern. Die hohen Kosten der Abwasserreinigung verursachen weitere Ausfälle in Bereichen von Fischerei oder geschützten Tierarten. Wie hoch sie eingeschätzt werden, hängt von Wertvorstellungen ab, die in der Gesellschaft entwickelt werden, darin vorherrschen oder sich durchsetzen lassen. Die Lebewesen in den Gewässern werden dazu in aller Regel nicht befragt. Im Gegenzug bekommt die Gesellschaft sodann vom Naturschutz die alarmierenden Befunde in Form von Roten Listen präsentiert, aus denen hervorgeht, wie viele Arten in welch starkem Maße tatsächlich abgenommen haben oder schon weitgehend verschwunden sind. Daß dabei Maßnahmen des Natur- und Umweltschutzes in recht beträchtlichem Umfang auch zu den Ursachen zählen, will der Naturschutz nicht wahrhaben. Im nächsten Kapitel wird das in erweitertem Zusammenhang nochmals aufgegriffen. Hier geht es darum festzuhalten, daß die bedeutendsten und auch die echten Qualitätsverbesserungen beim Abwasser von der Industrie kamen, die Gifte und Schadstoffe stark reduzierte oder ganz zurückhalten konnte. Die Reinigung der unmittelbar menschlichen Abwässer hingegen brachte auch Verluste mit sich, da sie jahrhundertelang ein Bestandteil des Naturhaushaltes der Gewässer gewesen waren. Die Wertung dieses Teilbereichs muß differenziert vorgenommen werden, denn der Mensch als Lebewesen ist nicht von Natur aus schlecht – und schon gar nicht in bezug auf die ganz andere Seite von Abwassererzeugung und -entsorgung, die nun betrachtet werden muß. Es sind dies die Abwässer aus der Stallhaltung der Tiere. Sie liefern, wie in Kapitel 8 ausgeführt, ein Mehrfaches der menschlichen Abwässer in Deutschland. Zentren der Viehhaltung, wie Vechta, produzieren Abwassermengen, welche denen ganz Berlins entsprechen. Doch für die tierischen Abwässer gelten andere Grundsätze als für die der Menschen.

Das Abwasser aus der landwirtschaftlichen Viehhaltung wird nicht dem Prozeß der Reinigung wie bei den menschlichen Abwässern unterzogen, sondern als Mist und inzwischen in weitaus überwiegendem Maße als Gülle frei auf den landwirtschaftlichen Nutzflächen ausgebracht. Es wird bei Mensch und Vieh mit zweierlei Maß gemessen. Einer Begründung bedarf es anscheinend gar nicht. Es ist einfach so, weil es immer so war und weil die Landwirtschaft privilegiert ist. Die Folgen sehen so aus: Die 23,7 Millionen Schweine produzierten 1996 in Deutschland etwa 38 Milliarden Liter Gülle (1.600 Liter pro Schwein und Jahr), was der Abwasserproduktion der Hälfte der Gesamtbevölkerung Deutschlands entsprach. Sie belasteten dabei die Flächen, auf denen die Gülle ausgebracht wurde, mit 246.000 Tonnen Stickstoff, 145.000 Tonnen Phosphor und

240.000 Tonnen Kalium. Der Mensch gibt mit 3,5 bis 7 kg Stickstoff pro Jahr etwa die Hälfte ab. Alles, einschließlich der übrigen Stoffe, gelangt in die Kläranlagen. Von den Schweinen und auch von den Rindern hingegen nichts. Wer dagegenhält, das sei nichts anderes als die Rückgabe von Stoffen, welche die Tiere den Flächen, von denen sie leben, entnommen hatten, berücksichtigt zweierlei nicht. Erstens wird natürlich kein Abwasser in die Ursprungsländer der Futtermittel zurückgebracht, und zweitens gelangt die Gülle nicht kontinuierlich in kleinen Mengen auf die Fluren, sondern ein paarmal pro Jahr in so großen Mengen, daß sich ein bizarr erscheinender Vergleich aufdrängt:

Die Ausbringung der Gülle, so sie eine Rückführung von Nährstoffen sein soll, ist wie Regenfluten drei- oder viermal pro Jahr zu bewerten, bei denen das gesamte Niederschlagswasser eines Jahres fällt und dazwischen nichts. Oder wenn in drei bis vier Tagen alles Sonnenlicht eines Jahres auf die Pflanzen niederbrennen würde und danach Dunkelheit herrschte. In dieser extremen Zusammendrängung auf ganz kurze Abschnitte des Jahres unterscheidet sich die Stallviehhaltung mit Gülleentsorgung grundlegend von der Freilandhaltung des Viehs. Dieses gibt Tag für Tag den beweideten Flächen Ausscheidungen zurück und belastet sie damit nicht. Die Nährstoffe können sich so im Kreislauf bewegen. Mit der Massenviehhaltung in Ställen und der Güllewirtschaft wird das Kreislaufsystem, das von der Sonne »getrieben« wurde, ökologisch zu einem »Durchlaufsystem« mit hohen Verlusten, das von Fremdenergie (aus Treibstoff) getrieben wird. Den Kosten für diesen Energie-Einsatz stehen die Belastungen gegenüber. Ein Großteil der Stoffe, die eigentlich direkt die Pflanzenproduktion ermöglichen sollen, wie die oben bei der Schweinegülle angeführten Stickstoff-, Phosphor- und Kaliumverbindungen, gerät bei dieser plötzlichen Ausbringung auf die Fluren ins Grundwasser und in die Bäche und kleinen Flüsse. Die Belastung des Grundwassers wurde großflächig in weiten Teilen Deutschlands so groß, daß es als Trinkwasser nicht mehr verwertet werden kann. So gibt es kaum ein Gebiet mit Massenhaltungs-Landwirtschaft, in dem das Grundwasser weniger als die 50 Milligramm Nitrat pro Liter enthält – der Grenzwert für Trinkwasser in Deutschland, obwohl von der Weltgesundheitsorganisation seit Jahrzehnten ein Höchstwert von 20 Milligramm pro Liter festgelegt ist. Großstädte müssen daher zumeist aus fernen Gebieten ihr Trinkwasser herbeischaffen, weil der Nahbereich mit landwirtschaftlich genutzten Flächen dafür nicht mehr in Frage kommt. Die Ausweisung von Trinkwasserschutzgebieten stößt auf heftigste Widerstände bei den Landwirten – und beweist damit unmißverständlich, daß ihnen auch bewußt ist, wie sehr sie Böden und Grundwasser überdüngen und belasten.

Unter der Münchner Schotterebene liegt eines der größten Reservoire an Grundwasser im nördlichen Alpenvorland, aber die Stadt München muß den weitaus größten Teil ihres Trinkwassers vom fernen Alpenrand importieren. Die Länge der Wasserleitungen der Rottaler Wasserversorgungsgruppe dürfte der Zuleitung für München kaum nachstehen, obwohl das Land zwischen Donau, Rott und Inn dünn besiedelt ist. Dort aber liegt das Zentrum des bayerischen Maisanbaus. Die Beispiele lassen sich fast beliebig fortsetzen. Sicherlich wird in jedem Einzelfall zu rechtfertigen versucht, warum es gerade hier so sein muß und nicht anders gehen kann. Das ändert jedoch nichts an der landesweiten Gesamtbilanz, daß gutes Trinkwasser im niederschlagsreichen Deutschland weithin ein kostbares Gut geworden ist. Die Wasserrechnungen weisen dies aus. Verursacher dieser Kosten ist die von der Landwirtschaft ausgehende Überdüngung. Vor 50 Jahren war das noch nicht so, und die Dörfer wie die Einzelhäuser hatten sich selbst ihre Brunnen schlagen können. Die Versorgung der Städte war noch aus dem unmittelbaren Umland möglich – oder aus den Flüssen und Seen. Daß das von einigen großen Seen abgesehen nicht mehr oder nur in höchst kostspieliger Art und Weise geht, liegt nicht an den gesteigerten Hygieneanforderungen allein. In früheren Zeiten förderten die meisten Brunnen trinkbares, schadstoffarmes Wasser. Man konnte aus den Wiesenbächen trinken, die kristallklares Wasser führten, und eigentlich auch aus jeder Quelle in Wald und Flur. Wer in der Nähe einer Quelle lagerte, brauchte zur Rast kein Mineralwasser in schwerer Flasche mitgebracht haben. Der Trunk aus der hohlen Hand erfrischte mit der optimalen Temperatur des Wassers von etwas unter 10 Grad Celsius. Inzwischen führen die klaren Bäche und Quellen so viel Nitrate und Rückstände von Pflanzenschutzmitteln, daß der Durst schon sehr groß sein muß, um das Risiko einzugehen, davon zu trinken.

Das solcherart von der Landwirtschaft belastete Wasser steht nun der Abwasserreinigung auf der Seite des Menschen gegenüber. Frei ausgebracht auf den Flächen, wie es vor allem im Sommer getan wird, wenn die Ernte Flächen frei gemacht hat für die Gülle, dringt es mitsamt dem Gehalt an Bakterien und anderen Keimen in die Bäche und kleinen Flüsse ein, belastet mit seinem Gehalt an Stickstoff-, Phosphor- und Kaliumverbindungen das Grund- und Oberflächenwasser und macht so einen Großteil der von uns bezahlten Reinigung der menschlichen Abwässer wirkungs- und bedeutungslos. Um es nochmals zu betonen: Es handelt sich in Deutschland etwa um die dreifache Menge an Abwasser aus der Viehhaltung, verglichen mit der des Menschen.

Und sie wirkt ganz anders. Denn es gelangen in der Regel nicht etwa die organischen Bestandteile ins Grundwasser, in die Bäche, Teiche und die anderen Oberflächengewässer, sondern die genannten, im Wasser gelösten chemischen Verbindungen. Sie begünstigen das Wachstum von Algen, aber sie bieten kein Futter für Wasserinsekten und Fische, für Muscheln und Edelkrebse. Die Algen entwickeln sich zu Massenvorkommen, sogenannten Algenblüten, und zu schleimigen Belägen auf Boden und Steinen im Gewässer. Dicke blaugrüne »Suppen« in den Teichen ergeben solche Massenentwicklungen von Blaugrünalgen, von Cyanobakterien. Manche Arten dieser mikroskopisch kleinen »Pflanzen« sondern auch starke Gifte ab. Wo in früheren Jahrzehnten und über die Jahrhunderte hinweg das Vieh, das zur Tränke kam, das Wasser gedüngt hatte, ersticken jetzt die Güllefluten und die Stickstoff-Überschüsse in den Gewässern die Artenvielfalt. Nicht anders als am Land.

Hohe Reinigungsprozente anzustreben, wie bei den modernen Kläranlagen, hat daher nur dort einen Sinn (und ließe sich rechtfertigen), wo keine nennenswerten Belastungen von der Landwirtschaft ausgehen und das gereinigte Abwasser mehr oder weniger direkt gleich wieder als Trinkwasser aufzubereiten ist. Wird es dagegen lediglich in einen größeren oder großen Fluß eingeleitet, in den auch in großem Umfang landwirtschaftliche Abwässer hineingelangen, läßt sich der hohe Wirkungsgrad nicht mehr so ohne weiteres begründen und rechtfertigen. Die Abtötung von möglicherweise ansteckenden Keimen (über UV-Bestrahlung) ja, aber die hundertprozentige Entfernung aller organischen Stoffe kaum.

Solange die Entsorgung des menschlichen Abwassers völlig getrennt von der des Viehs betrachtet und vorgenommen wird, bringt gesteigerter Aufwand auf nur einer Seite zu wenig im Hinblick auf die Zielsetzung. Nicht das, was unmittelbar aus der Kläranlage kommt, kann und sollte das Maß darstellen, sondern entscheidend ist, welche Wirkung insgesamt dadurch hervorgerufen wird. Gütekarten reichen nicht aus, um der Bevölkerung klarzumachen, weshalb sie so viel für die Abwasserreinigung und die Trinkwasserbereitstellung zu bezahlen hat. Beides muß eingebunden werden in vernünftige Bilanzen zwischen Aufwand (Kosten) und Ertrag (Nutzen). Die Allgemeinheit, die bezahlt, hat das Recht, über Sinnhaftigkeit und Wirkung aufgeklärt zu werden. Sie zahlt auch in großem Umfang über ihre Steuergelder all das mit, was in der Landwirtschaft geschieht. Auf die Trinkwasser-Abwasser-Problematik bezogen sogar gleich dreimal: mit den Agrarsubventionen, mit den Abwassergebühren und den Trinkwasserkosten. Diese Kosten stiegen in dem Maße, in dem die Tierbestände in Deutschland anwuchsen und Futtermittel aus Übersee importiert wurden, um die überhöhten Tierbestände zu ernähren. Die Bevölkerung bezahlt somit, um es verkürzt, in der Wirkungskette aber zutreffend auszudrücken, für die Gülle, die mehrfach im Jahr zum Himmel stinkt!

Würden die Verbraucher für das Rindfleisch bezahlen, das aus Brasilien, Uruguay und Argentinien importiert wird, gäbe es ein derartiges Abwasser-Trinkwasser-Problem nicht oder nur in sehr viel geringerem Maße, und zwar in dem Umfang weniger, je mehr sich die Tierproduktion an der unmittelbaren Leistungsfähigkeit der verfügbaren Flächen orientieren müßte. So aber landet ein Großteil der fremden Futtermittel als Abwasser aus der Gülle in unserem Trinkwasser. Nicht das Rind auf der Weide ist also das Problem, sondern das im Stall. Ähnliches gilt für das Huhn auf dem Hühnerhof im Vergleich zur Legebatterie. Müßte die Stallhaltung so behandelt werden wie die Wohnsiedlungen der Menschen und wäre das dort produzierte Abwasser über Kläranlagen mit denselben Qualitätsansprüchen zu entsorgen, wie sie für die menschlichen Abwässer gelten, würde es um die Wirtschaftlichkeit der Massenviehhaltung in Ställen ganz anders bestellt sein. Was frei auf der Weide beim Vieh im Gleichgewicht war, ist es nicht mehr, wenn dieses nicht nur kurzzeitig in Ställen gehalten wird.

Die Industrie, speziell die chemische, hatte akzeptieren müssen, daß sie das, was als Abfall anfällt und nicht mehr weiterverwertet werden kann, nicht einfach in die Gewässer oder auf Deponien entsorgen kann. Das fiel nicht leicht, und der Übergang zu einem verantwortungsvollen Umgang mit dem Abfall war mit der Gefährdung vieler Arbeitsplätze sowie der internationalen Konkurrenzfähigkeit verbunden. Es ging um ein Vielfaches an Arbeitsplätzen verglichen mit der Landwirtschaft. Wie rasch sie wie viel leisten kann, zeigte sich im Getreideanbau, in dem der Einsatz von Düngestoffen und Pflanzenschutzmitteln seit nunmehr rund 20 Jahren stagniert oder rückläufig geworden ist. Die Tierproduktion kommt um entsprechende Veränderungen nicht herum. Das bezieht sich auch auf die anderen Bereiche von Nach- und Nebenwirkungen, wie die Luftbelastung. Die Problematik der »Düngung aus der Luft« wurde in Kapitel 9 bereits behandelt. Ammoniak entweicht gasförmig in riesigen Mengen und düngt, ausgewaschen mit dem Regen, Flächen, die gar nicht gedüngt werden sollten. Naturschutzgebiete zum Beispiel, in denen dann wegen solch unvermeidlicher Düngung teure Pflegemaßnahmen durchgeführt werden müssen.

Mit welch unterschiedlichem Maß hier auch die Medien geneigt sind zu werten, geht daraus hervor, daß über ein paar Kubikmeter Ammoniak, die in einem Chemiebetrieb entweichen, in den Nachrichtensendungen berichtet wird. Wenn ein Vielfaches davon von der Landwirtschaft freigesetzt wird, findet das überhaupt keine Erwähnung. Wenn der Gestank die Lebens- und Erholungsqualität ganzer Landstriche stark beeinträchtigt – wer möchte schon in der Nähe eines Schweinemastbetriebes mit 500 oder 1.000 Sauen leben? –, findet das höchstens in Einschränkungen bezüglich des Bauens im Außenbereich von Dörfern Berücksichtigung. Wer, so die Argumentation, wenn gerade allzu Anrüchiges auf die Felder ausgebracht worden ist, dort Urlaub macht und spazierengehen will, ist selber schuld – auch wenn diese Menschen mit ihren Steuerzahlungen die Geldgeber gewesen sind.

Weitere Umweltbelastungen kommen hinzu. Der Lärm von Traktoren und Großmaschinen muß bis tief in die Nächte hinein, wenn mit Scheinwerferlicht gepflügt oder geerntet wird, genauso hingenommen werden wie zur Zeit der Sonntagsruhe. Zu manchen Zeiten des Jahres ist es in den Städten, auch in Großstädten, stiller als auf dem Land. Die »gute Landluft« ist ebenso eine Mär aus früheren Zeiten wie die »Stille auf dem Land«, die nur vom Geläut der Kirchen- oder der Kuhglocken (angenehm) durchtönt wird.

Freistellungen und Privilegien stehen dahinter. Privilegien, die »das Land« in kaum glaublichen Umfang nach wie vor hat. Sie waren anfänglich sicher sinnvoll und notwendig, spalteten aber nach und nach die Gesellschaft auf vergleichbare Weise wie in feudalen Zeiten. Nur daß die Vorzeichen in manchen Bereichen wechselten. Die Sonderbehandlung der tierischen Abwässer und Abgase, die Ausnahme von den Lärmschutz- und Arbeitszeitbestimmungen sowie das Bauen im Außenbereich sind solche Privilegien. Aber es gibt noch mehr, auch sie haben Folgen.

24. Die Privilegien der Landwirtschaft

Die Landwirtschaft genießt einen umfassenden Sonderstatus. Seit langem ist das so. Anscheinend hat sich der große Rest der Bevölkerung, mehr als 80 Millionen Menschen allein in Deutschland, daran gewöhnt. Oder man hat es aufgegeben, die Sonderrechte und Ausnahmen in Frage zu stellen. So etwa, wie es sein kann, daß ein riesiges Straßennetz, das in öffentlichem Besitz ist und mit Steuermitteln gebaut und geteert wurde, für die Öffentlichkeit, die dieses finanzierte, zum Befahren vollkommen gesperrt bleibt. »Frei für Land- und Forstwirtschaft«, kann man unter den Sperrschildern lesen. Mit leichten Fahrrädern dürfen solche Straßen befahren und zu Fuß begangen, nicht jedoch von Privat-PKWs genutzt werden.

Über das landwirtschaftliche Wegenetz donnern gelegentlich die schweren Traktoren und die noch gewaltigeren Vollernter für Getreide, Mais oder Kartoffeln. Ein paarmal im Jahr wird mit Tanklastern die Gülle ausgefahren. Ansonsten liegt das auf tonnenschwere Wagen und Geräte ausgelegte Straßennetz ungenutzt, selbst wenn unmittelbar daneben Tausende von Autos stundenlang im Stau auf der Autobahn stehen. Sie dürfen diese nicht verlassen, auch nicht, wenn die Nacht gefährlich kalt zu werden droht. Die Autobahn bleibt vom Land abgesperrt wie die Raubtiere in den Gittergängen zwischen ihren Käfigen und dem Vorstellungsraum. Autos auf der Straße, zumal auf der Autobahn, gehören eben zu den schlechten Errungenschaften unseres modernen Lebens in Deutschland, die Riesenmaschinen der Landwirtschaft hingegen zu den guten. Sie dürfen einen Großteil der übrigen Straßen nutzen, sogar bis hin zu stark befahrenen Bundesstraßen, auch wenn hinter den Maismähdreschern endlose Schlangen von Kraftfahrzeugen entstehen oder der Traktor, der mit 15 Kilometer die Stunde dahintuckert, wegen dauernden Gegenverkehrs nicht überholt werden kann. Würden dagegen einige Male im Jahr Traktoren auch einmal ein wenig warten müssen, weil auf der Straße draußen in der Flur ein Auto entgegenkommt, dann würde das offenbar eine unzumutbare Beeinträchtigung darstellen.

Darüber auch nur laut nachzudenken gilt in Kreisen von Natur- und Umweltschützern als – gelinde ausgedrückt – Verirrung. Die Landwirtschaft würde ohne jeden Zweifel ihr Straßennetz mit Blockaden gegen die Autos verteidigen. Sie findet sich da in bester Allianz mit den Waldbesitzern, den Staatsforst eingeschlossen, in dem weit mehr gesperrt ist als irgendwo sonst. Unbewältigte Vergangenheit dämmert hier durch. Um Wegerechte gab es über die Jahrhunderte Privatfehden jeglicher Art – bis hin zu Kleinkriegen. Ob das im Sinne des Gemeinwohls richtig und vernünftig oder nur kleinkariert und gemein ist, bleibt außerhalb jeder Diskussion. Darüber spricht man nicht. Besucher aus anderen Ländern, denen dieses Denken und Handeln fremd ist, schütteln verständnislos den Kopf.

Im Gegenzug aber ackern die Landwirte bis dicht an die Feldstraßen heran, um jeden Quadratmeter für sich auszunutzen, auch wenn er ihnen gar nicht gehört, sondern öffentlicher Grundbesitz ist. Der langjährige Vorsitzende der mitgliederstarken Kreisgruppe München des Landesbundes für Vogelschutz in Bayern, Klaus G. Schulze, hatte es gewagt, den Kampf gegen diesen Landraub im Randbereich von München aufzunehmen. Er fand wenig Unterstützung bei den anderen Naturschutzverbänden.

Statt dessen stellten sie zusammen mit dem Landesamt für Umweltschutz möglichst umfassende Rote Listen von gefährdeten

Arten zusammen. Die Bilanz fiel 2004 so erschreckend aus, daß die *Süddeutsche Zeitung* in dicken Lettern feststellte: »Bayern droht die ›ökologische Verödung‹« (3./4. April 2004). Die Vernichtung der Ränder bildet einen kleinen Teil der großen Umweltwirkungen der Landwirtschaft. Auf ihr Konto geht der Verlust von mehr als zwei Dritteln aller Feuchtgebiete kleiner und mittlerer Größen in der Flur, die Vernichtung von Hecken und Rainen, von mageren Triften und Flurgehölzen. Mitverursacher war die Flurbereinigung, die eine vielfältige, zweifellos auch schöne Kulturlandschaft in einförmige Produktionsflächen umwandelte, bis das ganze Ausmaß in den späten 1980er und frühen 1990er Jahren ein »Umdenken« (wie man das euphemistisch nennt) erzwang. Die moderne »ländliche Flurneuordnung« bemüht sich nun nach besten Kräften, es nicht nur besser zu machen, sondern auch die schlimmsten Effekte der Ausräumung etwas abzumildern. Etat und Mitarbeitersbestand des Umweltministeriums im Vergleich zum großen Flurbereinigungsamt zeigte die Bedeutung, die man ein Vierteljahrhundert lang den beiden Bereichen zumaß.

In der Zwischenzeit ist viel geschehen, zu viel. Die Wiesenbäche waren verrohrt oder vertieft und mit Granitsteinen an den Rändern kanalisiert, damit das Wasser schnell genug aus den Feuchtstellen herauslaufen konnte. Auch wenn der Ausbau von wenigen Kilometern solcher »Gewässer III. Ordnung« mehr Geld kostete, als ein ganzes Jahrhundert lang an Hochwasserschäden entstanden wäre, spielte das keine Rolle. Es ging um Forderungen an die Ämter und an die Gesellschaft, nicht um die Verhältnismäßigkeit zwischen Aufwand und Ertrag.

Auch die schlimmen Hochwasser der letzten Jahre haben bislang keine erkennbare Kurskorrektur bewirkt. Sie werden viel bereitwilliger dem Klimawandel angelastet als der Ausräumung der Talauen, der Anlage von Maisfeldern und der viel zu engen Eindämmung der Flüsse, die sich nicht mehr ausbreiten können wie früher. Zu Kanälen degradiert besteht ihre Aufgabe darin, das kostspielig in Kläranlagen gesäuberte, von den Abflüssen der Landwirtschaft wieder stark chemisch belastete Wasser aus der Landschaft abzuführen. Wohin auch immer; es kommt ins Meer und hoffentlich wieder als Regen zurück. Ob es auf dem Weg dorthin verheerende Überschwemmungen auslöst, kümmert die »Oberlieger« heutzutage genausowenig wie im Mittelalter, als man in die Flüsse alles einleitete, was weg mußte, und auf die »Unterlieger« keine Rücksicht nahm. Die Felder und Fluren stromaufwärts haben Vorrang vor der Dresdner Oper oder dem Hauptbahnhof, vor der Kölner Altstadt oder der von Passau.

Die Hochwasserfluten unserer Zeit sind nicht stärker geworden als früher. Im Gegenteil: Die Wassermengen gingen sogar zurück. Aber das Wasser wird immer schneller auf immer engeren Bahnen weitergeleitet und schwillt so immer öfters zu Überschwemmungen an, weil viele kleine Maisfelder volkswirtschaftlich unbedeutender Produktivität die Auen ersetzen, die das Hochwasser aufnehmen und zurückhalten könnten. In einer Zeit, in der in den Städten die Baumschutzverordnungen das Fällen eines einzigen Baumes stark erschwerten oder unmöglich machten, wurden für die Ausweitung landwirtschaftlicher Produktionsflächen Tausende von Hektar Auwälder umgelegt. Die Maschinen, die zum Einsatz kamen, kosteten in den 1960er Jahren bei der Rodung der Innauen nicht einmal etwas, weil sie erprobt wurden für den größeren Einsatz in den Tropenwäldern. Sollen letzte Reste der ehemaligen feuchten Flußauen nach der europäischen Fauna-, Flora- und Habitat-Richtlinie sichergestellt werden, ist die Landwirtschaft geschlossen dagegen, selbst wenn es nur darum geht, wenigstens den gegenwärtigen Zustand einigermaßen aufrechtzuerhalten. Daß Erschwernisausgleiche und zahlreiche sonstige Ausgleichszahlungen geboten und geleistet werden, genügt nicht. Der politische Widerstand ist bestens organisiert, und die meisten Politiker scheitern daran. Nicht einmal Europa scheint stark genug, die Widerstände zu brechen und ein sinnvolleres System auf den Weg zu bringen. Kaum etwas läßt sich so schwer abbauen wie Privilegien, so sie einmal gewährt wurden und zur Selbstverständlichkeit geworden sind.

Man könnte es als Skurrilität abtun, daß diese Privilegien auch für die angelfischereilichen Nutzungen gelten, weil sie vor vielen Jahrzehnten aus der landwirtschaftlichen Bodennutzung hervorgegangen waren. Der Besitz einer für das Gebiet gültigen Angelkarte privilegiert zum Betreten, Befahren und Aufenthalt in Schutzgebieten für Wasservögel auch während der sensibelsten Phasen schlüpfbereiter Gelege oder kleiner Jungvögel. Stege dürfen durchs Röhricht gebaut werden, zu lagern oder mit dem Boot zu fahren ist

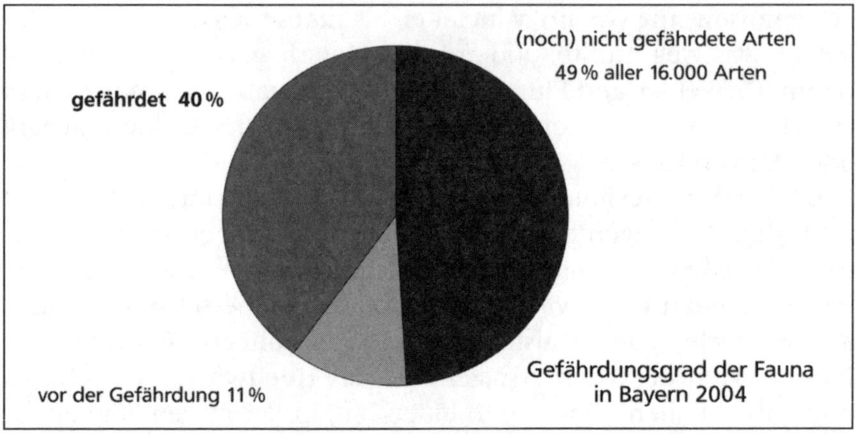

Abbildung 22: Die bislang gründlichste Erfassung von Bayerns Tierwelt (16.000 Arten) weist nur noch die Hälfte als »nicht gefährdet« aus. (Quelle: Bayerisches Landesamt für Umweltschutz 2003)

erlaubt, was für die sonstige Öffentlichkeit verboten ist. Wissenschaftler bekommen für Untersuchungen nur sehr schwer und oft nach viel zu langer Wartezeit die Ausnahmegenehmigung dazu. Die Liste der Einschränkungen, die dann dabei beachtet werden müssen, ist so lang, daß es sich empfiehlt, jeden Schritt vorher auf seine Zulässigkeit zu überprüfen. Eine Angelkarte könnte da die einfachere Lösung sein. Wenn aber in Schutzgebieten mehrere tausend Mitglieder von Angelsportvereinen auf diese Weise privilegiert sind, läßt sich der Schutzzweck der Öffentlichkeit kaum noch vermitteln. Die Naturschutzbehörden täten gut daran, allein schon im Eigeninteresse möglichst großzügig und möglichst unkompliziert die Ausnahmegenehmigungen in etwa dem Umfang zu erteilen, in dem andere Privilegierte das Gebiet nutzen dürfen. Das wäre zumindest fair und würde auch die Schäden nicht vergrößern, aber dem Naturschutz Freunde und Mitstreiter bringen.

Ähnlich sollte es sich mit den Artenschutzbestimmungen verhalten. Solange mit Bewirtschaftungsmaßnahmen großflächig und landesweit die »geschützten Arten« beeinträchtigt oder vernichtet werden dürfen, machen die starken Einschränkungen für die Naturfreunde keinen Sinn. Sie führen eher dazu, daß das Interesse an der Natur und ihrem Schutz verlorengeht, wenn man nicht darf, was

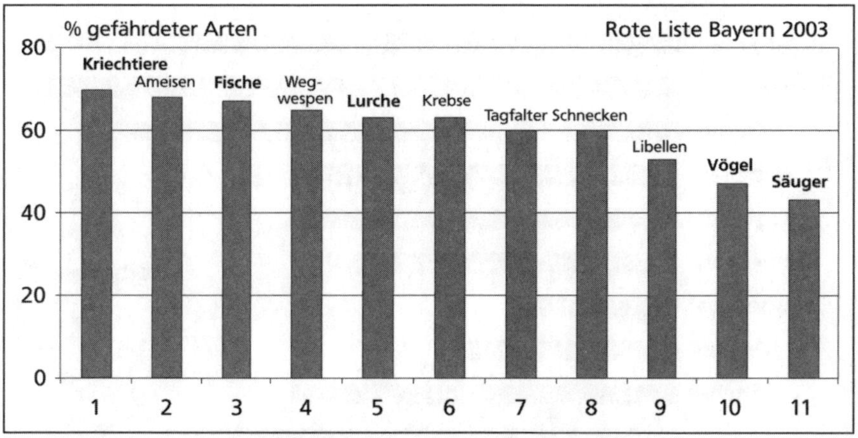

Abbildung 23: Gefährdungsgrade verschiedener Tiergruppen in Bayern (Prozent gefährdeter Arten an der Gesamtzahl in der Gruppe). (Quelle: Bayerisches Landesamt für Umweltschutz 2003)

einige andere aufgrund ihrer Privilegien ganz legal dürfen und auch tun. Die neue Rote Liste gefährdeter Tiere Bayerns (Bayerisches Landesamt für Umweltschutz 2003) liefert mit ihrer bis jetzt unerreicht gründlichen Fassung, die in 56 Einzellisten rund 16.000 Tierarten beurteilt, den klaren Beweis für die weitgehende Wirkungslosigkeit des Artenschutzes. Der Gefährdungsgrad stieg in allen behandelten Kategorien seit 1992 und den früheren Erfassungen weiter an. Bayern stellt dabei keine Ausnahme dar. Abbildungen 22 bis 24 stellen wesentliche Befunde daraus zusammen. Auch in anderen Bundesländern verhält es sich ganz ähnlich – den Osten ausgenommen, der eine weitaus vielfältigere und artenreichere Natur als Geschenk der Vergangenheit in die Wiedervereinigung eingebracht hatte.

Für den »alten Westen« trifft dagegen wohl allgemein das zu, was das Fallbeispiel Bayerns als größtes Flächenland gezeigt hat, nämlich daß erstens die Landwirtschaft mit weitem Abstand der Hauptverursacher des Arten- und Biotoprückgangs in unserem Land ist und daß zweitens aus diesem Grund die so ausgesprochen einschränkenden Artenschutzbestimmungen den zu schützenden Arten nicht geholfen haben. Die wenigen Ausnahmen bestätigen nur die Regel. Folglich müßte der Artenschutz auf die wirklich

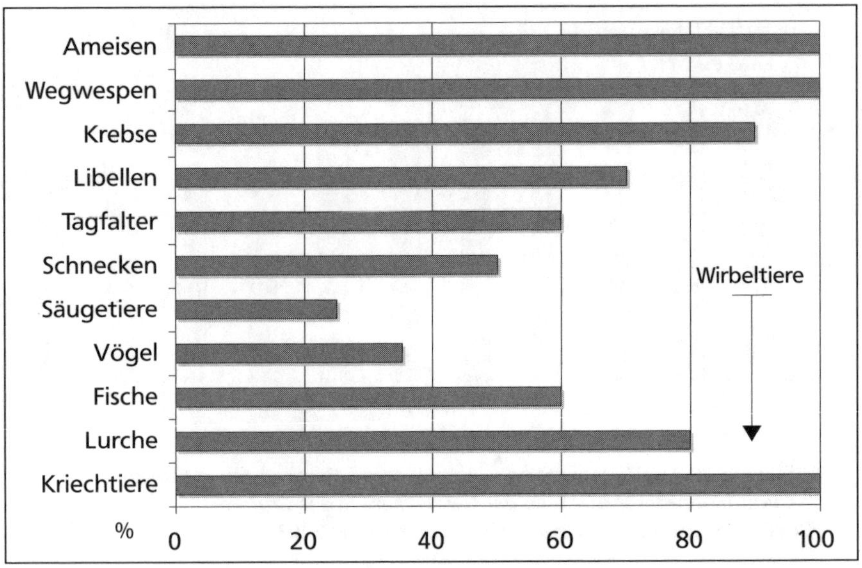

Abbildung 24: Die Aufgliederung der Gruppen (Abbildung 23) zeigt, daß die anpassungsfähigeren und von den Umweltbedingungen (als Warmblüter) weniger abhängigen Säugetiere und Vögel den geringsten Gefährdungsgrad aufweisen, während Insekten und andere wirbellose (Klein-)Tiere sowie die Kriechtiere und Lurche stark gefährdet sind.
(Quelle: Bayerisches Landesamt für Umweltschutz 2003)

gefährdeten Arten eingegrenzt werden. Die Verursacher der Rückgänge sollten genannt und konkrete Gegenmaßnahmen damit verbunden werden, um zu verhindern, daß die dicken Papiere, die der Naturschutz produziert und publiziert, nur Makulatur bleiben und als Haupteffekt des »Artenschutzes« womöglich die Abkehr der Menschen, zumal der jungen, von der Natur verstärkt wird. Wie weit sich dieses schiefe Verhältnis zwischen den Verursachern der Rückgänge und den von den Einschränkungen in den Schutzbestimmungen Betroffenen schon verfestigt hat, zeigt die Einstellung vieler Naturschutzbehörden. Sie finden es vielfach offenbar gar nicht merkwürdig, daß für die Beschäftigung mit häufigen und überhaupt nicht bedrohten Arten sogar für Schulen oder wissenschaftliche Einrichtungen in jedem Einzelfall Ausnahmegenehmigungen erteilt werden müssen. Die Ausnahme trägt jedoch stets den Makel, etwas eigentlich Unredliches oder gar Falsches zu tun, wofür es eben nur aus bestimmten Gründen eine Ausnahme gibt. Das Normale ist im Gegensatz dazu, daß die geschützten Arten tabu sind.

Zur Förderung von Freude und Interesse an der Natur trägt eine derartige Vorgabe durch die Natur- und Artenschutzbestimmungen nicht gerade bei. Es muß als eine verfehlte Folge des Artenschutzes eingestuft werden, wenn es einer Ausnahmegenehmigung bedarf, die Entwicklung des Froschlaiches beobachten zu dürfen. Es reicht auch nicht, wenn Lehrkräfte an Schulen diese Ausnahmegenehmigung erhalten können. Die wenigsten werden sich der Mühe unterziehen, diese zu beantragen. Was aber kann falsch daran sein, wenn Kinder und Jugendliche direkt, wie früher, die Entwicklung vom Ei über die fischchenähnliche Kaulquappe, die Beinchen entwickelt und sich damit vom »Fisch« zum Vierfüßer, vom Wassertier zum Landlebewesen wandelt, mitverfolgen, weil sie Frosch- oder Krötenlaich mitgebracht haben? Weshalb erfordert das Verfolgen der Metamorphose eines Pfauenauges von der stacheligen Raupe, die sich von Brennesseln ernährt und verpuppt, gleichfalls die Ausnahme? Darf das Wunder des schlüpfenden Falters nur noch auf dem Bildschirm betrachtet werden? Es gilt offenbar nicht mehr als normal und selbstverständlich, sich aus freien Stücken, weil sich gerade die Gelegenheit dazu bietet, dafür zu begeistern.

Draußen aber tötet die Gülle im Frühjahr Abertausende von Eiern der Grasfrösche oder Erdkröten, ohne daß eine naturschutzrechtliche Ausnahmegenehmigung dafür nötig ist. Oder es werden gerade die Bestände von Brennesseln abgemäht, die voller Raupen sind, weil die Brennesseln stören und sich nicht als Viehfutter eignen. Zauneidechsen werden an den schmalen Triften ausgerottet, weil die Insekten totgespritzt werden, von denen sie leben sollten. Ins Terrarium dürfen sie nicht genommen werden; auch nicht die hübschen, so viel Zuneigung gewinnenden Laubfrösche. Ihre Bestände verschwanden nicht deswegen, weil sich Liebhaber für sie interessierten und sie in Terrarien hielten, sondern weil die Kleingewässer vernichtet wurden, in denen sie sich fortpflanzen. Sie wurden verfüllt, mit Rückständen aus den landwirtschaftlichen Chemikalien vergiftet oder durch sogenannte Rekultivierungsmaßnahmen zugepflanzt. Die Beispiele ließen sich beliebig fortführen.

So trafen die Artenschutzbestimmungen meistens die Falschen, und sie blieben daher fast ohne Wirkung. Der Mensch gilt als Störenfried und Hauptbelastungsfaktor für die Natur. Sie muß vor dem Menschen geschützt werden. Die Folgen dieser Haltung sind gesperrte Straßen, die als »erste Verteidigungslinie« die Zugänglichkeit der Natur in Wald und Flur massiv erschweren, dann folgen die Wegegebote, welche die Natur zur Bühne machen; diese darf betrachtet, aber nicht unmittelbar erlebt werden. Das Lagern oder gar das Zelten in der Schönheit der freien Natur ist untersagt. Wer das möchte, kann nach Lappland oder sonstwohin in die Ferne fahren. Stünden all diesen Einschränkungen aber große Erfolgsbilanzen des Naturschutzes gegenüber, ließen sie sich durchaus in entsprechender Weise rechtfertigen. Doch die Bevölkerung muß erfahren, daß alles schlechter wird. All das, was sie hingenommen hat, trägt anscheinend nicht die erhofften Früchte. Ist es da nicht auch verständlich, wenn das Interesse an der Natur zurückgeht und die Bereitschaft abnimmt, sich für Natur- und Umweltschutz zu engagieren?

Aus der Distanz betrachtet, könnte man ja durchaus den Eindruck gewinnen, der Hauptzweck des Naturschutzes bestehe darin, die Menschen von der Natur fernzuhalten und gleichzeitig den Landnutzern so wenig wie möglich von ihren Privilegien streitig zu machen. Die umfangreichen Einschränkungen oder Verbote in den Schutzgebietsverordnungen drücken das direkt aus. »Diese Bestimmungen gelten unbeschadet der rechtmäßigen Ausübung von Land- und Forstwirtschaft, Jagd und Fischerei«, kann man dort lesen. Mit diesem lapidaren Satz werden sie sogleich wieder für die zu schützende Natur entwertet. Nicht ohne Grund sieht die Landwirtschaft im Naturschutz die größte Gefahr. Denn sollte sich die Idee des Naturschutzes wirklich einmal in der Öffentlichkeit durchsetzen, könnten andere Wertungen und politische Gewichtungen zustande kommen als bisher.

Solange aber die Naturschutzgesetze und deren Vollzug in der Hauptsache auf Ausschluß der interessierten Öffentlichkeit ausgerichtet sind, wird sich an der so geringen Wirksamkeit des Naturschutzes nicht viel ändern. Die Hartnäckigkeit, mit der sich viele staatliche Naturschutzbehörden und Vertreter von Naturschutzorganisationen weigern, den Artenreichtum der Städte anzuerkennen, verweist auf den noch immer nicht überwundenen klischeehaften Kontrast zwischen der »schlechten Stadt« und dem »guten Land«. Mögen da die frei lebenden Tiere und Pflanzen mit ihrer Wahl auch ganz anderes zum Ausdruck gebracht haben.

25. Ein neuer Konflikt zwischen Stadt und Land?

Die Gegenwart wurzelt in der Vergangenheit. Ohne die Berücksichtigung der Entstehung sind die Zeichen der Zeit nicht verständlich. Das gilt für Landschaften, für die Lebewesen und für die Landwirtschaft ebenso wie für andere Kulturformen des Menschen. Entwicklung bezieht sich immer auf Früheres, Vergangenes. Das Neue wird am Alten gemessen und bewertet.

So muß man die Überproduktion der letzten Jahrzehnte im Zusammenhang mit der Unterversorgung und dem Hunger in der Zeit zwischen 1914 und 1945/46 betrachten. Zum Wirtschaftswunder der 1950er und 1960er Jahre gehört die enorme Steigerung der Produktivität in der Landwirtschaft Mitteleuropas. Sie verlief weitaus effizienter als die Erzeugungsschlachten in den östlichen Planwirtschaften in der Phase des Kalten Krieges in jener Zeit. Das Ziel ausreichender Selbstversorgung erreichte der Westen viel schneller als erwartet – und schoß gewaltig darüber hinaus. Butter- und Fleischberge türmten sich auf, Milchseen füllten sich, während jenseits des Eisernen Vorhangs Mißernten die Mißwirtschaft der Planökonomie zum Ausdruck brachten und die ideologischen Fundamente unterminierten.

Beide Systeme ergänzten sich formal zu einem Lehrstück von Phasenübergängen. Das Gleichgewicht zwischen Nachfrage (Bedarf) und Angebot (Erzeugung) erwies sich als nicht stabil. Entweder wurde es erst gar nicht erreicht, wie bei der östlichen Staatsplanung, oder es konnte nicht gehalten werden, wie bei der westlichen Subventionierung. In Osteuropa blieb es beim Mangel. Im Westen kam man von den Überschüssen nicht los. Beide Systeme waren –

das eine ist es bis heute – staatlich gelenkt, also Planwirtschaft. Das eine, das überlebte, hielt die Überschüsse, verlor aber die in der Landwirtschaft tätigen Menschen; das andere, das nicht überlebte, hielt die Mitwirkenden, verblieb aber in althergebrachter Armut. In Deutschland sank die Zahl der in der Landwirtschaft Erwerbstätigen auf ein Zehntel im Vergleich zur Gründung der Bundesrepublik – ein Absturz wie bei kaum einer anderen Form von Erwerbstätigkeit. Gegenwärtig gibt es fünfmal mehr Arbeitslose als in der Landwirtschaft Erwerbstätige. Die zahlen- wie flächenmäßig riesigen Landwirtschaften der neuen Mitgliedsstaaten der Europäischen Union verschärfen nun die Problematik.

Kann in dieser Situation überhaupt die Romantik des Naturschutzes Sinn und Berechtigung haben, die auf Bildern der Vergangenheit, insbesondere des ausgehenden 19. Jahrhunderts, aufbaut und ihre Zahlen auf die Basis der Befunde nach dem Zweiten Weltkrieg stellt? Die wenig produktive bäuerliche Landwirtschaft stellt das Ideal dar. Sie hat das Land »schön« gemacht, vielfältig und artenreich. Die neue Form dagegen häßlich, arm und ausgeräumt. Soll es ein »Zurück zur Natur« gar im Sinne der Romantiker des 19. Jahrhunderts geben, die eine große Gegenbewegung gegen die Industrialisierung schaffen wollten? Liegt das Heil in Rousseau oder im Billigfleisch des Supermarkts und der Ferienreise in unterentwickelte Regionen?

Der Nobelpreisträger (und heute beinahe in Vergessenheit geratene) Konrad Lorenz hatte in seinen »Acht Todsünden der zivilisierten Menschheit« 1973 in griffigen Sätzen formuliert, was der in den frühen 1970er Jahren erstarkende Natur- und Umweltschutz empfand (siehe Seite 65). Bekommt er doch recht mit seinem Urteil, daß alles, was der heutige Mensch »um sich sieht, Menschenwerk und zwar sehr billiges, häßliches Menschenwerk ist«?

Lorenz ging aber auch davon aus, daß die Bauern in »ihrer recht guten, in der Praxis erworbenen ökologischen Kenntnis der Scholle zurückgeben, was sie von ihr empfingen. Der Bauer weiß nämlich etwas, was die gesamte zivilisierte Menschheit vergessen zu haben scheint, nämlich daß die Lebensgrundlagen des ganzen Planeten nicht unerschöpflich sind.« Doch da gibt es jetzt (in den 1970er Jahren) die »doers«, die Macher, die Ahnungslosen, wie Lorenz sie nennt, die noch darauf stolz sind, während sie zu Untätern an der

Natur und an sich werden. »Untaten geschehen heute allenthalben in der Anwendung chemischer Mittel [...] und [...] was die ökologische Zukunft des Ackerbaus betrifft, herrscht eine schier unglaubliche Bedenkenlosigkeit.« Darin bekam er recht.

Denn Lorenz schrieb in den Jahren, in denen der Einsatz der Düngemittel stark anzusteigen begonnen hatte und die Umstellung auf die Güllewirtschaft zustande kam. Es war auch die Zeit, in der sich die Unwirtlichkeit der Städte, wie Alexander Mischerlich aus soziologischer Sicht den Zustand gekennzeichnet hatte, zu einer neuen Wirtlichkeit entwickelte. Die Lebensqualität der Städte nahm zu – und mit ihr die Vielfalt der Arten frei lebender Tiere und Pflanzen. Draußen auf dem Land, dem von Lorenz gepriesenen, kam alles ganz anders, aber durchaus im Sinne der Vorausschau des großen Verhaltensbiologen. Der Bauer hörte auf, Bauer zu sein, und die Landwirtschaft verabreichte den Böden weit mehr, als sie ihnen über die Ernte entnommen hatte. Den Städtern aber, die das Land mit dem Auto neu entdeckten, wurde dieses zunehmend versperrt. Die Werbung sah sich gezwungen, auf immer ferner liegendes Unberührtes, Unentdecktes hinzuweisen und hinzuführen. Die Agrarsubventionen stiegen. Der Steuerzahler berappte immer mehr für scheinbar im Preis gleich gebliebene Produkte. Nur war das nicht zu merken und schon gar nicht zu berechnen, weil die Pfade der Subventionsgelder immer verschlungener und weitläufiger wurden. Der Eindruck billiger Lebensmittel blieb bestehen, doch die steigende Steuerbelastung zwang zum Griff nach den Schnäppchen. Bioprodukte wurden zu teuer und nur für bestimmte, vergleichsweise begüterte Schichten erschwinglich. Der Anteil der Öko-Bauern stagnierte nach einem ersten Aufschwung. Das System hatte sich selbst stabilisiert und war keinen substantiellen Änderungen mehr zugänglich. Währenddessen ging die Zahl der in der Landwirtschaft Tätigen stark zurück. Hof um Hof mußte aufgegeben werden. Die verbliebenen Betriebe hatten sich auf die gerade gefragten und subventionierten Massenprodukte zu spezialisieren. Nach der Vorarbeit durch die Flurbereinigung stiegen die PS-Stärken der Landmaschinen, weil aus der bäuerlichen Bewirtschaftung und Pflege des Landes eine agrar-industrielle Produktion geworden war. Wo es Standortnachteile gab, galt es diese auszugleichen. Das Land wurde vereinheitlicht und hinsichtlich seiner Naturausstattung auf möglichst produktive Zustände hin nivelliert. Die Naturschützer aber bekämpften weiterhin mit eher noch zunehmender Heftigkeit das angebliche Wuchern der Siedlungen, die Industrie und den Verkehr. Was mit stark steigender Tendenz Jahr für Jahr auf dem Land wirklich vollzogen wurde, entging ihrer Aufmerksamkeit, weil die Entwicklung schleichend verlief.

Volkswirtschaftlich verhielt es sich ähnlich. Längst ernährte nicht mehr das Land die Stadt, sondern umgekehrt. Rein rechnerisch hätten sicherlich die Landwirtschaftsflächen nach gebietsüblichen Hektarpreisen von der Gesellschaft über die Subventionszahlungen aufgekauft werden können. Der Naturschutz zierte sich aber und hielt sich schließlich mit Absicht zurück, über den Aufkauf von Flächen selbst zum Großgrundbesitzer zu werden. Der Staat sollte sich seiner Aufgabe stellen, im Interesse der Allgemeinheit die allgemeine Artenvielfalt und die Naturschönheiten zu erhalten. Daß die Staatsgläubigkeit, die in dieser Hinsicht in Westdeutschland offenbar weit stärker ausgeprägt war als in anderen Ländern oder auch in Ostdeutschland, nicht zum gewünschten Ziel führte, wurde weitgehend verdrängt. Andernorts hatte man es vorgemacht – in Großbritannien etwa und natürlich in den USA. Dort bauten die privaten Naturschutzorganisationen großartige Netzwerke privater Schutzgebiete auf, in denen sie alle Nutzungsrechte haben. In Westdeutschland hingegen reichte es meistens nicht einmal dazu, eine Flächengröße mit allen Rechten zu erwerben, die groß genug für einen Eigenjagdbezirk gewesen wäre, um etwa die Jagd ausschließen zu können, weil das Gebiet ein Wasservogelschutzgebiet sein sollte.

Die Polarisierung von Stadt und Land wird durch immer weiter gehende Einschränkungen vertieft. Parkverbote und viel zu kleine Parkplätze wurden zur Waffe, die Menschen aus den Städten fernzuhalten oder auf ganz bestimmte, für sie vorgesehene Gebiete zu konzentrieren. Mit Nachdruck wurde diesen Besuchern klargemacht, wie unerwünscht sie sind. Wiederum hätten die Entwicklungen in den Städten Aufmerksamkeit erregen sollen: Sogar sehr störungsempfindliche Arten zogen sich entweder in die unzugänglichsten Winkel des Landes zurück – oder eben in die Großstädte. Die Naturfreunde indessen durften Fernreisen nach Indien, Ostafrika oder Amerika machen, wo sie vielleicht sogar dieselben Arten, die es hierzulande gibt, aus der Nähe beobachten und fotografieren konnten. Ohne Scheu, wie sich eindrucksvoll zeigte. Fast so wie in den Großstädten, nur in anderer Landschaft. Daß Verfolgung die größeren und großen Tiere scheu macht und daß deswegen Schutzgebiete »störungsanfällig« sind, nahm der staatliche wie private Naturschutz bestenfalls zur Kenntnis, aber ohne wirkliche Konsequenzen daraus zu ziehen. Das flüchtende Tier, das zerstörte Gelege, sie paßten einfach zu gut zum Bild des Menschen, der eine Belastung für die Natur darstellt: für die Natur und für die freie Landschaft, in der Gift gespritzt, überdüngt und mit Motoren weit größerer PS-Zahlen gefahren wurde als in der Stadt. Aber das Klischee mußte weiter aufrechterhalten bleiben: Das Land sei schon seinem Wesen nach naturverbunden, die Stadt sei das nicht und könne das auch nicht sein. Zweitwohnsitze auf dem Land gerieten in Verruf und wurden immer teurer. Weil sie Belastungen verursachen. Die Städte mußten – und müssen – dichter werden, um nicht noch mehr Land zu fressen. Bis die Tore wieder geschlossen werden wie im Mittelalter oder gegenwärtig in London, wo nur noch fahren darf, wer bezahlt oder die Lizenz dazu hat. Das ungleiche Maß, das an Stadt und Land angelegt wird, verhindert die vernünftige Abwägung. Die vielen Privilegien und Ausnahmen stehen einer verantwortlichen Umsetzung gemeinschaftlicher Ziele entgegen. In jeder Ausnahmeregelung steckt der Keim der Vernichtung der Regel und damit des Ziels.

Die schrumpfende Zahl der in der Landwirtschaft Beschäftigten leitet inzwischen fast unbemerkt eine Wende ein. In vielen Dörfern leben inzwischen erheblich mehr Menschen, die nicht in der Landwirtschaft tätig sind. Sie bilden die Mehrheit in den Kommunen. Und sie verstehen es mitunter auch, die vorhandenen Privilegien zu nutzen. Die Landflucht ist im Süden und Westen Deutschlands vielerorts kein Thema mehr. Im Osten sieht das anders aus. Und dort liegen auch die größten Chancen, nicht all die Entwicklungen Westdeutschlands zu wiederholen. Noch mehr als der so ausgeprägt ökologisch orientierte Südwesten hat der Osten und Nordosten Deutschlands ein großartiges Naturkapital. Er sollte es einsetzen dürfen, ohne von jenen Einschränkungen gegängelt zu werden, die im Westen bei weitem nicht das geleistet hatten, was sie sollten. Der Osten Deutschlands hätte immer noch die Voraussetzungen, die guten Seiten von Stadt und Land miteinander zu verbinden, anstatt sie funktionell zu trennen.

Die im Westen längst abgegriffene und zugrunde gerichtete Wertvorstellung von der Lebensqualität könnte im Osten wieder aufleben. Voraussetzung wäre eine möglichst vorurteilsfreie Überprüfung der Flut einengender Vorschriften. Was haben sie gebracht? Wozu waren sie gut und tauglich? Aber was unterbanden sie an Gutem und Wünschenswerten? Welche sind entbehrlich, weil sie zuwenig oder gar nichts gebracht haben? Es darf unterstellt werden, daß es viele solcher unnötiger oder schädlicher Vorschriften gibt.

Die Integration der weithin agrarisch geprägten Länder Ostmitteleuropas in die Europäische Union erweitert diese Chancen, es besser zu machen. Ostdeutschland könnte hierfür das Vorbild werden und aus der Sackgasse herausführen, in die unsere Agrarpolitik der letzten Jahrzehnte geführt hat. Das vergrößerte Europa würde keine Futtermittelimporte mehr aus Übersee brauchen. Die Rinder hierzulande müßten nicht länger »Tropenwälder fressen«, und vielleicht könnte es auch gelingen, auf den vergrößerten Gesamtflächen zu einer wirklich flächenbezogenen Produktion von allen wesentlichen Erzeugnissen der Landwirtschaft zu kommen, bei Getreide und Viehfutter wie auch bei den verschiedenen Sorten von Fleisch.

Die einzelnen Landwirte verdienen es nicht, als die Bösen dargestellt zu werden. Sie agierten im Rahmen der Vorgaben wie andere Menschen auch. Es war und ist die Landwirtschaft als politisches Ganzes, die all die Belastungen und Kosten verursachte und auf deren Konto das »Bauernsterben« zu buchen ist. Mit der Osterweiterung sollten sie nicht weiter unter Druck kommen, sondern zusammen mit den Landwirten der neuen Länder bessere Möglichkeiten für eine Produktion erhalten, die von der Bevölkerung benötigt und ordentlich bezahlt wird. Und zwar so direkt und mit so wenig verborgenen Subventionen wie möglich.

Gibt es zu solchen Wunschvorstellungen auch Wege? Oder müssen sie Utopie bleiben, weil die Realitäten anders sind? Nachhaltige Entwicklung nannte der Erdgipfel von Rio diesen Weg. Mit ihm sollen die künstlichen Steigerungen der landwirtschaftlichen Produktionskapazitäten in den Industriestaaten abgebaut und die Belastungen und Kosten für Natur und Umwelt einbezogen werden. Die Produktion sollte verstärkt auf die lokalen und regionalen Märkte ausgerichtet werden, um die Transportkosten und die dafür notwendigen Energien zu vermindern. Qualität muß Vorrang vor Quantität haben, und ein Höchstmaß an Vielfalt sollte die Anfälligkeit von Kulturen und Ernten reduzieren. Von ganz herausragender Bedeutung sollten die Standortvorteile werden. Dort, wo das Produkt am besten wächst oder zustande kommt, sollte es im globalen Miteinander auch erzeugt werden. Nicht die Gewächshausbananen sollten fortan Förderungsziel sein, sondern das Obst im Nahbereich faire Chancen haben.

Nachhaltige Entwicklung trägt in sich das Leitbild der Dauerhaftigkeit. Sie steuert weg von der globalen Konkurrenz und hin zum Miteinander in der einen Welt, zu einer Symbiose. Ihr Ziel ist das Ende des Öko-Kolonialismus durch eine faire Partnerschaft. Diese globale Utopie kann nur dann zu einem realistischen Ziel werden, wenn es gelingt, im eigenen Land das Auseinanderdriften von Stadt und Land zu überwinden und auf der Ebene der europäischen Integration von der Exportorientierung zum internen Austausch zu gelangen.

Sicher ist die Integration großer Agrarländer in die EU eine große Herausforderung. Ob das Vorhaben Erfolg hat, wird entscheidend am Willen und Können der Politik hängen, die sich wie üblich außerstande sah, die wünschenswerten Lösungen zur rechten Zeit zuwege zu bringen. Irgendwann wird sich das, was überlebensfähig ist, dann schon mehr oder weniger von selbst oder auch gezwungenermaßen einstellen. In Demokratien könnte es aber durchaus auch anders gehen, nämlich wenn sich die Mehrheiten ihrer Macht bewußt werden. Irgendwann wird sich die Gesellschaft in Deutschland das Dreieck von Milliardensubventionen, hohen Kosten für die Bereitstellung von Trinkwasser und die Entsorgung von Abwasser nicht mehr bieten lassen. Irgend jemand wird klar machen, was für das Kilogramm Fleisch wirklich bezahlt wird. Irgendwie wird sich der Verlust an Vielfalt in der Natur gesellschaftspolitisch Bahn brechen und Maßnahmen dagegen einfordern. Ob dann die Konfrontation zwischen Stadt und Land eine gute Bühne sein wird, im Spiel der Kräfte zu geeigneten Lösungen zu kommen?

Der Pessimist könnte vielleicht einwenden, daß bis dahin der Klimawandel ohnehin ganz neue Bedingungen geschaffen hat, andere Regionen der Erde für landwirtschaftliche Produktion begünstigt und Deutschland zu einem Ableger des Mittelmeerklimas gemacht hat. Die schrumpfende Bevölkerung muß nicht mehr in die Ferien ans Mittelmeer fahren, Landstriche verwildern und gewinnen damit einen eigenen Reiz für die Erholung, weil sie nicht mehr ertragreich genug bewirtschaftet werden können. Und zurückgegangene Einkommen erzwingen wieder mehr das unmittelbare Leben vom Land. Ein fatalistischer Ausblick? Keineswegs, sondern lediglich ein Rückblick auf das Ende des Mittelalters, als sich die Lebensbedingungen nach langen Zeiten guten Lebens drastisch verschlechterten. Mancher Naturschützer wähnt darin die einzig wahre Chance für die Natur, zu einer Wiedererholung zu kommen. Weil doch letztlich die Wurzel allen Übels der Mensch ist. Und mit »Mensch« sollten nicht nur die anderen gemeint sein.

Ein ganz persönlicher Ausblick

Fleisch esse ich gern. Ich bin kein Vegetarier. Eine der Menge und Qualität nach ausgewogene Kost muß das globale Ziel für die Ernährung der Menschheit bleiben. Es geht mir also nicht um Fleisch als solches, sondern darum, wo und wie die Nahrungsmittel erzeugt werden. Die Weltbevölkerung ist noch nicht so versorgt, wie sie das sein sollte. Wir aber sind überversorgt. Darin steckt eines der großen Probleme unserer Zeit und für die Zukunft.

Meine Heimat war ein kleines Dorf in Niederbayern, in dem es fast nur Bauern gegeben hat. Was die Umstellungen und Entwicklungen in der Landwirtschaft zwischen 1965 und 1995 daraus gemacht haben, läßt sich mit einem Wort beschreiben: Heimatverlust! Was sich in jenen drei Jahrzehnten in Feld und Flur in Niederbayern abspielte, ergab eine Fülle von Daten in wissenschaftlichen Untersuchungen. Eine der ersten, die ich machte, betraf das Verschwinden des Rebhuhns als Ergebnis der Flurbereinigung. Die Veröffentlichung erregte – erfolglos – den Unwillen von Behördenvertretern des bayerischen Landwirtschaftsministeriums. Sie fiel in eine Zeit, in der ich bereits als junger Ökologe zusammen mit prominenten Naturschützern und Forstleuten in der »Gruppe Ökologie« mitwirkte. An ihrer Spitze stand Konrad Lorenz. Zusammen mit dem damaligen Landwirtschaftsminister von Bayern, Dr. Hans Eisenmann, versuchten wir für den »Bayerischen Weg« in der Brüsseler Agrarpolitik zu werben und zu kämpfen, wortgewaltig unterstützt von Horst Stern und dazu mit dem Wohlwollen des damaligen bayerischen Ministerpräsidenten versehen. Minister Eisenmann scheiterte kläglich; es fehlte am politischen Willen zur Erhaltung der bäuerlichen und landwirtschaftlichen Vielfalt. Den Anfängen, denen damals noch zu wehren gewesen wäre, ließ sich nicht mehr beikommen, weil die Unterstützung der großen Naturschutzverbände viel zu schwach ausfiel. Nicht einmal dem langjährigen Präsidenten des Deutschen Naturschutzringes (DNR), Wolfgang Engelhardt, gelang es, die Entwicklungen in der Landwirtschaft ins Zentrum der Naturschutzpolitik der im Ring zusammengeschlossenen Verbände zu rücken. Er hatte als vielleicht erster unter den prominenten Naturschützern die Bedeutung und Gefahren der in Gang gekommenen Entwicklungen erkannt. Die meisten anderen Spitzenvertreter des deutschen Naturschutzes liebäugelten mit der eingängigen Verbindung von »Grün« und »Land« und bekämpften unverdrossen die alten Gegner Industrie, Verkehr und Bautätigkeit.

Vom Anfang meiner wissenschaftlichen Aktivitäten an richtete ich meine Forschungen in beträchtlichem Umfang auf die zentralen Probleme des Naturschutzes: Artenschutz und Biotopschutz. Die Erhaltung der tropischen Regenwälder kam hinzu, als ein Jahr in Brasilien und zahlreiche weitere Tropenaufenthalte mir mehr als nur Eindrücke von den dortigen Vorgängen und ihren Hintergründen vermittelten. Die langjährige Tätigkeit in der Umweltstiftung WWF Deutschland in Präsidium, Stiftungsrat und Wissenschaftlichem Beirat trugen auf den Ebenen des nationalen und internationalen Naturschutzes jene vergleichbaren Erfahrungen (und Ernüchterungen) ein wie die ähnlich lange Tätigkeit im Vorstand des Bundes Naturschutz in Bayern und im Naturschutzbeirat des bayerischen Umweltministeriums.

Seit 1974 lebe ich in München. »Leben« bedeutet dabei mehr, als nur in einem wissenschaftlichen Institut zu forschen und in der Großstadt zu wohnen. Vielmehr beschäftigte mich von Anfang an die Vielfalt der Tiere und Pflanzen in der Stadt. Zwischen 1981 und 1984 stellte ich auf einem nur 6.000 Quadratmeter großen (»kleinen«) Innenhof in der Anlage des Nymphenburger Schlosses mehr als 380 verschiedene Arten von Schmetterlingen fest. Eine damals schier unglaublich klingende hohe Vielfalt. Es ließ sich auch nicht überhören, daß das Vogelkonzert im Frühjahr und Frühsommer in München lauter und vielgestaltiger wurde, während es in meinem niederbayerischen Heimatdorf spärlich ausfiel. Dort wurden sogar die Spatzen rar. Seit den 1980er Jahren kommt in München etwa auf jeden Einwohner ein Vogel. Millionenstädte für Menschen bedeuteten also auch Vogelmillionen. Daher stellen für mich Vorkommen und Häufigkeit der freilebenden Arten von Tieren und

Pflanzen die eigentliche Bezugsbasis dar und nicht die vorgefertigten oder geprägten Leitbilder in den Köpfen von Naturschützern, die sich an irgendeiner Vergangenheit orientieren. Ich ging auch nicht davon aus, daß unsere Zeit die schlechteste aller Zeiten sei und die Zeit kurz davor die beste aller möglichen gewesen sein müsse. Die Natur ist im Fluß wie das Leben selbst. Wertungen fallen daher in aller Regel sehr selbstbezogen aus. Wie wir in der Kindheit und Jugend geprägt werden, so werden wir später urteilen über Landschaften und ihre Zustände. Abweichungen vom geprägten Bild enttäuschen. Sie werden unbewußt als schlecht oder abträglich eingestuft, ohne daß hinreichend geprüft worden ist, ob es sich so auch verhält. Es gehört zu den großen Vorteilen der Forschung an lebendigen Lebewesen in der Natur, daß dabei immer wieder Neues und Überraschendes zutage kommt. Das Spannende des Neuen relativiert die festgefügten früheren Überzeugungen. Und das ist gut so – und höchst lehrreich dazu. Es war und ist auch diese nicht nachlassende Begeisterung für die Vielfalt des Lebendigen, die mich immer wieder zu neuen Arten, Lebensformen und Fragestellungen hinzieht.

Die Möglichkeiten dazu bot die Arbeit in der Zoologischen Staatssammlung in München speziell von 1985 bis 1995 mit der Abteilung »Faunistik & Ökologie«. Die Zoologische Staatssammlung ist ein internationales Zentrum für Forschungen an der biologischen Vielfalt, der Biodiversität. Hier findet auch ein intensiver Austausch mit der sogenannten interessierten Öffentlichkeit statt. Die Fragen, die von außen kommen, sind oft sehr verschieden von denen, die gerade im Zentrum der Spezialforschungen liegen. Sich mit ihnen zu befassen hält die »Bodenhaftung« aufrecht. Sie relativieren mitunter auch die vermeintlich überragende Bedeutung der eigenen Fragestellungen in der Forschung. So geht aus der Wechselwirkung mit der Öffentlichkeit deutlich hervor, daß nach wie vor, sogar eher zunehmend, Interesse an Artenkenntnis und Lebensweise der verschiedenen Arten besteht. An die höheren Schulen und die Universitätsinstitute können aber solche Fragen zu Tieren und Pflanzen kaum noch von der Öffentlichkeit gerichtet werden. Artenkenntnis ist dort nicht mehr gefragt. Die Öffentlichkeit sieht das jedoch anders. Viele Menschen fühlen sich betroffen davon, daß die bunte Vielfalt der Schmetterlinge schwindet, draußen in der freien Landschaft immer weniger Vögel zu sehen sind und Laubfroschkonzerte so rar geworden sind, daß sie vom Bayerischen Rundfunk übertragen wurden, um weithin kundzutun, wie sie klingen. Gerade diese Erfahrungen, die sich auch anläßlich zahlloser Anfragen, Interviews oder Vorträgen ergeben haben, bestärkten mich immer wieder darin, für den Schutz der Arten einzutreten, den Artenschwund nicht einfach hinzunehmen oder ihn nur in wissenschaftlichen Veröffentlichungen zu dokumentieren.

Das Buch basiert ganz wesentlich auf den 70 Semestern Lehrtätigkeit an der Technischen Universität München, speziell im Bereich der Landschaftsökologie in Weihenstephan und an der Fakultät für Architektur in München. Meine Vorlesungen über »Naturschutz«, »Stadtökologie«, »Landschaftsökologie« und »Gewässerökologie« besuchten viele Studierende, die selbst vom Land kamen oder aus der Landwirtschaft stammten. Die Gespräche mit ihnen rückten manches Vorurteil zurecht und schärften die Gesichtspunkte. Auch in den Gremien der großen Naturschutzverbände ergaben die Diskussionen manche Klarstellung, wenn auch keineswegs immer Übereinstimmung. Die Unabhängigkeit des Wissenschaftlers zu wahren schien mir gerade auch dann sehr wichtig, wenn es um Strategien und Verbandsinteressen ging. Das erleichtert es, die Positionen anhand neuer oder besserer Fakten zu korrigieren, vielleicht auch von Grund auf zu revidieren, ehe sie sich zu festgesetzten Vorurteilen kondensieren können. Als »Querdenker« eingestuft zu werden hieß zwar, aus der Reihe getanzt zu sein, aber es bedeutete dennoch nicht, den Respekt verloren zu haben, weil es um die Sache und nicht um die Person ging. Denn Naturschutz ist eine Lebenshaltung; eine Weltsicht könnte man ihn auch nennen. Naturschutz mit Ökologie gleichzusetzen wäre genauso falsch, wie auf die Grundlage der Ökologie im Naturschutz verzichten zu wollen. Als »Geist ohne Körper« würde er zum Ungeist mutieren.

Sind das Rechtfertigungsversuche? Von der Absicht her nicht, denn sehr viele werden mir ohnehin widersprechen und ganz anderer Meinung sein, ganz gleich, aus welcher Richtung sie kommen. Meine Absicht besteht vielmehr darin, durch Aufzeigen einiger mir wesentlich erscheinender Hintergründe zur eigenen Herkunft, Tätigkeit und Erfahrung von vornherein eine »Zuordnung« für jene zu erleichtern, die das alles ganz anders sehen. Dann können die Thesen und Befunde diskutiert oder widerlegt, Interpretationen relativiert und vielleicht auch manche Menschen nachdenklich gestimmt werden. Mir geht es in diesem Buch keineswegs um Schuldzuweisungen!

So kann beispielsweise der einzelne Landwirt nichts dafür, daß es so kam, wie es gekommen ist. Das weiß ich dank meiner Herkunft. Auch der einzelne Naturschützer ist alles andere als schuld daran, daß die guten Ziele im Naturschutz sich so schlecht verwirklichen ließen und in manchen Bereichen so kontraproduktive Ergebnisse und Folgen zeitigten. Das weiß ich aus eigener, genügend umfangreicher praktischer Naturschutzarbeit und auch aus meiner umfangreichen und weitgespannten fachlichen Tätigkeit im Naturschutz – bis hin zur vieljährigen Mitgliedschaft in der »Kommission für Ökologie« der Internationalen Naturschutzunion (IUCN). Der einzelne Naturschutzfunktionär hat, wie auch der Behördenvertreter, nicht allein seine eigene Meinung, sondern die Interessen seines Verbandes oder Amtes zu vertreten. Auch das weiß ich aus eigener Erfahrung. Sich in Schuldzuweisungen zu ergehen oder gar darin zu erschöpfen wäre ähnlich unproduktiv, wie nichts zu tun. Deshalb sollten die hier dargelegten Ausführungen zum Nachdenken darüber anregen, ob nicht vielleicht in absehbarer Zeit etwas Wichtiges zu ändern wäre, selbst wenn man meine Sicht rundweg ablehnt.

Die Zielsetzung beruht daher auf der Hoffnung, die Diskussion der Landwirtschaftsproblematik zu einem gerade jetzt so wichtigen Zeitpunkt neu in Gang zu setzen. Denn die Osterweiterung der EU bietet eine ganz große Chance. Vielleicht ist sie die beste und auf absehbare Zeit die letzte überhaupt. Von keinen Partei- oder Verbandszwängen eingeschränkt, sollten Möglichkeiten und Lösungen für die Zukunft gesucht werden. Patentlösungen bietet das Buch dafür natürlich nicht, denn solche wird es bei der Komplexität des Ganzen auch nicht geben. Nicht einmal Rezepte für die nächsten Schritte sind enthalten. Eher handelt es sich um »Linien, entlang derer auch nachgedacht werden könnte«, wie ich es nennen möchte. Die Erfahrungen lehren, sich bescheidene Ziele zu setzen. An einem Punkt bin ich mir aber ganz sicher: Hauptgrund vieler Fehlentwicklungen und der so schwer wiegenden Probleme, die sich daraus ergeben haben, sind die »Ausnahmeregelungen«. Vom so eminent wichtigen Grundprinzip der Gleichbehandlung aller in Rechten und Pflichten blieb so gut wie nichts mehr im Natur- und Umweltschutz. Nicht einmal den Schein zu wahren versucht man. Vorbildhaft sind da eher Teile der Straßenverkehrsordnung, weil Verstöße gegen sie wenigstens die Möglichkeit enthalten, erwischt und ohne Ansehen von Person und Herkunft bestraft zu werden. Weil die Verkehrsregeln für alle gelten. Fast könnte man meinen, in ihnen steckten noch uralte Reste von »Ritterlichkeit« und Fairneß, an die unsere Bezeichnung »Pferdestärke« für die Leistung des Fahrzeugs anknüpft. Die Ausnahmen (etwa: mit »Blaulicht«) blieben wirkliche Ausnahmen, und auch die Hüter der Straßenverkehrsordnung sind an die Verkehrsregeln gebunden. Es sollte nachdenklich stimmen, daß im (doch vielen Menschen so verhaßten) Autoverkehr weit mehr von den Zielsetzungen für die Allgemeinheit umzusetzen war und Bestand hat als im Bereich seiner Antithese, dem »Grünen«. Vielleicht kam das tatsächlich so, weil die Regeln für alle gelten und ihre Wirksamkeit nicht durch eine unüberschaubare Fülle von Ausnahmen unwirksam gemacht worden ist. Ähnlich verhält es sich mit den scharfen Umweltschutzauflagen für die Industrie. Sie erwiesen sich als erfüllbar, und sie haben »Grün« damit vielfach schon lange überholt. Kleinigkeiten gelten in diesen Bereichen bereits als Skandale und werden öffentlich in den Medien angeprangert. Die Gesellschaft hatte also den politischen Willen, diese Änderungen herbeizuführen. Das ist doch Grund genug zur Hoffnung. Und das rückt die Möglichkeiten, auch bei den hier angesprochenen Bereichen zu guten und nachhaltig tragfähigen Lösungen zu kommen, nicht in utopische Ferne. Auch wenn es gegenwärtig schier unmöglich erscheinen mag, zu wirklichen Verbesserungen zu kommen.

Zu danken gälte es vielen, aber mit meinem Dank in Verlegenheit bringen möchte ich niemanden. Ich fasse ihn für alle zusammen, die sich angesprochen fühlen mögen. »Vater« des Buches ist eine Persönlichkeit, die in herausragender Weise den Verbandsnaturschutz in der zweiten Hälfte des 20. Jahrhunderts geprägt hat: Prof. Dr. Wolfgang Engelhardt, der frühere langjährige Präsident des Deutschen Naturschutzringes. Als mein Doktorvater und Generaldirektor gab er mir die Richtung zur Naturschutzforschung vor. Als ich in den späten 1980er Jahren zunächst zum Wissenschaftlichen Beirat und dann ins Präsidium der Umweltstiftung WWF Deutschland kam, trug er mir auf, alles zu versuchen, die Landwirtschaft ins Zentrum dieses weltweit größten Natur- und Umweltschutzverbandes zu rücken. Diese Aufgabe zu erfüllen ist mir nicht gelungen. Vielleicht war, wie man zu sagen pflegt, die Zeit dazu noch nicht reif. In der Zeit steckt aber auch das Prinzip Hoffnung – es hat sich, vielleicht nur für mich erkennbar, als roter Faden durch das Buch gezogen.

Josef H. Reichholf
München zu Ostern 2004

Josef H. Reichholf, 1945 in Aigen am Inn geboren. Der Zoologe, Evolutionsbiologe und Ökologe lehrt Naturschutz als Professor an der TU München und leitet die Wirbeltierabteilung der Zoologischen Staatssammlung München.
1998 erschien *Der blaue Planet. Einführung in die Ökologie* und 2001 *Warum wir siegen wollen*. Zuletzt erschien als WAT: *Die falschen Propheten. Unsere Lust an Katastrophen* (2002).

Literatur

Baudler, G. (1989): *Erlösung vom Stiergott.* Kösel/Calwer, München/Stuttgart.

Bauer, H.-G. & P. Berthold (1996): *Die Brutvögel Mitteleuropas. Bestand und Gefährdung.* Aula, Wiesbaden.

Bayerisches Landesamt für Umweltschutz (2003): *Rote Liste gefährdeter Tiere Bayerns.* Schriftenreihe Heft 166. Augsburg.

Berthold, P. (2003): *Die Veränderung der Brutvogelfauna in zwei süddeutschen Dorfgemeindebereichen in den letzten fünf beziehungsweise drei Jahrzehnten oder: verlorene Paradiese?* Journal für Ornithologie 144: 385–410.

Bezzel, E. (1982): *Vögel der Kulturlandschaft.* Ulmer, Stuttgart.

Bierregaard, R. O./T. E. Lovejoy et al. (1992): *The biological dynamics of tropical forest fragments.* Bioscience 42: 859–866.

Bird Life International (2000): *Threatened Birds of the World.* Lynx Editions, Barcelona.

Breckle, E. (1992): *Ökologie der Erde.* Ulmer, Stuttgart.

BUND/Misereor Hrsg. (1996): *Zukunftsfähiges Deutschland. Ein Beitrag zu einer global nachhaltigen Entwicklung.* Studie des Wuppertal Instituts für Klima, Umwelt, Energie. Birkhäuser, Basel.

Burton, J. F. (1995): *Birds and Climatic Change.* C. Helm, London.

Campbell, B. (1985): *Ökologie des Menschen.* Harnack, München.

Cavalli-Sforza, L. L. (2001): *Gene, Völker und Sprachen. Die biologischen Grundlagen der Zivilisation.* dtv, München.

Clutton-Brock, J. (1981): *Domesticated Animals from Early Times.* Heinemann (British Museum Natural History, London).

Crosby, A. W. (1986): *Ecological Imperialism. The Biological Expansion of Europe, 900–1900.* Cambridge University Press, Cambridge.

Datta, A. (1984): *Welthandel und Welthunger.* dtv, München.

Diamond, J. (1998): *Arm und Reich. Die Schicksale menschlicher Gesellschaften.* S. Fischer, Frankfurt.

Diez, Th. & H. Weigelt (1987): *Böden unter landwirtschaftlicher Nutzung.* BLV, München.

Dobson, A. P. (1997): *Biologische Vielfalt und Naturschutz. Der riskierte Reichtum.* Spektrum Akademischer Verlag, Heidelberg.

Düwel-Hösselbarth, W. (2002): *Ernteglück und Hungersnot. 800 Jahre Klima und Leben in Württemberg.* Theiss, Darmstadt.

Eimern, J. van & H. Häckel (1984): *Wetter- und Klimakunde.* Ulmer, Stuttgart.

Ellenberg, H. (1985): *Veränderung der Flora Mitteleuropas unter dem Einfluß der Stickstoffdüngung.* Schweizerische Zeitschrift für Forstwesen 136: 19–39.

Endlicher, W. (1991): *Klima, Wasserhaushalt, Vegetation.* Wissenschaftliche Buchgesellschaft, Darmstadt.

Engelhardt, W. (1973): *Umweltschutz.* Bayerischer Schulbuch-Verlag, München.

Engelhardt, W. (2003): *Zu spät? Ein Rückblick auf den Weltgipfel für nachhaltige Entwicklung in Johannesburg.* MUT 426: 16–22.

Europäische Akademie für Umweltfragen Hrsg. (1997): *Lebensraum Erde. Die Sonderstellung unseres bewohnten Planeten.* Hirzel, Stuttgart.

Firor, J. (1993): *Herausforderung Weltklima.* Spektrum Akademischer Verlag, Heidelberg.

Fischer Weltalmanach 1999 (1998): *Zahlen, Daten, Fakten.* S. Fischer, Frankfurt.

Flindt, R. (1985): *Biologie in Zahlen.* G. Fischer, Stuttgart.

Flohn, H. (1985): *Das Problem der Klimaänderungen in Vergangenheit und Zukunft.* Wissenschaftliche Buchgesellschaft, Darmstadt.

Gleich, M., D. Maxeiner, M. Miersch & F. Nicolay (2000): *Life Counts. Eine globale Bilanz des Lebens.* Berlin Verlag, Berlin.

Global 2000 (1980): *Der Bericht an den Präsidenten.* Zweitausendeins, Frankfurt.

Hartmann, G. Hrsg. (1989): *Amazonien im Umbruch. Aktuelle Probleme und deutsche Forschungen im größten Regenwaldgebiet der Erde.* D. Reimer, Berlin.

Hemmer, H. (1983): *Domestikation.* Vieweg, Braunschweig.

Heyn, E. (1981): *Wasser – ein Problem unserer Zeit.* Diesterweg, Frankfurt.

Hobhouse, H. (1988): *Fünf Pflanzen verändern die Welt.* Klett-Cotta, Stuttgart.

Kalusche, D. (1996): *Ökologie in Zahlen.* Fischer, Stuttgart.

Kaplan, K. (2003): *Die Pflanzenwelt des Kreises Coesfeld.* Kiebitz 23, Heft 1.

Kaule, G. (1986): *Arten- und Biotopschutz.* UTB Ulmer, Stuttgart.

Kegel, B. (1999): *Die Ameise als Tramp. Von biologischen Invasionen.* Ammann, Zürich.

Killer, G. (1989): *Ausmaß der Vernichtung des Tropenwaldes in Brasilien.* Diplomarbeit in Geographie, Universität München.

Konopka, T. (1999): *Angaben in Natur & Umwelt Heft 1/99.* Bund Naturschutz in Bayern Magazin.

Kowarik, I. (1992): *Einführung und Ausbreitung nichteinheimischer Gehölzarten in Berlin und Brandenburg.* Verh. Bot. Ver. Berlin Brandenburg. Beiheft 3.

Küster, H. (1995): *Geschichte der Landschaft in Mitteleuropa. Von der Eiszeit bis zur Gegenwart.* Beck, München.

Kunick, W. (1974): *Veränderung von Flora und Vegetation einer Großstadt, dargestellt am Beispiel von Berlin (West).* Dissertation, TU Berlin.

Lamprecht, H. (1986): *Waldbau in den Tropen.* Parey, Hamburg.

Lanius, K. (1995): *Die Erde im Wandel. Grenzen des Vorhersagbaren.* Spektrum Akademischer Verlag, Heidelberg.

Leggett, J. Hrsg. (1991): *Global Warming. Die Wärmekatastrophe und wie wir sie verhindern können. Der Greenpeace Report.* Piper, München.

Lorenz, K. (1973): *Die acht Todsünden der zivilisierten Menschheit.* Piper, München.

Maxeiner, D. & M. Miersch (1996): *Öko-Optimismus.* Econ. Düsseldorf.

Maxeiner, D. & M. Miersch (2001): *Das Mephistoprinzip. Warum es besser ist, nicht gut zu sein.* Eichborn, Frankfurt.

Meadows, D. (1972): *Die Grenzen des Wachstums. Bericht des Club of Rome zur Lage der Menschheit.* DVA, Stuttgart.

Meadows, D. & D., J. Randers (1992): *Die neuen Grenzen des Wachstums.* DVA, Stuttgart.

Mitscherlich, A. (1962): *Die Unwirtlichkeit der Städte.* Herder, Freiburg.

Morus [Richard Levinson] (1952): *Eine Geschichte der Tiere.* Rowohlt, Reinbek.

Newig, J. & H. Theede, Hrsg. (2000): *Sturmflut.* Ellert & Richter, Hamburg.

Nisbet, E. G. (1994): *Globale Umweltveränderungen. Ursachen, Folgen, Handlungsmöglichkeiten. Klima, Energie, Politik.* Spektrum Akademischer Verlag, Heidelberg.

Nobile, P. & J. Deedy Hrsg. (1972): *The Complete Ecology Fact Book.* Doubleday, Garden City, New York.

O'Connor, R. J. & M. Shrubb (1986): *Farming and Birds.* Cambridge University Press, Cambridge.

Odum, E. P. & J. H. Reichholf (1980): *Ökologie. Die Brücke zwischen den Natur- und Sozialwissenschaften.* BLV, München.

Peccei, A. et al. (1983): *Der Weg ins 21. Jahrhundert. Bericht an den Club of Rome.* Molden, München.

Plachter, H. (1991): *Naturschutz.* UTB Fischer, Stuttgart.

Raup, D. (1991): *Extinction. Bad Genes or Bad Luck?* University Chicago Press.

Reichholf, J. H. (1980): *Die Arten-Areal-Kurve bei Vögeln in Mitteleuropa.* Anzeiger der Ornithologischen Gesellschaft in Bayern 19: 13–26.

Reichholf, J. H. (1983): *Häufigkeit und Mobilität unterschiedlicher Farbtypen von Hauskatzen Felis silvestris f. catus in Südostbayern.* Säugetierkundliche Mitteilungen 31: 79–80.

Reichholf, J. H. (1989a): *Siedlungsraum. Zur Ökologie von Dorf, Stadt und Straße.* Mosaik, München.

Reichholf, J. H. (1989b): *Feld und Flur. Ökologie des Kulturlandes.* Mosaik, München.

Reichholf, J. H. (1990a): *Das Rätsel der Menschwerdung. Die Entstehung des Menschen im Wechselspiel mit der Natur.* DVA, Stuttgart, & dtv, München (Taschenbuchausgabe 2004).

Reichholf, J. H. (1990b): *Der Tropische Regenwald. Die Ökobiologie des artenreichsten Naturraums der Erde.* dtv, München.

Reichholf, J. H. (1993): *Comeback der Biber. Ökologische Überraschungen.* Beck, München.

Reichholf, J. H. (1995): *Überfluß oder Mangel: Was verursacht die Artenvielfalt der Tropenfauna.* Kommission für Ökologie der Bayerischen Akademie der Wissenschaften. Rundgespräche 10: 105–114.

Reichholf, J. H. (1998): *Wandel der Ernährung im Verlauf der Evolution des Menschen.* Bayerische Akademie der Wissenschaften, Kommission für Ökologie, (Lebensmittel im Wandel) Rundgespräche 15: 17–31.

Reichholf, J. H. (1998): *Der blaue Planet. Einführung in die Ökologie.* dtv, München.

Reichholf, J. H. (2000): *Veränderungen in Vorkommen und Häufigkeit der Brutvögel am unteren Inn I: Abnahmen und Verluste seit 1960.* Mitteilungen der Zoologischen Gesellschaft Braunau 7: 271–292.

Reichholf, J. H. (2001): *Warum wir siegen wollen.* dtv, München.

Reichholf, J. H. (2002): *Die falschen Propheten. Unsere Lust an Katastrophen.* Wagenbach, Berlin.

Reichholf, J. H. (2003): *Malesian Island Biogeography. From Alfred R. Wallace to Robert H. MacArthur and Beyond: What Makes »Wallacea« so Unique?* Journal Zoological Society Wallacea 1: 4–11.

Ricklefs. R. E. (1986): *The Economy of Nature.* Chiron, New York.

Rifkin, J. (1994): *Das Imperium der Rinder.* Campus, Frankfurt.

Rocznik, K. (1982): *Wetter und Klima in Deutschland.* Hirzel, Stuttgart.

Sambraus, H. H. (1994): *Gefährdete Nutztierrassen. Ihre Zuchtgeschichte, Nutzung und Bewahrung.* Ulmer, Stuttgart.

Schaller, A. (1995): *Pferdehaltung im ländlichen Raum und ihre Bedeutung für Mensch und Umwelt.* Dissertation, Technische Universität München.

Scherzinger, W. (1996): *Naturschutz im Wald. Qualitätsziele einer dynamischen Waldentwicklung.* Ulmer, Stuttgart.

Schönwiese, C. (1995): *Klimaänderungen. Daten, Analysen, Prognosen.* Springer, Berlin.

Schroeder, F.-G. (1998): *Lehrbuch der Pflanzengeographie.* UTB Quelle & Meyer, Wiesbaden.

Schwarz, U. (1987): *Grün ist nicht Grün.* S. Fischer, Frankfurt.

Sinclair, A. R. E. & M. Norton-Griffiths Hrsg. (1979): *Serengeti. Dynamics of an Ecosystem.* University of Chicago Press, Chicago.

Smith, A. (1988): *The Great Rift. Africa's Changing Valley.* BBC Books, London.

Steiner, G. (1982): *Wir sind zu viele – was tun?* Parey, Hamburg.

Sukopp, H. Hrsg. (1990): *Stadtökologie. Das Beispiel Berlin.* D. Reimer, Berlin.

Tiemeyer, V. (1993): *Die Vögel der Stadt Melle.* Knoth, Melle.

Tilman, D. (1982): *Resource Competition and Community Structure.* Princeton University Press, Princeton, N.J.

Tivy, J. (1993): *Landwirtschaft und Umwelt. Agrarökosysteme in der Biosphäre.* Spektrum Akademischer Verlag, Heidelberg.

Verbindungsstelle Landwirtschaft-Industrie Hrsg. (1988): *Wasser. Produktionsfaktor Umwelt.* VDI Verlag, Düsseldorf.

Weiner, J. (1990): *Die nächsten 100 Jahre. Wie der Treibhauseffekt unser Leben verändern wird.* C. Bertelsmann, München.

Weizsäcker, E. U. von (1999): *Das Jahrhundert der Umwelt. Vision: Öko-effizient leben und arbeiten.* Campus, Frankfurt.

Whitmore, T. C. & J. A. Sayer (1992): *Tropical Deforestation and Species Extinction.* Chapman & Hall, London und IUCN, Gland.

Wilson, E. O. Hrsg. (1992): *Ende der biologischen Vielfalt? Der Verlust an Arten, Genen und Lebensräumen und die Chancen für eine Umkehr.* Spektrum Akademischer Verlag, Heidelberg.

Zscheischler, J. et al. (1990): *Handbuch Mais. Umweltgerechter Anbau. Wirtschaftliche Verwertung.* DLG-Verlag, Frankfurt.

Von Josef H. Reichholf bei Wagenbach

Die falschen Propheten

Unsere Lust an Katastrophen

Versessen auf Prognosen, wild auf Katastrophen – warum wir trotzdem keine Veränderungen wollen.

Es hat sich nichts geändert seit Kassandra: Wir brauchen Weissager, Prognostiker, Vorhersager und warten auf die von ihnen angekündigten Katastrophen. Ob sie dann eintreffen, interessiert uns nicht mehr, denn wir wissen ja schon vorher: es kann nur schlechter werden.

»Keine Frage, Josef Reichholf hat ein provokantes Buch geschrieben.«

Klaus Zintz, Stuttgarter Zeitung

»Strukturbildende Einsichten auf wenigen Seiten liefert der Essay von Reichholf. In dem schmalen Bändchen holt er nach, was deutschen Bürgern laut PISA schon immer in der Schule vorenthalten wurde, wenn es um naturwissenschaftliche oder mathematische Dinge ging.« Katharina Rutschky, Frankfurter Rundschau

WAT 442. 144 Seiten

Die Gegenwart der Zukunft

Die Serie der »Süddeutschen Zeitung« über unsere Welt im neuen Jahrhundert

Welche Fortschritte bringt die Zukunft, welche Rückschritte?

Fragen, die ein prominent besetztes Gremium internationaler Autoren in einer für die Wochenendbeilage der »Süddeutschen Zeitung« geschriebenen Artikelserie zu beantworten versucht hat. Dieses Buch sammelt die wichtigsten Beiträge.

»Ist der Mensch lernfähig? Hat die Gegenwart eine Zukunft? Die fünfundzwanzig Antworten zeigen eine Bandbreite, die größer wohl kaum sein könnte.«

Neue Zürcher Zeitung

Mit einem Vorwort von Klaus Podak und Beiträgen von Jurij Afanassjew, Elizabeth G. Armstrong, Mark Benecke, Arthur C. Clarke, Frank Close, Rudi Dornbusch, Francis Fukuyama, Benjamin Henrichs, Samuel P. Huntington, Joachim Kaiser, Klaus M. Leisinger, Dennis L. Meadows, Kenichi Ohmae, Neil Postman, Robert Priddle, Gert Raeithel, Stefan Rahmstorf, Jens Reich, Josef H. Reichholf, Richard Porty, Willibald Sauerländer, Hans-Joachim Schellnhuber, Wolf Singer, Luc Steels und Lester Thurow.

WAT 367. 240 Seiten

Lesen Sie weiter:

Norberto Bobbio Das Zeitalter der Menschenrechte

»Bobbio, der große alte politische Philosoph Italiens, verkörpert jene seltene Erscheinung des Intellektuellen, der mühelos von der Universität auf den Marktplatz überwechselt, ohne Theorie ins ›Volkstümliche‹ zu wenden.« Ingeborg Nordmann, SZ

Aus dem Italienischen von Ulrich Hausmann

Mit einem Nachwort von Otto Kallscheuer

Gebunden. 128 Seiten

Katherine Stroczan Der schlafende Dax oder Das Behagen in der Unkultur *Die Börse der Wahn und das Begehren*

Anleger und Investoren auf der Couch: eine psychoanalytische Untersuchung des Börsenfiebers.

»Eine Lektüre, die man nicht nur jedem Börsenjournalisten wünscht, sondern die auch hilft, der eigenen Faszination auf die Schliche zu kommen.«

Michael Schornstheimer, Norddeutscher Rundfunk

KKB. Gebunden. 112 Seiten

Wolfgang Ullrich Mit dem Rücken zur Kunst

Die neuen Statussymbole der Macht

Wolfgang Ullrich untersucht die merkwürdigen Folgen und Nebenwirkungen eines allzu hohen Kunstbegriffs.

»Ullrich analysiert gründlich und mit viel Humor die Motive für die neuartige Allianz von Kunst und Machtelite. Sehr lesenswert.«

Harald Falckenberg, art. Das Kunstmagazin

KKB. Gebunden. 128 Seiten mit vielen farbigen Abbildungen

Robert Darnton Glänzende Geschäfte

Die Verbreitung von Diderots Encyclopédie

Die Geschichte eines großen Geschäfts mit der Aufklärung: Wie wurde Diderots Encyclopédie vertrieben, wer hat sie zu verhindern gesucht, wer hat sie gelesen, wer an ihr verdient?

Aus dem Englischen und Französischen von Horst Günther

Gebunden. 368 Seiten

Tzvetan Todorov Abenteuer des Zusammenlebens

Versuch einer allgemeinen Anthropologie

Todorov macht sich sie Stärke der Anthropologie zunutze, als Wissenschaft frei von den Beschränkungen und dem Jargon der Einzeldisziplinen zu sein und im Gegensatz zur Philosophie doch über ein empirisches Objekt zu verfügen. So ist dieser interdisziplinäre Essay ein Beispiel angewandter Kulturwissenschaft und ein Plädoyer für menschenwürdiges Zusammenleben.

»Eine klare, überzeugende und geradezu freibeuterische Kombination von Philosophie, Literatur und Selbsterkenntnis – mit äußerst fruchtbaren Denkanstößen.«

Nicole Lapierre, Le Monde

Aus dem Französischen von Wolfgang Kaiser
Gebunden. 190 Seiten

Stephen Greenblatt Schmutzige Riten

Betrachtungen zwischen Weltbildern

Essays von einem der meist diskutierten Theoretiker über das Ungenügen starrer Weltbilder und systematischer Erklärungen. Manifeste des New Historicism.

»Belesen und gelehrt, spielerisch und nie ohne einen ironischen Unterton stellen diese Essays provozierende Fragen nicht nur an die Literaturwissenschaft.«

Rebekka Habermas, Süddeutsche Zeitung

Aus dem Amerikanischen von Jeremy Gaines
Englische Broschur. 128 Seiten

Carlo M. Cipolla Die Odyssee des spanischen Silbers

Conquistadoris, Piraten, Kaufleute

Wie die 45.000 Tonnen Silber, die die spanischen Conquistadores in den neuen Kolonien raubten, in Europa den Handel durcheinanderbrachten.

»Cipolla erzählt die ungeheure Saga vom Strom des spanischen Silbers bewundernungswürdig knapp und ereignisdicht als Geschichte einer Tod und Verderben bringenden Verfallenheit.« Harald Eggebrecht, Süddeutsche Zeitung

Aus dem Italienischen von Friederike Hausmann
Leinen. 128 Seiten

Wagenbachs *andere* Taschenbücher

Fouad Allam Der Islam in einer globalen Welt

Der algerische Intellektuelle Fouad Allam hat die Immigranten der zweiten und dritten Generation in den Vorstadtvierteln der europäischen Großstädte besucht und über die Widersprüche, in denen sie leben, ein spannendes und vieldiskutiertes Buch geschrieben.

Aus dem Italienischen von Karl Pichler

WAT 490. 208 Seiten

Arno Borst Computus

Zeit und Zahl in der Geschichte Europas

In seinem unterhaltsamen kulturhistorischen Rundgang erzählt Arno Borst die Geschichte der Zeitrechnung und des Zählens von der Antike bis heute.

»Arno Borst hat mit diesem schmalen, aber gewichtigen, unglaublich gelehrten und doch glänzend formulierten Buch nicht nur eine faszinierende Geschichte des Wortes ›Computer‹ und der europäischen Zeitrechnung geschrieben; er öffnet dem Leser auch die Augen für dieses rätselhafteste aller Dinge: die Zeit.«

Franz Peter Waiblinger, Süddeutsche Zeitung

WAT 492. 192 Seiten mit zahlreichen Abbildungen

Paolo Flores d'Arcais Die Demokratie beim Wort nehmen

Der Souverän und der Dissident

Die Demokratie auf dem Prüfstand: Warum erkennt sich der Bürger in seinen parlamentarischen Vertretern nicht wieder? George W. Bush und der Irak-Krieg: Wollen wir, daß Politiker lügen? Wie steht es um die Pressefreiheit und um eine unabhängige Justiz?

Aus dem Italienischen von Friederike Hausmann

WAT 496. 144 Seiten

Giovanni Jervis Grundfragen der Psychologie

Wie gleich wir sind, und wie verschieden.

»Die Grundfragen der Psychologie sind zugleich eine Erinnerung daran, daß ein Lehrbuch gar nicht belehren muß und in ein schönes kleines Taschenbuch passen kann!« DIE ZEIT

Aus dem Italienischen von Renate Heimbucher

WAT 415. 160 Seiten

Fritz Kramer Bikini *Atomares Testgebiet im Pazifik*

Warum ein paar Inseln im Pazifik zum Schauplatz der ersten Atombombenversuche wurden. Woran die Bewohner vorher glaubten und welche neuen Götter ihnen die Bombe beschert hat.

»Spannende Lektüre einer selten beschriebenen Geschichte.« neue szene

WAT 380. 128 Seiten mit Abbildungen

Hans J. Nissen / Peter Heine Von Mesopotamien zum Irak

Kleine Geschichte eines alten Landes

Das Gebiet des heutigen Irak mit seinen Ölvorkommen ist gleichzeitig das Land einer frühen Hochkultur. Zwischen Euphrat und Tigris entstanden die ersten Städte, das erste Gesetz, die erste Schrift.

Eine Einführung in die Geschichte einer Region, von der mesopotamischen Hochkultur bis zum Sturz Saddam Husseins.

WAT 483. 192 Seiten mit zahlreichen Abbildungen

Luigi Pintor Servabo *Erinnerungen am Ende des Jahrhunderts*

Was von unserem Leben verdanken wir uns selbst und was unserer Zeit? Eine der wichtigsten Personen der italienischen politischen Kultur erzählt gelassen seine höchst seltsame Lebenskurve als eher fremdbestimmt: »Ich glaubte, an der Bewegung der Gestirne teilzuhaben, während ich an einer Schreibmaschine saß.»

»Servabo ist ein Lehrbuch der Gesittung und der Achtung vor dem anderen, auch dem politischen Gegner.« Heinrich Senfft, Die Zeit

Aus dem Italienischen von Petra Kaiser und Michael Becker

WAT 325. 120 Seiten

Wendelin Wiedeking Das Davidprinzip

Macht und Ohnmacht der Kleinen

Von Glanz, Stärke und Zukunft der Kleinen. Zwölf Erfahrungsberichte aus der einzigartigen Welt der Selbständigen, von den Bakterien und dem Bundeskanzler bis zur Tenniskünstlerin und den Schriftstellern.

Veränderte Neuausgabe.

Zusammengetragen von Anton Hunger und Horst Brandstätter

WAT 481. 192 Seiten mit vierfarbigen Bildern von Johannes Vennekamp

1. Auflage im Oktober 2004

Umschlaggestaltung: Julie August unter Verwendung eines Bildes von David Burnett. Gesetzt aus der Meridien von Vorsatz, Berlin.
Gedruckt und gebunden von Clausen & Bosse, Leck. Bucheinbandstoffe von Schabert, Strullendorf.
Printed in Germany.

ISBN 3 8031 3615 6